本研究获中国企业改革与发展研究会
优秀成果一等奖（2018）

Institution, Technology &
of State-owned Enterprises
Reform

制度、技术与国有企业改革

王曙光 等 / 著

企业管理出版社

图书在版编目（CIP）数据

制度、技术与国有企业改革 / 王曙光著 . —北京：企业管理出版社，2019.11
ISBN 978-7-5164-2036-2

Ⅰ.①制… Ⅱ.①王… Ⅲ.①国有企业—企业改革—研究—中国 Ⅳ.① F279.241

中国版本图书馆CIP数据核字（2019）第227052号

书　　名：	制度、技术与国有企业改革
作　　者：	王曙光　等
责任编辑：	李　坚
书　　号：	ISBN 978-7-5164-2036-2
出版发行：	企业管理出版社
地　　址：	北京市海淀区紫竹院南路17号　　邮编：100048
网　　址：	http：//www.emph.cn
电　　话：	编辑部（010）68414643　发行部（010）68701816
电子信箱：	qiguan1961@163.com
印　　刷：	三河市东方印刷有限公司
经　　销：	新华书店
规　　格：	147毫米×210毫米　32开本　11.5印张　230千字
版　　次：	2019年11月第1版　2019年11月第1次印刷
定　　价：	50.00元

版权所有　翻印必究・印装错误　负责调换

目录
Contents

第一章 科技进步的举国体制及其转型：新中国工业史的启示……………………………………………… 1

一、引言：贸易摩擦、科技进步与高端制造业发展…… 3
二、新中国成立以来工业化和科技进步的路径选择…… 4
三、技术进步的举国体制：开放的市场经济下的举国体制转型………………………………………… 9
四、技术进步背后的制度支撑：世界典型模式的启发… 15
五、结语…………………………………………………… 24

第二章 混合所有制视角下国有企业股权结构与企业绩效……………………………………………………… 29

一、引言…………………………………………………… 31
二、中国国有企业股权结构变革的历史阶段和实现形式……………………………………………………… 33
三、以A股上市国有企业为样本定量研究……………… 36

四、国有企业混合所有制改革的方向：加强市场竞争与
完善公司治理……………………………………… 46

第三章 我国国有企业上市前后经营绩效变动与所有权结构研究……………………………………………… 51

一、引言 …………………………………………………… 53
二、我国国有企业上市前后经营绩效变动 ……………… 55
三、所有权结构对国有企业上市前后经营绩效
变动的影响 …………………………………………… 61
四、结论及政策建议 ……………………………………… 73

第四章 中国工业管理和国有企业制度：传统体制的形成与演进逻辑…………………………………………… 77

一、新中国成立至"一五"计划期间传统工业管理体制和
国有企业制度的初步奠基（1949~1957年）……… 79
二、以权限下放为特征的工业体制和国有企业制度调整
（1958~1960年）……………………………………… 89
三、以权限上收为特征的工业体制和国有企业制度调整
（1961~1965年）……………………………………… 94
四、调整、整顿、探索的十年（1966~1976年）……… 97
五、总结：传统工业管理体制和社会主义公有制企业的
特征及其历史评价 …………………………………… 101

第五章 地方国有资本投资运营平台：模式创新与运行机制…… 109

一、相关文献综述…… 112
二、地方国有资本投资运营平台的政策演进………… 115
三、地方国有资本投资运营平台的运行机制………… 121
四、地方国有资本投资运营平台的构建模式………… 126
五、当前地方国有资本投资运营平台存在的问题及未来发展的政策建议…… 130

第六章 国有农垦体制改革目标设定与路径选择…… 137

一、引言：70年国有农垦体制变迁的历史路径梳理与启示…… 139
二、国有农垦体系的制度特征、制度优势与问题解析 145
三、双重功能结构与农垦体制改革的目标模式选择… 148
四、中国农垦体系多层次结构与差异化改革目标设定… 155
五、中国农垦体制改革的路径选择与制度创新……… 161

第七章 国有农垦体系与中国农业技术进步………… 165

一、中国农业技术进步与农业经营体制………… 167
二、中国农业技术进步、现代化农业全产业链构建与市场机制建设…… 169
三、国有农垦体系与我国农业技术进步及农业技术推广……172

第八章　两类工业赶超与后发大国技术进步路径选择⋯ 179

一、引言⋯⋯⋯⋯⋯⋯⋯⋯⋯⋯⋯⋯⋯⋯⋯⋯⋯⋯⋯ 181
二、中国工业赶超技术进步路径演化及总体表现⋯⋯⋯ 183
三、中国工业化"两类工业赶超"假说⋯⋯⋯⋯⋯⋯⋯ 189
四、中美贸易摩擦背景下中国工业赶超技术进步的
　　路径选择⋯⋯⋯⋯⋯⋯⋯⋯⋯⋯⋯⋯⋯⋯⋯⋯⋯ 193
五、新型举国体制下工业技术进步的政策框架与需要
　　防范的实践误区⋯⋯⋯⋯⋯⋯⋯⋯⋯⋯⋯⋯⋯⋯ 196

第九章　混合所有制视角下的国有股权、党组织和公司治理⋯⋯⋯⋯⋯⋯⋯⋯⋯⋯⋯⋯⋯⋯⋯ 203

一、引言：混合所有制改革与构建中国式公司治理⋯ 205
二、以往文献研究与本文假设⋯⋯⋯⋯⋯⋯⋯⋯⋯⋯ 207
三、研究设计⋯⋯⋯⋯⋯⋯⋯⋯⋯⋯⋯⋯⋯⋯⋯⋯⋯ 213
四、实证结果与分析⋯⋯⋯⋯⋯⋯⋯⋯⋯⋯⋯⋯⋯⋯ 218
五、结论和政策建议⋯⋯⋯⋯⋯⋯⋯⋯⋯⋯⋯⋯⋯⋯ 230

第十章　技术进步与高新技术产业发展：多向度分析与路径选择⋯⋯⋯⋯⋯⋯⋯⋯⋯⋯⋯⋯⋯⋯⋯⋯ 235

一、引言：高新技术产业的内涵与影响因素　⋯⋯⋯ 237
二、技术进步在我国高新技术产业中的比较　⋯⋯⋯ 240
三、技术进步对于高新技术产业绩效的影响　⋯⋯⋯ 243

四、结论及总结 …… 254

第十一章　中国特色工业化进程与产业政策演进 …… 259

一、从洋务运动到20世纪40年代的中国工业化实践与
工业化思想 …… 261

二、20世纪50~70年代社会主义工业化道路的形成 …… 265

三、改革开放后至21世纪初期的工业化模式与国家介入
模式的转变 …… 270

四、工业化进程中的产业政策：争议与变革趋势 …… 273

第十二章　产权—市场结构、技术进步与国企改革：基于企业和行业视角 …… 279

一、引言：产权结构、市场竞争结构与技术进步 …… 281

二、产权结构和市场结构影响创新效率的内在机制
探讨 …… 284

三、企业层面的产权结构与创新效率的实证研究 …… 289

四、行业层面的市场结构与创新效率的实证研究 …… 293

五、主要结论和政策建议 …… 295

第十三章　大国崛起与科技进步：中国高端制造业与制度技术创新 …… 303

一、大国崛起的最重要标志是科技进步 …… 305

二、如何判断中国科技水平及高端制造业在全球的
地位 ………………………………………… 307
三、核心问题是以全方位创新体制提升核心技术的自主
供给能力 …………………………………… 312

第十四章 以竞争中性原则推动中国金融业深化改革
开放 ……………………………………………… 315

一、引言：稳中求进战略下金融体系的发展与挑战 … 317
二、竞争中性的三个层面及其对金融体系改革发展的
深刻意义 …………………………………… 319
三、金融需求主体意义上的竞争中性：引导金融体系
更好支持实体经济发展 ……………………… 325
四、金融供给主体意义上的竞争中性：推进金融业自身
深化改革 …………………………………… 329
五、结论 ……………………………………… 332

第十五章 财政视域中的赶超型国家与技术进步
（1949-2019） ………………………… 335

一、引言 ……………………………………… 337
二、工业化初期的"建设财政"：产业与技术奠基的
实现 ………………………………………… 338
三、转型中的工业化：投资主体与技术改造方式的
多元化 ……………………………………… 344

四、工业化加速期的技术进步需要宏观与微观的双重
　　引擎 …………………………………………… 350
五、结论：有效运用财政手段，创建新型举国体制，
　　推动自主创新 ………………………………… 357

后记 ………………………………………………… 359

第一章

科技进步的举国体制及其转型：新中国工业史的启示

本章发表于《经济研究参考》2018年第5期，作者：王曙光、王丹莉。中国人民大学复印报刊资料《经济史》2019年第1期全文转载。

本章从经济史视角,系统分析了新中国成立以来工业化和科技进步的路径选择,提出了"工业化阶段相关假说",即中国工业化进程和科技进步进程中的体制选择。受制约于中国工业化的阶段,在工业化启动时期、工业化加速时期、工业化巅峰时期与完成时期这长达百年的工业化进程中,国家工业化的体制选择有重大区别,出现一种由国家主导型向市场主导型渐变的历史大趋势。本文系统论述了传统举国体制的基本特征,进而深入探讨了未来在市场经济和开放条件下实施的举国体制转型,并根据对全球典型模式的借鉴,对促进科技进步的金融制度、知识产权制度、国家战略与财政制度、人才培育制度等进行了具体分析。

一、引言：贸易摩擦、科技进步与高端制造业发展

中美贸易摩擦对中国最大的教益，就是让我们明白了未来发展的战略重点和制高点是高科技和高端制造业。大国崛起，在当今世界，不单是经济总量的赶超，也不是贸易额在全球贸易中的独占鳌头，而是科技力量的崛起。在中国提出的现代化战略中，科学技术的现代化，是最根本的现代化。中国必须成为一个科技强国和高端制造大国，才能在未来的大国博弈中立于不败之地。

当前，从制造业来说，无论从制造业的产值规模还是制造业的结构而言，中国都堪称世界为数不多的制造业大国，但我国在高端制造方面与那些最发达的国家还有一定的差距。近年来随着我国综合国力的大幅迅猛提升，科技领域的投入是空前的，2013年至2017年中国全社会研发投入年均增长11%，规模已经跃居世界第二位[①]，我国科技进步的幅度也是前所未有，在载人航天、

---

① 数据引自中央人民政府网站2018年《政府工作报告》。

深海探测、量子通信、大飞机等领域都取得了重大创新成果，科技成果转化出现量和质齐升的局面。我国的科技进步正在大踏步推进，而如何提高核心技术和核心零部件的自主研发和自主供给能力是当前中国科技进步与高端制造业发展的一个关键问题。这既是《中国制造2025》的核心使命，也是中国由制造业大国向制造业强国、由科学技术大国向科学技术强国转变不可或缺的重要条件。实现这一目标，需要在整个国家的科技创新、金融创新、经济运行机制创新等体制方面进行深刻的转型，需要从国家到企业进行综合性的全方位的创新与努力，这是本文将要讨论的核心内容。

二、新中国成立以来工业化和科技进步的路径选择

新中国成立以来，我们选择了一条独特的工业化和科技进步之路。决定这种路径选择的因素，既有外部的，也有内部的。从内部来说，中国作为一个落后的、以农业为主的、在地缘政治中扮演重要地位的大国，要想获得民族独立和国家安全，就必须采取重工业优先发展的赶超战略，以快速实现工业化，并建立全面系统的工业体系；从外部的因素来说，新中国成立之后不久就处于西方国家的封锁禁运之下，以美国、英国、法国、意大利、比利时、荷兰6国为创始国的巴黎统筹委员会在新中国成立之后一个月成立，直到1994年才寿终正寝，这个秘密的国际组织对中国所采取的封锁禁运措施时间之长，措施手段之严厉，禁运清

单之细密，都远在对苏联和东欧国家封锁禁运之上①。在这一严酷的国际背景下，中国人依靠自力更生、独立自主的工业化战略（必须指出，第一个五年计划时期苏联通过156项重工业项目对中国进行了历史性的大规模援助，这一援助对中国的工业化意义深远②），在30年的时间中，建立了比较齐全的工业门类，中国的工业生产与国家发展摆脱了西方国家的控制，在很多重要工业领域和科技领域都取得了快速的发展和重要的成就。这一带有历史性的里程碑式的成就，对于1840年以来中国人的百年求索奋斗和工业化目标的实现具有重要的意义，使中国彻底结束民族的屈辱史，而走上一条复兴之路。2019年正值建国70周年，我们回顾一下70年以来的国家工业化进程和科技进步历程，总结我们的工业化模式和科技进步模式，是十分有益的，对未来的工业化和科技进步必有很好的借鉴作用和启迪作用。

新中国的国家工业化体制和科技进步路径选择可以被概括为"工业化阶段相关假说"。这个假说的基本含义是，中国工业化进程和科技进步进程中的体制选择，受制约于中国工业化的阶段，在工业化启动时期、工业化加速时期、工业化巅峰时期与完成时期这三个大的时期中，国家工业化的体制选择有重大区别，出现一种由国家主导型向市场主导型渐变的历史大趋势。工业化阶段相关假说，就是要概括这种由"历史阶段"决定的体制差异，这种概括基于一个基本的历史哲学观念：要"历史地"看待历史，

---

① 董志凯．《应对封锁禁运——新中国历史一幕》，社会科学文献出版社2014年版，第7、11页。

② 关于156项工程，学界有非常深入的研究和讨论，参见董志凯主编：《中国共产党与156项工程》，中共党史出版社2015年版。

历史不是抽象的历史，而是在具体的历史情境（即经济学上所说的具体的目标函数与约束条件）下的历史；世界上没有一种抽象的最优体制，所有体制都是"历史的"产物，是具体历史情境下的产物。

从1949年到2050年这一百年的时间，大体上是中国工业化从启动到最终完成的历史时期。在这个世纪巨变中间，中国随着工业化推进阶段的不同，在工业化的重点、工业化推动的体制、工业产业本身的结构上产生了非常大的差异，由此产生了国家主导型和市场主导型两种不同的工业化体制和科技进步体制的消长与演变。具体来说，这一百年可以分为三个大的阶段。

第一个阶段：1949～1980年代初期：工业化启动时期。在这一时期的早期，主要是随着20世纪50年代初期国民经济的恢复，这个国家迅速地医治战争的创伤，走上一条稳定发展的轨道；随着中央政府"统一财经"工作的完成，整个国家建立起一个能够充分动员一切资源的大一统的经济财政体制；随着第一个五年计划的胜利完成和苏联援建的156个重点项目的实施，我国社会主义计划经济体制和国家主导型的工业管理体制基本形成雏形。虽然在20世纪50年代到80年代国家工业管理体制和计划经济体制在"放"和"收"之间进行了多次调整，显示出我国计划经济体制和工业管理体制运行过程中的探索和自我反思，但是从总体上来说，这种国家主导型的重工业优先发展战略和赶超战略的基本性质基本没有变化。因此，这一阶段可以概括为"国家主导的重工业优先发展阶段"。在这一工业化奠基阶段，我国工业领域和科技领域获得了空前的突破性的发展进步，我国产业结构发生了深刻的变化，初步成为一个工业门类齐全、制造能力较为强大、在若干科技领域跻身世界领先地位的国家，工业和科技水平与1949年前相比，发生了翻天覆地的变化，这一变化在中华民族复兴史上具有里程碑式的决定性意义，为中国永久性地摆脱贫困陷阱奠定了坚实的基础。

从体制上来说，这一阶段在工业化目标实施过程中主要采取国家主导型的计划经济体制，在科技进步目标实施过程中主要采取国家集中优秀人力资本进行集团性攻关的体制和模式，这一时期的体制选择，适应了我国在工业化初期和科技发展初期资源匮乏、资金短缺、工业基础薄弱、优秀人力资本短缺的初始条件，充分发挥了国家的资源动员优势，发挥了集中力量办大事的体制优势。应该说，虽然这种体制在微观效率层面有一定的缺陷，但是从总体而言，这一时期的体制选择是正确的，也是达到了目标的，为中国工业化的奠基做出了历史性贡献。

第二个阶段：1980年代初期至2030年：工业化的加速时期。这一时期，随着改革开放的深入推进，我国社会主义计划经济体制逐渐得到自我调整和完善，经济计划逐渐由指令性计划向指导性计划转变，资源配置方式逐渐由政府主导向市场主导转变，整个国家的所有制结构逐步多元化，市场竞争结构逐步完善。从工业化水平来说，这一时期是我国工业化水平大踏步前进的阶段，整个国家的制造能力和科技水平逐步由追随西方发达国家向领先水平迈进。从工业化体制和科技进步体制而言，这一时期是一个比较长的过渡时期，属于国家主导型体制向市场主导型逐渐转型的阶段，为现代国家治理体制的形成奠定基础。国家与市场的高度配合，成为中国工业化和科技进步的两大巨大引擎。

1980～2030年之间的五十年，又可以细分为三个时期。

第一个时期是工业化加速时期的前期（1980～2000年）。这一时期以国家主导型为主，逐步引入市场因素。1992年十四大正式提出建立社会主义市场经济体制，国家干预经济和支持工业化的方式发生了初步变化，指令性计划体制向指导性计划体制转变，市场机制初步成为决定资源配置的主导性方式。

第二个时期是工业化加速时期的中期（2000～2020年）。这一阶段，市场经济制度逐步成为主导型的工业化体制，国家干预经济和支持工业化的方式发生深刻变化。2013年中共十八届三中全会提出使市场在资源配置中起决定性作用，并更好发挥政府作用，这一表述正是国家角色深刻变化的象征。中期仍旧要发挥国家的前瞻性、指导性、宏观性的把控作用，在大国竞争和大国博弈中发挥我国的体制优势，而在微观运行机制上更加尊重市场，尊重微观主体的自主性，尊重法治。国家不再运用直接的行政手段来调配资源以加速工业化和科技进步，而巧妙地运用市场机制和相应的市场化激励手段，使工业化和科技进步的内在动力机制发生了深刻转换。

第三个时期是工业化加速时期的后期（2020～2030年）。这一时期市场成为推动工业化和科技进步的主体，国家角色发生深刻变化，国家治理体系发生深刻变化，我国的工业化、现代化和赶超战略实现了历史性的转折。

第三阶段：2030～2050年：工业化的巅峰时期和完成时期。这一时期，我国工业化的历史使命宣告完成，新中国花了一百年时间，终于由一个积贫积弱的、工业化能力极为薄弱的农业国，而崛起为一个工业制造能力和科技创新能力跻身世界最强国家之列的工业国，实现了现代化和工业化的梦想。自此上溯到1840年，与鸦片战争时期那个被列强欺辱瓜分的大清帝国相比，200年后的中国已经成为一个拥有强大工业实力和国防实力的大国，那个被列强欺辱的时代永逝不返，中国终于回到自己在世界经济版图和政治版图中应有的位置。从体制层面来说，这一时期是以市场主导型为主的工业化完成阶段，国家功能在这一时期实现了彻底转型，国家治理能力大为提升，现代化国家治理模式基本完备。

以上大略梳理了新中国工业化和科技进步的三大阶段，时间跨度为一个世纪。在这漫长的一百年中，我们可以比较清晰地看出一个大脉络：在工业化不同阶段，国家目标不同，资源配置的机制不同，要素动员的机制不同，产业结构不同，要素集聚的程度不同，市场发育的程度不同，国家的角色与功能不同，国家与企业等微观主体的关系不同，中央与地方的关系也不同。总的来说，以上不同，既是决定工业化不同阶段演变的原因，也是工业化不同阶段所造成的结果，同时也可能是不同工业化阶段的外在表现。

三、技术进步的举国体制：开放的市场经济下的举国体制转型

新中国前三十年，是我国工业体制初步奠基的三十年，也是我国计划经济体制探索和形成的三十年。这三十年的工业管理体

制和计划经济体制可以概括为"举国体制"。这个"举国体制"，概括来说，乃是以国家作为资源动员的主导力量，按照国家的产业发展目标和国家意志，将有限的资源集中、快速和精准地运用到国家所支持的产业中，从而最大限度地建立本国的全面的工业体系，以实现国家工业化和民族独立复兴。这个举国体制的前提或曰初始条件是：中国是一个落后的（意味着工业化基础和现代化的初始条件极为薄弱）、需要对其他国家实施赶超的国家，同时在地缘政治和国际政治格局上又是一个大国。概括起来，一个前提是"落后"，一个条件是"大国"。落后意味着必须赶超，而且必须以超常规的方式（所谓超常规，是相对于那些领先的发达工业化国家的常规而言），来实现工业化。概括起来，这个举国体制的基本特征是：

①国家目标：以最快的速度建立完整的工业体系，形成强大的工业制造能力和国防能力，实现初级工业化和国家独立自主，为实现对西方国家的赶超奠定基础。

②资源配置的机制：国家作为资源配置主体，替代市场机制，按照国家工业化的目标和产业政策目标，实现对人才、资源、资金等要素的统一配置。

③要素动员的动力（激励）机制：在举国体制下，要素动员的动力机制主要不是依靠价格、工资、利润、利率等市场化指标，而是根据国家工业化的需要，根据国家意志进行行政性和政治性动员。举国体制并没有完全排斥价格、工资、利润、利率等决定资源稀缺性和资源流向的指标，但是这些指标发挥作用的范围被极大地限制了，服从于国家工业化的需要和国家意志。

④产业结构：举国体制下的产业结构，是国家意志的产物，新中国前三十年我国产业结构由一个农业产业占绝大部分的国家转变为一个重工业占显著地位的工业国，这一转变，既是国家主导型和赶超型的工业化的结果，也是其最重要的表现和特征。

⑤要素集聚的程度和方式：新中国成立初期，整个国家要素集聚的程度比较低，难以为大规模工业化提供充分的资源。举国体制的要诀，在于以国家主导的形态，在极短的时间内迅速实现要素的集聚，为大规模工业化创造了条件，这是赶超型工业化的主要特征。赶超型工业管理体制和计划经济体制的优势，正在于以国家力量快速推动要素集聚。诸多大企业、诸多工业城市、诸多工业化区域在全国范围内的迅速崛起（而不是像新中国成立前仅仅局限于上海等极少数城市和区域），是这种国家主导型要素集聚方式的主要成就。

⑥市场发育程度和"准市场"的形成：在这种国家主导型的工业化和赶超战略的支配下，资源、商品、资金、人力资本、知识产权的交易市场只在很小的范围内起作用，有些市场基本上消失，因此市场的发育程度较低。而市场发育程度低，反过来又为国家主导型工业化提供了前提。二者在计划经济的执行过程中和初级工业化的资源配置中呈现相互促进的关系。缺失市场和价格信号的整个经济体系，难以显示资源、商品、资金、人力资本以及知识的稀缺程度，于是需要以国家的判断为这些要素定价，同时又通过不同主体对这些资源的争夺来显示这些要素实际的稀缺程度。比如，在计划经济中，各级政府和各个企业对各种要素指标的争取，就是在构建一种"准市场"；各级政府关于计划指标

的博弈行为，即与中央政府的讨价还价，也在某种程度上构建了一个显示要素稀缺程度的"准市场"。各级政府和各个企业之间为要素和指标而进行的竞争是常态化的，有时甚至比较激烈，这就在某种程度上替代了或者毋宁说起到了模拟市场的作用。社会主义"集中力量办大事"的体制，事实上就是在市场发育程度较低和市场化动力机制不完备的情况下才会起作用。在市场发育程度低的历史阶段（工业化初期），计划经济体制下科技进步的程度要优于市场经济体制，其道理在此。若超越此阶段，则结果相反。

⑦国家与企业等微观主体的关系：国家既然是资源配置的主体和经济运行的主体，国家与企业以及消费者等微观主体的关系必然体现为支配和被支配的关系，微观主体的个体决策权在某种程度上被国家所获得，虽然企业和企业之间的竞争仍然以某种形式存在。国家控制企业等微观主体的原因在于试图集中所有要素加快要素的集聚，从而为集中力量进行工业扩张和技术进步提供体制条件。在计划经济体制下的三十年中，国家对企业的管理体制一直呈现出"放"和"收"不断调整、不断交替出现、不断循环往复的局面，这是企业等微观主体与国家之间不断进行博弈的结果，这种关系呈现周期性，国家会在不同经济周期适时调整与企业的关系，以保持企业的活力与国家意志这两个变量之间的均衡。

⑧中央与地方的关系：中央和地方的关系与国家与微观主体的关系有些类似。在中央和地方关系中，中央意志一直是主导性的，地方意志一直是辅助性的，这是大判断。然而在这种中央集权的体制中，地方并不是一种被动的、消极的角色，而是可以主动与中央进行谈判、博弈和协调的关系。事实证明，在计划经济

执行的某些历史时期,中央甚至鼓励地方否定和延缓中央的不适当决策。中央和地方关系举国体制中呈现出"放"和"收"不断循环的局面,毛泽东强调"两个积极性"的根本原因在于要获得一种地方发展经济的内在动力与中央保持相应统筹能力这两个目标之间的均衡,这种均衡对于工业化的实现极端重要。地方和地方之间也在竞争,这种区域竞争关系延伸到了改革开放之后,成为解释中国经济奇迹的一个重要方面。

⑨与世界市场的关系:产生举国体制的一个重要前提条件,或曰中国工业化体制选择的一个重要约束条件,就是世界市场对中国是封闭的,西方世界对中国长达半个多世纪的封锁禁运,极大地恶化了中国工业化的外部环境,使得新中国的工业化不能充分利用国际市场的要素配置功能,难以进入国际市场的分工和产业链体系。这就使中国成为一个孤岛,激发了中国人民创建自己的完整而独立的工业体系的决心和意志。面对一个对自己封闭的全球市场,作为大国的中国没有别的体制选择,必须创建一种对外没有依赖性的独立自主的工业体制和科技创新体制。

⑩效率的实现方式:举国体制有没有效率?怎样看待举国体制的历史贡献?这其实是同一个问题。举国体制的效率,应该从微观效率和宏观效率两个角度去审视。从微观效率来看,由于没有价格机制和广义上的市场机制去显示资源的稀缺程度,由于企业没有面临基于利润这一信号的竞争,因此企业的微观效率往往是不高的,这里面既有市场机制的因素,也有基于市场激励和约束机制的内在管理因素。从宏观效率上来看,我国在三十年的短时间中,就迅速建立起比较完备的、全面的工业体系,能够具

备强大的、全产业链的工业制造能力，能够在国家整体上还比较弱的情况下实现民族独立和国家安全，并为大规模工业化和赶超成功奠基，就这些成就而言，举国体制的宏观效率又是极高的，任何一个尊重事实的人都会承认这一成就。随着中国初级工业化的完成，随着国内市场因素的逐步成长，随着我国面临的国际市场的封闭性的逐步消除，企业必须面对市场乃至于国际市场的竞争，其微观效率会提高，而不会像在前三十年那样以一定程度上损失一些微观效率来获得宏观效率，到了那个阶段，微观效率和宏观效率就是统一的关系。

今天，我们所处的国际和国内环境完全不同了。我们现在处于上文所说的工业化加速时期的中期（2000~2020年）。此时再来讨论举国体制，首先要考虑两个因素。

一是我们面临的全球环境已经是一个开放体系，这也就意味着我们的科学技术和高新技术产业的发展，已经处于一个极端开放的国际体系和国际环境之中，我们已经不可能再在一个封闭的、对外不交往的体系中进行自主创新，而必须在一个开放的、全球化的背景底下进行科技创新和科技交往。这就决定了我们的每一个产业政策都要有全球视角。我们的每一个企业的科技进步战略的实施都要有国际眼光，要从全球要素配置的角度去衡量自己的收益和成本。开放条件下的技术进步和高新技术产业发展，其前提是要适应全球化竞争的需要，要考虑全球要素配置，要考虑全球在技术交易和产业贸易上的游戏规则。

二是市场经济条件。今天的中国经济运行机制和要素配置机制已经发生了深刻变化。市场机制已经基本成为主导的资源配置机制和动力机制。传统的举国体制中不顾微观效率而致力于宏观效率的情况失去了外部的支撑条件,那些在市场机制中不能体现任何竞争优势的技术创新、产品和行业,都会被市场淘汰,难以实现其价值。这就迫使我们的科技创新和工业产业发展都必须在一种全新的市场竞争下得到检验,既要发挥国家在科技进步与高端制造业中的积极作用,又要将科技进步和高端制造业发展建立在充分运用市场机制并彻底接受市场检验的基础之上。

因此,今天的举国体制必须转型。这种转型建立在两个认识的基础上。从纵向的历史发展的角度来说,要清楚今天的中国工业化在整个工业化历史进程中的位置,以此来确定我们的发展战略。从横向的国际比较的角度来说,我们要清楚中国与其他国家,尤其是与那些科技大国相比,到底有哪些优势和劣势,以此来确定我们的对外技术贸易战略和国际科技交往战略。今天,在市场化和开放条件下的举国体制,必须注重市场机制建设,注重技术交易和知识产权保护,注重搭建不同主体间的基于市场机制的合作平台,因此也必须及时转换国家支持工业化的方式,使政府真正在基于市场竞争的前提下提高企业的技术进步动力,降低企业的技术进步风险。

四、技术进步背后的制度支撑:世界典型模式的启发

计划经济条件下的技术进步与市场经济条件下的最大区别在于,计划经济下技术创新注重的产品的创新,通过举国体制,最

大限度调动所有资源（人力资源、金融资源和物质资源），最终实现产品研发的成功，这个产品是物质形态的，不太强调其在市场中的交换价值。而市场经济条件下的技术创新注重的是生产能够在市场上获得比较优势从而能够获得超过平均利润的超额利润的商品，因此其注重的是价值层面，而不是物质层面。计划经济体制下技术创新的成本收益计算是在一种非市场的条件下进行的，较少涉及市场盈利能力的压力和市场竞争的压力，因而产品层面的创新在举国体制下往往容易成功。但是，假如这种举国体制下生产出来的技术产品一旦进入一个开放的竞争的市场，则其成本收益计算必须基于市场竞争和要素的稀缺性，不能够再利用国家的强制力量无偿地或低成本地调拨各种要素，此时举国体制下创造出来的新技术产品就面临着极为残酷的市场竞争，这种竞争往往使计划体制下的新技术产品由于成本太过高昂而根本无法在市场上生存。这就注定了我们在市场经济环境下不可能完全照搬计划经济下的举国体制，此时消费者和生产商注重的是商品的价值，而不再是单纯的作为物质形态的产品本身。所以，不论哪个国家，一旦其技术创新和技术进步被纳入一个全球化的、开放的、竞争的国际体制之下，那么其所有的技术创新环节都必须遵从市场的原则，都必须在市场条件下和竞争环境中计算和衡量其成本收益，其成败也不再以是否开发出产品来计算，而是要看这个产品能不能在市场竞争中获得竞争优势。

放眼全球各国的技术进步策略，可谓千差万别。各国的技术进步采取了不同的路径，路径选择的差异取决于各国的资源禀赋结构的差异、工业化的水平差异（即该国工业化处于一个什么样的历史阶段)、产业发展目标的差异、国家综合实力的差异,当然各国的技术进步路线也明显带有路径依赖的特征,即受到历史上的路径选择的影响。在资源禀赋方面,国民受教育程度普遍较低的劳动力密集型国家(指在技术追赶初期的情况),往往很难仅仅通过市场自发的力量实现大规模技术创新,这样的国家要实现快速的技术追赶,往往会采取较为集权式的资源配置方式,利用"大兵团作战"的方式实现集中的技术突破。在这样的后发的技术追赶型国家,国家就会特别支持建立一种高效的行政资源动员体制来鼓励企业规模的快速扩张,以通过规模扩张来实现要素的快速集中,从而解决技术创新中人力资本短缺、金融资源短缺等瓶颈问题。比如,在日本和韩国工业化的追赶时期,国家就运用极大的行政力量,鼓励人力要素和资本要素等向大企业(垄断财团)集中,从而极大地推动了大财团的技术创新与市场占有,即使在很长一段时间其国际市场竞争力不高,国家仍然不惜代价进行支持。日韩等国在技术追赶和工业化赶超过程中采取国家主导型的支持模式,从而创造了特有的日韩型的"国家—企业—银行"稳定三角体制,极大地促进了日韩的技术进步。在很长一个历史时期,日韩的垄断财团都可以在国家的特殊庇护和支持下低成本地获得大量银行信贷支持[①],从而维持了自己的长期的技术创新和市场开拓,使得这些大财团在极高的负债率和极低的利润率并存的时期仍然可以存活下去。但是对于平均人力资本水平相

---

① 对于存贷款利率的限制是二战后日本金融政策中值得关注的重要特征,这种限制不仅保证了金融机构的稳定经营,也使亟需资金支持的企业大规模地发展间接融资成为可能。参见【日】铃木淑夫著,夏斌译:《日本金融自由化和金融政策》,中国金融出版社1987年版,第3页。

对较高且基本处于技术领先型的国家而言，技术进步的路线与日韩模式则迥然不同，这些国家更强调在市场的优胜劣汰中实现要素的有效配置与流动，从而促进产业的集聚和技术的创新。在日韩工业化和技术进步达到一定阶段后，国家主导型的技术进步路线也在发生转变，日本大藏省的产业政策体制和韩国支持大企业的举国体制都在发生深刻的变化，从而更加强调市场竞争的作用，更加注重政府的间接协调作用而不是直接动员资源和配置资源的作用。这一变化，也反映了工业化水平和工业化阶段的变化对一个国家技术进步路线选择的影响。一个国家必须根据自己的工业化发展阶段和技术发展阶段，来确定自己的技术进步战略与路径。

观察世界典型国家的技术进步模式，尤其是比较发达的国家的技术进步模式，有一些共同的特点值得借鉴，这些特点可以归结为一点，就是他们一般都通过较为系统的法律和制度建设，为技术创新和技术进步创造一个可持续的激励机制和保护机制，这些法律和制度建设是"市场共生型"或"市场兼容型"的，是在尊重市场和适应市场的基础上推动技术的进步，而不是排斥或者取代市场的作用。这些有利于技术进步和技术创新的制度和机制包括：

第一，为激励技术创新，建立严格的知识产权保护制度；为鼓励技术交易，建立完善的知识产权交易体系。我们现在提倡共享经济，但共享经济的前提是保障每一个技术创新和产品创新的产权，并使知识创新更加易于交易和传播。粗劣的复制品的流行则不利于知识的创新，简单而粗劣的复制与抄袭对一个国家的技术创新具有毁灭性。我国正在努力完善知识产权保护制度和知识产权交易制度，但在实际的制度实践和法律实行过程中，还存在很多真空地带，执法的力度有待加强。知识产权交易的体制机制也有待进一步完善。我国目前专利拥有量居于全球领先地位，但这些巨量的专利能否实现其市场价值，专利发明人能否获得应有的市场回报，有赖于有效实施的知识产权保护制度和交易制度。当然，建立知识产权保护的制度和交易的制度，其最终的目的是为了实现知识更快、更有效率地被公众共享，使知识创造更好地有利于全社会。因此，在建立了规范严格的知识产权保护和交易的制度之后，还要致力于建立知识的有效共享与有效传播的体制，增强知识创新的外溢效应。

第二，为企业和个人实现技术创新提供创新性的金融制度和金融手段。要大力发展风险投资，为高科技项目和各种创新型项目提供资本支持；要发展各种私募投资，为长期的高科技项目提供稳定的长期金融支持；要鼓励和支持高科技公司上市，通过多层次资本市场支持高科技公司的发展；银行等传统金融机构也可以通过金融产品的创新，为成长型的高科技企业尤其是中小企业服务。美欧等科技创新较为活跃的国家，其资本市场、私募股权投资市场和风险投资市场都较为发达，为创新型的企业提供了全方位的融资便利。科技创新背后往往是强大的金融创新，当年爱迪生假如没有资本市场和摩根金融集团的支持，其很多发明可能只能束之高阁。这就涉及到整个资本市场（投资市场）的文化的深刻转型，我们的资本市场要从一个投机的市场真正变成一个崇尚创新的市场，我们的银行要从简单依赖于房地产等产业"抓快钱"转变为真正的知识创新活动的发现者和支持者，从而促使整个金融体系的文化实现根本的转变。如果金融体系盛行着投机的机会主义文化、"抓快钱"的功利主义与短视主义的文化,那么我们的金融体系将永远不能成为"企业家的企业家"(熊彼特语),因为金融体系已经丧失了发现优秀企业家和优秀企业的功能,因而丧失了发现创新、激励创新、支持创新的功能。

第三,为国家科技创新而制定完备的国家战略,对国家支持科技创新进行顶层设计,并采取有效灵活的财政手段支持科学研究和企业科技创新。通过比较全世界的科技创新体系及其制度安排,我们就会发现,凡是在今天的科技创新舞台上扮演重要角色的国家,其政府必然在国家科技创新中起到重要作用,这些国家的政府无一不深刻地介入了科技创新之中。制定具有顶层设计意义的国家科技创新战略,是核心的一步。美国、德国、日本、韩国等科技创新方面成绩比较大的国家,都在不同历史阶段适时制定了符合本国发展趋势的科技创新战略。以美国为例,在不同时期美国国会通过并实施了《专利法》《拜杜法案》《史蒂文森—威德勒技术创新法》《技术转移商业化法》《美国经济复苏与再投资法案》等一系列法律法规,并推行加速折旧、研发经费增长额税收抵免等多种税收优惠政策。这些法律不仅具有强制性,而且具有很强的导向性,在推动技术创新、推动企业与政府以及大学的合作、推动基础研究与人才培育方面,起到顶层制度安排的作用[1]。可以看出,美国在支持科技创新的过程中,是"法治导向型"的,即运用相关的法律体系确定政府、创新企业、大学等

---

[1] 聂永友等主编:《科技创新中心的国际经验与启示》,上海大学出版社2015版,第180~181页。

科研机构之间的权利义务关系，将各自的角色法制化，这与日本在科技创新中的"产业项目导向型"有所不同。法治导向型的科技创新体制，其优势在于不破坏技术创新的市场机制，而是充分尊重市场和发挥市场的作用。

在美国联邦政府中，很多部门都对科技创新有着重要的影响，这些不同的部门从各自的职能出发，运用自己掌握的大量财政资金，有针对性的支持不同领域的科技创新，如国防部、能源部、卫生部、宇航局、商务部、农业部、国家科学基金会等是重要的科技管理机构，都对科技创新领域的研发投入产生了很大的影响。所有这些政府机构对科技创新的财政支持，都是在法治的轨道上进行的，要符合整个的国家战略和顶层设计，而不是各行其是，盲动乱来，更不是根据长官的意志随意分配财政资金。其中，国家科学基金会的一项主要管理职能是调查和掌握全国科技资源状况，包括对科学家和工程师登记备案，对国内科技资源有关数据进行统计、解释和分析，调查统计全国大学和科研机构获得的联邦科技经费总额等。此外，还有国家科学院等私人非营利机构，为政府提供政策咨询建议。美国对具有较高创新动力的成长型创新企业尤其重视，财政的支持往往倾向于那些创新企业的高风险项目，力度很大。美国早在1982年和1992年就分别建立了小企业创新计划和小企业技术转移计划。小企业创新计划（SBIR）有11个研发经费超过1亿美元的联邦政府机构参与，每年投入大量资金支持小企业创新研究。小企业技术转移计划（STTR）则致力于支持小企业和大学以及其他研究机构之间的项目合作，合作成果由双方共享，这个计划规定研发经费超过10亿美元的联邦政府机构，每年要划出一定比例的研发经费，专门支持小企业的技术创新和产品开发，以有效促进技术创新的交易效率和新知识在不同主体之间的共享[①]。美国的研发经费投入很大，在国际上名列前茅，但研发经费的投入并不是简单的找个好项目进行支持，而是利用财政杠杆创造一种机制，促进不同主体的技术创新，并激励不同主体之间的技术交易。美国政府还通过政府采购支持小企业的技术创新，并规定大企业的承担政府采购合同份额的20%转包给小企业，这就从产业链的角度建立了大企业和小企业之间的技术交易体系。应当说，这些法律规定和财政机制设计都是很巧妙的，起到四两拨千斤的作用。

第四，世界各国无不视人力资本培育为科技创新之本。一个制造业大国、一个创新大国、一个在科学技术上引领全球的国家，一定是一个人才大国，一定是一个教育大国，也一定是一个最吸引人才的大国。美国不就是通过吸引全世界的精英，才奠定了其教育大国和科技大国的地位吗？所以，科技创新的基础是人才，人才的基础是教育。要成为科技创新大国，必须办最好的教育，办最好的大学，要创建一个最能包容各类人才、最能成就各种人才的宽松的制度环境，让最好的大学在自己的国家茁壮成长。政府要给予大学最大的发展空间、创新空间和学术争鸣空间，没有学术研究的宽松自由环境，何谈学术创新和科学进步？要打破阻碍人才引进的一切藩篱，在户籍制度、科研管理、大学职称评定、科技成果发表、科技成果转化、研究项目支持方面，对科研人员

[①] 中国科学技术信息研究所编著：《国外科技计划管理与改革》，科学技术文献出版社2015年版，第62页。

采取最宽松的政策，吸引各类人才在中国创新创业，让他们自由舒畅地发挥他们的才智。我们在很多方面捆住了科研工作者和学者们的手脚，让一些繁文缛节和不合理的规定占用了科研工作者的宝贵时间，从而极大地恶化了人才环境，使我们在全球的人才竞争中处于不利地位。要创造一种鼓励创新的人文生态环境，那些有着宽松和多元文化的地方，往往都是世界上最具有创新活力的地方，如果一个地方没有很好的音乐厅、没有很好的歌剧院、没有很好的美术馆和博物馆，这个地方就难以成为一流的科技创新中心。

世界创新大国无一不重视基础研究，用各种方式鼓励自然科学和社会科学的基础研究，而不仅仅是重视那些可以带来眼前短期利益的应用型研究。我国的基础研究应受到更大的重视，实际上，一些最尖端的智能制造和信息科学技术，其基础正是所谓"算法"，也就是数学等基础学科，如果不重视数学、物理学这样的基础学科，一个国家就难以跻身最尖端的智能制造大国之列。要处理好基础层面的创新和应用层面的创新的关系，当前，我国还要在基础创新层面上加大支持力度，而不是仅仅着重于应用层面。我们要支持长期创新，在国家支持体系上有长期眼光。基础层面的创新往往是长期的、耗资巨大的、回报周期很长的创新，是一场持久战，在支持长期创新中，要发挥国家的力量，要发挥中国特有的体制优势，就是集中力量办大事的优势。这个优势不能丢掉了。我们还不能忽视人文社会科学的研究，放眼全球，那些最厉害的大学，都极为重视人文社会科学的研究，重视哲学、文学、历史、美学等领域的研究与教育，重视经济学、社会学、法学的研究与教育。如果没有这些学科的发展，而单纯强调科技创新，那么我们的科技创新体系是难以全面建立的，也根本难以实现真正的科技创新。没有基础的社会科学理论的支撑，没有我们自己的理论体系，我们就打不赢贸易战，我们只能陷入别人设好的逻辑陷阱和理论陷阱。

我们还要建立多层次的人力资本培育体系，既要建立在科技创新领域处于尖端地位的大学和研究院，也要广泛地建立各类培养高级专业技术人员的职业大学，使科学技术的创新与应用融为一体。我们还要培育更多的具有创新理念的科技型企业家，鼓励他们将知识成果进行产业转化，使他们把科技创新力变成执行力，变成真正的企业实践和生产力。

五、结语

中国的崛起、高端制造业的兴起、科技进步与知识创新，是未来几十年的主旋律，表面上看这是中美之争，实际上是中国自己与自己搏战、自己完成自己和自己超越自己的过程。无论与美国战与不战，这个过程都是必须经历的，只不过与美国的竞争会极大地影响这个过程中我们所采取的具体步骤与策略，但不影响全局、趋势与基本规律。这是一幕漫长的戏，必须有历史的耐心，还要有历史的智慧，因为局面会非常混乱而复杂。中美之间的竞争，将涉及到整个国家机器与国家机器的全面竞争与较量。在这个过程中，我们需要做什么呢？

第一，要坚持自主创新，并为自主创新配备好一切制度条件、机制条件和文化条件。自主创新是开放条件下的创新，自然兼容开放与开源，不偏废，不封闭。上文已经多次谈过，市场化条件下之技术进步，与封闭条件下技术创新有着差异化的路径选择，因而举国体制必须坚持，但应适应开放时代而深刻转型。技术应视为市场中之要素，而非自外于市场。因此技术创新必然考虑到交易机制、产权、融资、产业链等一系列与市场有关的问题。举国体制在新时代必具备新形态，今日之举国体制乃是与市场兼容的举国体制，因已无回归建国初期强有力举国体制之历史条件与可能，必须与时俱进。

第二，要在全球化过程中充分吸收和消化一切有益于我国制造业进步和技术创新的制度和文化，从而建构一种最具竞争力的创新文化与氛围。在促进中国企业"走出去"的过程中，要实现整个企业运行模式和经济运行模式的现代化转型，在发挥举国体制优势的同时，实现制度的创新与变革，不要因故步自封而丧失历史机会。要加强企业在"走出去"过程中的规则意识和契约意识，抛弃机会主义与短视的功利主义，练好内功，熟悉国际规则，适应国际规则，运用国际规则为我服务。在充分利用全球化的红利的同时，要注重我们国家自己的民生建设、法治建设、文化建设，实施好反贫困战略、乡村振兴战略、区域均衡发展战略，充分动员中国经济社会内部的活力，改变以往"不充分不平衡"的各种发展瓶颈。中国自己的事情做好了，步子走稳了，就能在全球竞争中立于不败之地。

第三，要在所有产业中倡导创新，包括一些传统产业。要对传统产业进行转型，不要满足于自己成为制造业大国，而应该努力成为"智造大国"。如果仅仅是一般的"制造"，则仍是劳动密集型和资源投入型，仍是低回报的产业类型。而"大国智造"，则是带有较高技术水平的、有自主知识产权的、回报率较高的、人力资本密集型的制造业，这样的制造业是高端的技术层级与品牌层级的制造业，而不是低端的组装级别的制造业。但不要误解这种高端制造业只是人工智能等领域的制造业，而是渗透在各种制造业中的，即使是在家电这样一些传统产业领域，拥有自主知识产权的、技术含量高的企业，其回报也是很高的。海尔、格力等中国品牌，由于有大量自主知识产权作为支撑，由于掌握了系统设计和品牌，其在全球产业链上获得的竞争优势是非常明显的，其市场占有率和市场收益是非常可观的。要用现代科技改造整个产业链。

第四，要从国家和企业两个角度去推动中国的科技进步。从企业角度来说，要在推动科技进步的过程中，建立国有企业和私营企业的合作共赢机制，要实现企业的股权多元化，发展混合所有制经济，尤其是要鼓励社会资本更多参与重大科技创新。要利用好市场机制，促进企业的规模扩张和技术创新，鼓励企业做大做强。我们的实证研究证明了企业规模与企业研发有正相关关系，要培育大企业，运用市场机制鼓励和促进企业的并购、重组和扩张。日本20世纪80年代发展超大规模集成电路的经验告诉我们，共性技术一定要集中力量搞，不能分散搞。从国家角度来说，要进行一系列的制度建设，包括金融制度、知识产权制度和财政制度，系统支撑科技进步和大国智造的发展。国家要推动建立企业和大学的联动创新机制，促进"政—产—学—研—金"的融合。国家还要鼓励产业的集聚，发挥区域的创新集聚效应。在深圳和杭州，在美国的硅谷，在北京的中关村，产业的集聚对科技创新与科技成果转化有着极为关键的作用。

以上谈的是我国在全球化背景下应该采取的基本科技进步战略和工业化战略。如果观察美国在全球化过程中所采取的战略，中美相互映照，会发现很多更深的东西。特朗普正在采取"逆全球化战略"。现在美国从全球化中获得收益在下降，而成本在提高。美国正在不断地"退群"，它正在从全球价值观的维系者和保卫者的角色，发展到"美国第一"和"美国优先"。美国的全球化战略逆转，是与美国的全球政治经济地位的变化分不开的，也与美国国内的矛盾密不可分。逆全球化的表现是：从美国国内看，努力实现制造业回归；从国际看，美国正在从以前的全球化框架中全面撤出。中美贸易战，不过是所有这些变化的一个具体的反映而已。

一定要深刻地懂得，这场竞争，最终较量的是两个国家的综合国力、价值观和国家体制。处于不同发展阶段的两个国家，在激烈的国家竞争背后，实际上是文化之争、价值之争、制度之争。这种竞争已经不单单是经济层面的竞争，而是涉及到国际政治、国家体制与国民信仰之间的多维竞争和深度竞争。两个国家之间的竞争，最终的结果，一定取决于哪个国家能够提供最强劲的创新激励，哪个国家能够提供最宽松最自由的创新氛围和环境，哪个国家能够给国民以最坚定、最有力且最具自豪感的信仰与价值观，哪个国家能够提供最有效率且具有可持续性的国家经济体制和法治体制。大国之间长期的博弈和竞争，不取决于一时的小聪明和小技巧，不取决于谈判所呈现出来的表面上的优劣势，而体现为整个国家体制的优劣及其背后的价值观的优劣。

本章参考文献

[1] 中央人民政府网站 2018 年《政府工作报告》

[2] 董志凯.应对封锁禁运——新中国历史一幕.北京：社会科学文献出版社，2014

[3] 董志凯主编.中国共产党与 156 项工程.北京：中共党史出版社，2015

[4]【日】铃木淑夫著，夏斌译.日本金融自由化和金融政策.北京：中国金融出版社，1987

[5] 聂永友等主编.科技创新中心的国际经验与启示.上海：上海大学出版社，2015

[6] 中国科学技术信息研究所编著.国外科技计划管理与改革.北京：科学技术文献出版社，2015

[7] 王曙光.中国经济体制变迁的历史脉络与内在逻辑.载王曙光等著《产权、治理与国有企业改革》，北京：企业管理出版社，2018

第二章
混合所有制视角下国有企业股权结构与企业绩效

本章发表于《新视野》2018年第9期,作者为王曙光、王子宇。

近年来中国国有企业混合所有制改革持续推进,然而对于微观层面混合所有制改革中的国有企业股权结构与企业绩效的关系,学术界一直存在着较大争议。通过对2016年之前所有A股上市国有企业内部股权结构与企业绩效的相关关系实证研究发现,国家控股实际比例和企业绩效之间并没有直接的相关关系,因而单纯引入民营资本的产权改革并没有起到提升企业绩效的实质性作用。未来应该谨慎推进微观层面的混合所有制改革,着力推进宏观层面的混合所有制改革,完善市场竞争机制与企业内部法人治理结构。

一、引言

  自从 Berle 和 Means 首次提出现代企业中公司所有权与控制权的分离以来，对于股权集中程度，所有权与控制权是否分离以及实际最大股东身份对于企业绩效的影响研究和争论就没有停息。Holderness 认为股权结构与企业的公司决策和企业的股权价值之间并没有直接的相关关系。企业的价值更多地由市场因素影响和决定，和企业股权结构并没有直接关联。也有学者指出竞争程度提高对于企业绩效的重要性。Boardman 和 Vining 在对英国企业市场的研究中发现，处于同样的竞争环境时，私有制企业和混合所有制企业比国有企业更具有效率。Meggeinson 和 Netter 通过在国际上私有化对于企业效率影响的研究，得出私有化更有利于企业与市场接轨和企业效率的提高的结论。在中国，随着 20 世纪末股票市场的逐渐开放，对于企业股权结构与企业绩效关系的研究也逐渐展开，尤其是在国有企业中，混合所有制改革对于企业绩效的实际影响，引发了学者之间的深入讨论，也带来了一定的分歧。刘芍佳和李骥在其超产权论与企业绩效的研究中，认为竞争性的市场环境而非私有化是提高企业绩效的决定性因素。孙永祥比较了股权高度集中，股权高度分散以及相对控股股东与其他股东制衡三种不同的股权结构对公司治理机制的影响，认为股权有一定集中度，相对控股股东与其他股东制衡的模式对于公司绩效的影响最优。岳福斌通过对国有产权多元化和绩效问题的抽样调查指出，投资主体的单一化和产权的过于集中化成为国有企业进一步发展的主要瓶颈。

中国国有企业在混合所有制改革之后，不同学者在国家控股的实际比例和国有企业的股权集中程度的改变对于企业绩效的影响上也有着不同的观点。部分学者认为国有股比例与企业绩效呈负相关。通过对1999~2001年96家上市公司的数据分析，杜莹和刘立国指出，国有股比例对于公司绩效有显著负相关，流通股比例与公司绩效不存在显著相关性。张莉艳和安维东对于2009~2013年沪深A股国有零售上市企业的混合所有制分析指出，股权集中度与绩效没有显著关系，但是引入非国有股能够提高企业绩效。也有学者认为国有股比例与企业绩效不一定有相关性。通过因子分析法，魏成龙选取了2004~2009年发布整体上市公告的A股国有上市公司，筛选出其中的29家，通过上市前后两年的绩效评分比较得出结论，整体上，上市前后企业绩效的变化并不显著。部分学者在具体的国有企业类别上进行了进一步的区分。张文魁通过对700多个改制企业改制前后第一年至第三年的多项经济指标比较发现，地方国有企业对于混合所有制改的迫切性明显高于中央国企,而国有企业改制后第一年的绩效来源于裁员等因素往往有显著提升,在之后的年份,混合所有制改制虽然也带来一定时间内绩效的提升,但是增长速率逐渐减缓。

二、中国国有企业股权结构变革的历史阶段和实现形式

改革开放以来,产权一直是国企改革的核心环节,除了极少数必须由国家独资经营的国有制企业外,大多数国有企业中逐步推行股份制,发展混合所有制经济。国有企业混合所有制改革通过国企的产权多元化,完善企业内部治理结构,解决国有企业内部机制僵化、效率低下、缺乏活力的问题,激发国有制经济的活力。从1970年代末至今,国有企业的股权改革大体上经历了三个不同的历史阶段,并在纠错中不断得以完善。

1.国有企业股权结构变革的三个历史阶段

(1)股权改革的初步探索阶段(1978~1992年)

1980年,深圳等经济特区的建立在中国沿海地区催生了大量中外合资的混合所有制企业。80年代末,从沿海省市的一些地方企业、中小企业和乡镇企业开始,股份制的试点工作陆续展开,所有权和经营权开始实现分离。90年代初沪深股票交易所建立,大量国有企业开始进行技术改造和股权改革,以适应资本市场的重大变化。在这个过程中,地方政府仍然怀有国有企业股份制改

革可能会影响到公有制主体地位的担忧。在上海和深圳的 A 股招股说明书中，也实际上构建了股权分置的格局，将股份划分为流通股和非流通股，从而得以继续维持中央政府对于国有企业的绝对控制力。

（2）股权改革的试点突破阶段（1993~2002年）

1994年，国务院选定100家企业进行公司制改革的试点，将国有独资的企业改制成为股份制有限公司。随着大中型的国有企业不断改革上市，改制上市已经被视作国有企业筹资的重要方式。而在1998年之后，中央政府将重点转移到大型国有企业中来，优化企业资本结构实现"三年脱困"。通过将核心资产从原有企业中剥离，进行股份化的改革，实现 IPO 和企业上市。

（3）股权改革的问题解决阶段（2002年至今）

2002年之后尝试通过管理层收购的方式进行国有企业股权的内部转让。中央政府继续推动大型国有企业的股份制改革和境内外上市，在母公司的层面继续保持国有的独资，在子公司中推进加快企业融资上市。在这一阶段，出现了大量的国企、地方国企、民企之间的兼并重组案例。与此同时，合格境外投资者于2003年正式进入中国 A 股市场，境外资金开始引入国有企业之中。

2005年，面对中国股市的危机，中央政府开始着手解决股权分置的问题。从2005年的第一批试点股权分置改革的企业开始，到2007年，在 A 股的1000多家上市公司中，已经有95%以上的企业完成了股权分置改革。大部分学者都认为，股权分置改革也提高了我国资本市场的效率。廖理等指出，股权分置改革改善了企业股权结构，提高了企业治理效率。如今，在国有企业中，股权结构整体上是混合的股权结构，在有的企业中，国家绝对控股；在有的企业中，国家相对控股；有的企业中，国家只是相对参股。在这个阶段，多种资本参股的股份制成为公有制的主要实现形式。

2.国有企业股权结构改革的实现形式

总体来说，国有企业在股权结构的改制方式主要分为内部改制和外部改制两种方式。内部改制指的是国有企业内部的管理层或者是员工作为主要的入股者。外部改制指的是引入外部投资者的改制方式。中央政府对于大中型国有企业的股份制改革主要包括职工入股等"封闭式改造"、管理层收购等"开放式改造"和上市三种方式。

（1）职工入股

职工入股是对国有企业股权改革的"封闭式改造"，即在对国有资产进行核算，变为法人资产之后，划分为多个股份，其中一部分股权归属职工所有。职工入股将企业部分或者全部的所有权还给员工，能够在一定程度上解决国有企业所有者缺位的问题。同时，企业所有权和经营权分离带来的代理人问题也通过职工入股的激励约束机制得到一定的缓解。但是职工入股也带来了诸如双重身份的利益冲突矛盾和流动性受限等问题。

（2）管理层收购

区别于职工入股，管理层收购（MBO）引进外部投资者，实现"开放式改造"，从而实现公司的资本重组。管理层收购能够解决管理者资金不足的问题，同时使得所有权和经营权的联系强化，长期地提升企业绩效。然而政企不分是我国国有企业的长期问题所在，而大型国有企业又往往占据着国家安全和社会发展的重要领域，在推行股权改革的过程中，大型国有企业往往需要防止所有权和经营权的高度合一而形成内部人控制，避免失去对于国有企业和经济的控制力。

（3）企业上市

国有企业改制上市进入资本市场可以改善国有企业内部的产权结构和治理结构。进入市场之后，企业的资产从原先的固定状态转变为可交流可重组的流动状态，企业的经营状况也从原来的不透明低效率转变为透明的和可监督的，通过充分利用资本市场的选择机制，提高效率。也正是因为如此，通过股票上市吸引非国有经济成分参与到国有企业的公司制改造之中，成了现代企业制度和国有企业改革的重要突破口。

三、以 A 股上市国有企业为样本定量研究

通过对截至 2016 年 A 股中的国有企业进行比较分析，通过定量回归的统计方法，探讨国有企业的股权结构和企业绩效的相关关系。

1. 数据的获取及处理

选取 Wind 万得数据库的上市企业板块样本作为研究数

据，样本选取2016年以前在A股上市的中国国有企业进行数据分析。在2016年A股的总共3002个上市企业中，共筛选出国有上市公司995个，在这其中剔除2016年ST类（因为财务状况或者其他状况出现异常的上市公司股票）国有上市公司，删除样本中资料不全的国有上市公司，最终得到样本数据962个。

在962个上市国有企业中，中央国有企业有337家，占总数的35%，剩下的65%为625家地方国有企业。样本中的国有企业共来自于20余个不同的行业领域。根据GICS全球行业分类系统的划分体系，将962个国有样本企业归类到基础材料、消费者非必需品、消费者常用品、能源、金融、医疗保健、工业、信息技术、电信服务、公用事业十个一级经济部门。其中，基础材料行业有样本量166个，占总数的17.3%；消费者非必需品行业有样本量162个，占总数的16.8%；工业行业有样本量238个，占总数的24.7%；金融，医疗保健，信息技术等领域的行业也占据了较大的占比。

2. 变量的选择

研究目的在于分析国有企业改革之后企业内部的股权结构对于企业绩效的影响。在探究国有企业内部股权结构中，分别选取流通A股占总股的比例和国有企业最大的股东国家的持股比例作为解释变量，同时，纳入国有企业的规模和成立时间分析相关关系。在对于企业绩效的考核中，基于盈利能力，偿债能力，营运能力和发展能力四个维度，选取八个经济指标。

（1）解释变量（企业的股权结构指标）

在国有企业改革之后，从中央国有企业到地方国有企业，开始逐渐将部分股权流通给市场。在国有企业内部，有着流通股和非流通股的区分。对于大部分国有企业，国资委仍然保持着对于企业大部分股权的控制，这部分的股权是非流通的，也不受到市场信号的干扰和影响，我们称之为国家持股。除了国家持股以外，部分国有企业有部分的国有法人股。国有法人股区别于国家持股，其利润不直接上报国家监管，只是纳入国有企业利润的一部分。国家持股和国有法人持股共同构成了国有股。国有股是非流通的限售A股。不同的国有企业中，限售A股所占的份额也不完全相同，在一些关系到民生、国家发展和安全的重要行业，国家仍然保持着对于限制A股的强有力的掌控。但是在大部分国企中，虽有国有企业改革的不断推进，越来越多的国有股解禁流入市场成为流通A股。因此在一个国有企业当中，流通A股所占总股的比例一定程度上反映了国有企业内部股权分置改革后开放给市场的程度。

但是即便如此，在国有企业中，国家仍然通过一些间接的方式进行着资本的掌控。对于一些流通A股占到总股本大半的国有企业，国家其实通过在流通股中占据较大股份的其他国有公司的方式实行着间接的资本掌控。在国有企业中，即使国家不是绝对的最大股东，也是相对的最大股东。作为国有企业实际的控制人，国家实际上是国有企业的最大股东。在Wind的数据库中，并没有对每一家上市公司的实际控制人的股权份额给出统计。受制于数据量的制约，在这里我们选择国有企业的最大股东，也就是国家的股份额比例作为解释变量。尽管在实际的操作过程中，国家对于国有企业的股份控制可能会大于最大股东的股份额，例如我们忽略了国资委作为最大股东时国有法人股的占比，也忽略了可能存在的其他由国家控制的小股东的股份额。但是在这里用最大股东的持股比例作为简化的解释变量。

综上，设定解释变量为流通A股占总股的比例，以及国有企业最大股东国家的持股比例。选取企业的总资产衡量一个企业的规模大小。一方面，这些国有企业在改革之前规模巨大，内部效率低下，管理成本高昂，较大的企业规模在一定程度上减缓了企业的发展进程。但是与此同时，原有的国有企业内部，国家和社会的资源大量聚集，又给国有企业的发展带来了充足的机遇。所以，在回归分析中，引用企业的总资产衡量企业的规模大小，对于企业总资产进行对数处理，用 ln（size）进行表示。同时纳入企业成立时间和上市时间两个时间变量。

（2）被解释变量（企业的绩效指标）

关于企业绩效，目前并没有一个公认的定义和计算方法。学术界更倾向从企业的每股指标，盈利能力，收益质量，资本结构，偿债能力，以及营运能力等多个维度综合地分析企业的实际绩效情况。近年来提出的EVA评价模式在传统的会计利润指标上更进一步，指出企业的经济增加值才能更好地反映出企业的真实经济增长，即企业的税后净营运利润减去包括股权和债务的全部投入资本的机会成本之后的所得。平衡计分卡体系则是从企业的财务、客户、内部经营过程、学习和成长的指标体系等维度来对企业绩效进行评估。

因为希望从企业的多个维度下的企业绩效指标进行综合分析，具体评价标准基于公司的盈利能力，偿债能力，营运能力和发展能力，分别选取净资产收益率，销售毛利率，流动比率，资产负债率，总资产周转率，存货周转率，利润总额和净利润增长率作为四个维度的八个经济指标。同时选用A股市场的每股收益作为一个总体维度上的指标。五个维度的数据均选自于A股上市国有企业2015年的年终报表。其中：

每股收益EPS＝股票的税后利润／股本总数

净资产收益率＝企业净利润／平均股东权益×100%

销售毛利率＝（销售净收入－产品成本）／销售净收入×100%

资产负债率＝期末负债总额／总资产净额×100%

流动比率＝流动资产／流动负债×100%

总资产周转率＝主营业务收入净额／平均资产总额×100%

存货周转率＝销货成本／平均存货余额×100%

净利润增长率＝（本期净利润额－上期净利润额）／上期净利润额×100%

利润总额增长率＝本期利润增长率／上期利润总额×100%

综上，除了每股收益作为单独的评价标准外，从盈利能力、偿债能力、运营能力和发展能力四个角度，总共选取八个维度变量来作为企业绩效的评价标准分别看待A股国有企业的绩效能力水平。

3. 主成分分析提取被解释变量

针对选取的八个维度度量绩效的变量，采用主成分分析法构造评价函数得到综合数值。通过 Kaiser-Meyer-Olkin 抽样充分性测度和 Bartlett's 球形度检验对主成分分析进行使用性检验，表2.1显示 KMO 的值达到了 .06，可以进行主成分分析，Bartlett's 球形度检验从整个矩阵出发，其结果为 .000 显著，拒绝了原假设相关矩阵为单位矩阵，则可以进行主成分分析。

表 2.1

KMO 和 Bartlett 的检验	
被解释变量	企业绩效
取样足够度的 Kaiser-Meyer-Olkin 度量	.600
Bartlett 的球形度检验 近似卡方	753.822
自由度	28
显著性	.000

在完成主成分分析适用性检验后，提取相关因子并进行因子旋转，表2.2显示了因子旋转前初始特征根表和旋转后的特征根表。一般将特征根大于1的主成分作为初始因子，因此选取四个特征根大于1的主成分。贡献率体现了主成分对原始数据提取的加权比例，主成分的累积贡献率达到了60%。在旋转之后，累积贡献率和旋转前没有变化，因此可以作为公因子代替原始的八个维度的指标来进行企业绩效的评价评分。以旋转之后的每个主成分公因子的贡献率作为权数，可以计算每个国有企业在因子得分矩阵中计算得出的综合得分，以此简化作为一个单一的新变量作为盈利能力、偿债能力、运营能力和发展能力四个角度的综合评分。

表 2.2　因子旋转前初始特征根表和因子旋转后特征根表

被解释变量	主成分	初始特征值			旋转平方和载入		
		特征根	贡献率	累积贡献率	特征根	贡献率	累积贡献率
企业绩效	1	2.043	25.540	25.540	1.531	19.139	19.139
	2	1.280	16.003	41.544	1.443	18.039	37.178
	3	1.085	13.559	55.103	1.418	17.725	54.903
	4	1.006	12.569	67.672	1.021	12.768	67.672
	5	.804	10.050	77.722			
	6	.756	9.447	87.169			
	7	.544	6.798	93.967			
	8	.483	6.033	100.000			

4. 股权结构和企业绩效的回归分析

在确定解释变量，和被解释变量后，我们可以引入总体的回归方程。通过回归假设检验，验证回归方程的拟合程度以及相关系数在 .05 的置信区间内是否具有统计学的有效意义。

从每股收益和企业绩效评分两个维度设置回归方程，将企业国家控股比例（%），流通 A 股占比（%），ln（资产总计），企业成立时间和上市时间作为解释变量进行多元回归。在回归方程中考虑可能存在的平方相关关系，同时在多元回归中剔除自变量多重线性的问题。在实际回归过程中发现，随着股权分置改革的不断推进，在上市国有企业的股本数据中，流通 A 股比例超过 99% 的上市国有企业达到了 442 家，占总数的 45.9%。数据的过分集中削弱了回归方程可能的解释力。最终选择国家控股比例（%），ln（资产总计）和上市时间作为预测变量。以每股收益作为因变量的回归方程相关系数见表2.3,以企业绩效评分作为因变量的回归方程系数见表2.4。

表2.3　　每股收益与预测变量的回归系数

模型		非标准化系数 B	非标准化系数 标准误差	标准系数	t	显著性	共线性统计量 容差	共线性统计量 VIF
1	(常量)	.045	.101		.442	.659		
	国家控股比例(%)	-.034	.152	-.007	-.224	.823	.913	1.095
	ln(资产总计)	.090	.014	.203	6.208	.000	.934	1.071
	上市时间	-.008	.003	-.076	-2.369	.018	.975	1.026

说明:因变量:每股收益(元);预测变量:(常量),国家控股比例(%),ln(资产总计),上市时间。

表2.4　　企业绩效评分与预测变量的回归系数

模型		非标准化系数 B	非标准化系数 标准误差	标准系数	t	显著性	共线性统计量 容差	共线性统计量 VIF
2	(常量)	.273	.049		5.538	.000		
	国家控股比例(%)	.111	.074	.049	1.498	.135	.913	1.095
	ln(资产总计)	-.042	.007	-.193	-5.945	.000	.934	1.071
	上市时间	-.008	.002	-.154	-4.833	.000	.975	1.026

说明:因变量:企业绩效评分;预测变量:(常量),国家控股比例(%),ln(资产总计),上市时间。

在两个回归模型中,F的检验值分别为15.913和19.532,显著性=.000,表明统计模型的判定系数具有统计学意义。对比模型一和模型二,模型二的拟合度略微高于模型一。在模型一中,每股收益作为因变量,ln(资产总计)和上市时间的回归系数显著性小于.05，回归系数具有统计学意义。而国家控股比例（%）与每股收益之间没有统计学意义上的相关性。在模型二中，使用主成分分析提取的企业绩效评分作为因变量，可以发现同样的 ln（资产总计）和上市时间的回归系数显著性小于.05，回归系数具有统计学意义。与模型一一致的是，国家控股比例（%）与企业绩效评分之间仍然没有统计学意义上的相关性。与模型一不同的是，资产规模与企业绩效评分的相关性由正相关转变为了负相关。这是因为模型二中的企业绩效评分是一个多维度的主成分分析合成变量，在国有企业，尤其是大型国有企业中，企业规模的增大可能有利于集聚社会资源，从而扩大企业的每股收益，但是也可能会带来灵活性降低、周转率降低的问题，而这些指标恰恰是在模型二中体现出来的，所以资产规模与企业绩效的相关关系发生了改变。上市时间的长短也会影响企业的灵活度和周转率等变量。

在模型一和模型二的基础上，通过对不同国有企业的行业性质的区分，分别对 GICS 十个一级部门的行业进行行业内的回归分析。可以发现行业间的区别很大，例如在消费者常用品、能源、医疗保健、公用事业等行业内，所有自变量的相关性都完全消失；在金融行业和信息技术行业，资产规模大小与企业绩效指标呈显著负相关；上市时间的长短在不同行业也表现出不同的相关性大小。但是无一例外的是，在各个行业领域中，国家控股的比例都与企业绩效之间没有显著的相关性，进一步支撑了之前的结论。

5. 对回归结果的经济学解释

通过定量分析发现，国有企业内部的国家控股比例实际上和企业绩效并没有显著的相关性关系，企业绩效没有随着国家控股比例的下降而显著提高，在对具体行业进行比较分析后发现，在各个行业中，国家控股比例与企业绩效无显著相关关系的结论仍然成立。从实证结果来看，结论支持了"产权不相关论"的观点，即企业内部的产权结构与企业绩效之间并没有相关性，因而其政策含义就是，在混合所有制改革的过程中，并不能够通过单纯地降低国有控股的比例和更多引入民营资本来提升国有企业绩效。此外，"产权不相关"结论可能来源于绩效指标的统计口径。企业的绩效指标由多个不同维度的变量共同衡量，在国有企业中，因为特殊的政治性作用，企业的发展状况不完全由经济指标决定。在当代中国国有企业的发展中，国有企业担负着独特而重要的功能，并不是西方式的完全市场化的企业。在发展过程中，国有企业不仅仅需要考虑自身的经济绩效，还需要考虑到其经济行为背后来自国家政治等因素的影响，承担着相当大的非市场功能。从这个方面来看，在实证研究中完全地使用经济指标来推测企业的绩效，容易忽视企业在政治和社会层面发挥的作用。

然而我们也不要简单化地将"产权不相关论"仅仅理解为国有企业产权结构与企业绩效不相关，而要深入探究造成这种不相关的深刻根源。在回归分析中，更多地侧重在横向上不同行业间国有企业的对比，并没有引入纵向截面时间变量进行考察。尽管定量研究得出的结论支撑产权不相关论，但是在引入时间变量之后，又可能会带来更多复杂的结果。在短时期中，国有企业股权结构变化带来的公司内部法人治理结构的变化并不显著，因而国有企业的绩效变化并不显著，然而如果将时间维度进一步放大，从更长的时间来考察，国有企业股权结构的变化势必会引起国有企业内部治理结构和经营模式的深刻变化，从而有可能对企业绩效起到重要影响。目前在国有企业内部，国有资本和民营资本的关系十分复杂，单纯地进行产权改革引入民营资本进行存量改革，却往往忽视了国有企业的法人治理结构的变化，不能保证民营资本发挥出实质性的作用，因而无法显著提升国有企业绩效。参股的民营资本并没有实际意义上的对于企业的控制权和话语权，从而导致了国有企业的绩效受到影响。中国国有企业的混合所有制改革时间还很短，在若干年后，随着市场机制和企业内部治理结构的不断完善，也许股权改革对企业绩效的影响和正向作用更能够充分地体现出来。

四、国有企业混合所有制改革的方向：加强市场竞争与完善公司治理

在《中共中央、国务院关于深化国有企业改革的指导意见》中，"发展混合所有制经济"是国有企业改革的首要目标和具体举措。在国有企业改革的过程中，通过扩充民营企业股份，来试图解决国有企业内部效率低下的问题。然而在实际的操作过程中，民营资本的引入是否能够真正意义上提升国有企业的绩效，是学术界

一直争议不休的话题。面对国有企业目前进退两难的局面，采取怎样的混改模式更是人们所关注的。

实证研究的结论论证了目前在上市国有企业中，国家控股的比例与企业的经济绩效指标之间没有相关关系。在混合所有制改革的过程中，民营资本引入的产权改革并没有起到提升企业绩效的实质性作用，简单的私有化不能提升企业绩效，真正能够提升企业绩效的关键因素来源于市场内部的竞争。因而在未来的混合所有制改革过程中，要谨慎推进存量改革，着力推进增量改革，进一步完善市场机制，降低市场准入门槛，大力推动宏观层面的混合所有制改革。

引入民营资本却没有真正使得民营资本在公司治理中发挥应有的作用成为现有阶段混合所有制改革面临的主要困境与难题。在实际的混合所有制改革操作过程中，民营资本虽然进入国有企业，但是并没有对实际的国企法人治理结构造成实质性影响。企业法人治理结构问题是一种深层次的文化现象，也是一种动态的历史现象。现阶段，中国国有企业内部的法人治理结构受制于传统体制的影响，在决策机制和激励约束机制方面尚不完善。西方的董事会是一种根植于西方权力制衡文化的企业治理模式，而中国的董事会不同于西方，是一种根植于传统思想崇尚权威文化的企业治理模式。从短期来看，由于受到文化传统的影响，企业的法人治理结构很难迅速发生改变。但是在未来的改革道路中，在企业内部，需要不断完善法人治理结构，在文化和体制上进行改革，保证国有企业中的民营资本获得更多实际话语权和决定权，发挥其灵活性的优势。这种改变是文化层面上的和人的意识的改变，需要时间的积淀，不可能一蹴而就。

在国有企业股权改革尚不完善的今天，国有企业仍处于进退两难的中间地带，一方面壁垒正慢慢被打破，另一方面政府又没有完全放开对国有企业的管制；一方面失去了原有的完全的控制力，另一方面又没有能够在完全市场化的条件下，激发出企业间的竞争力。这些因素导致国有企业的经济行为受到诸多限制。在过去的几十年中，国有企业在国防、医疗、通讯、基建等涉及国家安全和国计民生的重要领域占据垄断地位。现在随着市场机制的逐渐完善，部分竞争性领域逐渐地放开市场，引入多元化竞争主体，将有利于民营资本的充分发展，也有利于国有企业和民营企业在更多竞争性领域的互相竞争。在国有企业改革的进程中，市场化的引入是一种趋势，也是一种改革的手段。只有引入竞争，打破垄断，降低市场准入门槛，才能够激发国有企业内部的活力，使得国有企业在市场竞争的逼迫与压力下进行股权改革和完善法人治理结构。在竞争性国有企业中，可以进一步完善企业内部薪资管理结构，增强市场竞争；在垄断性国有企业中，可以进一步地细分，保留必要的涉及国民经济命脉和国家安全的重要行业，其他领域则逐步引入市场化机制。尤其是在金融、能源、交通、通信等战略性领域，在愈加成熟的市场机制下，引入更加充分的市场竞争，能有效提升国有企业在这些领域的效率和绩效，也将给未来中国经济发展带来更多积极性的影响。总体上来说，尽管我们不能忽视过去几十年混合所有制改革中微观层面的存量改革带来的重要意义，但在今后的国企改革中，应当更加强调宏观层面上的混合所有制改革，更加强调国有企业的增量改革，加强市场竞争，完善市场机制，通过行业竞争慢慢推动股权改革和企业法人治理结构的完善，这将有利于国有企业和整个中国经济未来的发展。同时，尽管实证研究中否定了国有企业中国家股权的比例变动给企业绩效可能带来的影响，我们仍然不能忽视国有企业股权改革的重要意义。民营资本引入没有显著提升国有企业绩效是一个复杂的问题，这不仅带来经济层面从产权改革到市场改革的思考，也反映出企业内部法人治理结构不断完善的需求。从更长远的视角来看，在市场机制逐步完善的条件下，国有企业混合所有制改革的最终效果将有赖于公司治理结构的真正完善和经营机制的彻底转型。

本章参考文献

[1] Berle A A, Means G G C, The modern corporation and private property. London: Macmillan, 1991.

[2] Holderness C G, "A survey of blockholders and corporate control", Social Science Electronic Publishing, vol 1, no. 9 (April, 2003), pp. 51-64.

[3] Vining A R, Boardman A E, "Ownership versus competition: Efficiency in public enterprise", Public choice, vol. 73, no. 2 (June, 1992), pp. 205-239.

[4] Megginson W L, Netter J M. From state to market, "A survey of empirical studies on privatization", Journal of economic literature, vol 39, no. 2 (March, 2001), pp. 321-389.

[5] 刘芍佳，李骥.超产权论与企业绩效.经济研究，1998（3）

[6] 孙永祥.公司治理结构：理论与实证研究.上海：上海三联书店，2002

[7] 岳福斌.现代产权制度研究.北京：中央编译出版社，2007

[8] 杜莹，刘立国.股权结构与公司治理效率：中国上市公司的实证分析.管理世界，2002（11）

[9] 张莉艳，安维东.国有零售企业混合所有制改革研究——基于沪深两市零售上市公司的实证.中国流通经济，2015（6）

[10] 魏成龙，许萌.中国国有企业的整体上市研究.北京：企业管理出版社，2013

[11] 张文魁.中国国有企业产权改革与公司治理转型.北京：中国发展出版社，2007

[12] 萧冬连.国有企业改革之路：从"放权让利"到"制度创新".中共党史研究，2014（3）

[13] 廖理，沈红波，郦金梁.股权分置改革与上市公司治理的实证研究.中国工业经济，2008（3）

[14] 王曙光，徐余江.混合所有制经济与深化国有企业改革.新视野，2016（3）

第三章
我国国有企业上市前后经营绩效变动与所有权结构研究

本章发表于《金融与经济》2018年第9期,作者:王曙光、张逸昕。

上市国企的绩效与所有权结构的关系,一直是理论界争议的焦点之一。本章通过实证研究发现,整体而言我国国有企业上市后至少在中短期内经营绩效出现明显下滑,除委托—代理成本增加等影响外,这也在一定程度上反映出大部分国有企业上市后其治理结构、经营机制的实质性转变存在滞后性,而这与其上市动机复杂、上市后相应激励约束机制的缺乏有关。第一大股东持股比例、前十大股东持股集中度,国家持股、法人持股占比与国有企业上市前后经营绩效变动之间存在倒 U 型或正—负—正向两度方向变动的非线性关系,暗示出每一国有企业都各自对应了一种最有利于经营绩效的最优股权结构。

一、引言

20世纪下半叶，世界范围内出现了大规模公司制改革、混合所有制改革国有企业的浪潮。混合所有制改革，被认为是弱化政治激励，改善信息不对称，防止内部人控制和预算软约束等国有企业常见问题的有效措施。其中，通过上市实现混合所有制是多数国家尤其是发展中国家进行国有企业改革的重要方式之一，Megginson & Netter（2001）认为这是政府出于促进本国资本市场发育发展的考虑。就我国而言，上海和深圳证券交易所自1990、1991年先后批准成立以来，始终肩负着为国有企业融资、解困、改制服务的重要任务，1990～1999年，共有498家国有企业在A股上市，占同期A股上市公司的59%。当前，新一轮国有企业改革正在快速推进，党的十九大报告指出，"要完善各类国有资产管理体制，改革国有资本授权经营体制，加快国有经济布局优化、结构调整、战略性重组""深化国有企业改革，发展混合所有制经济"，中共中央、国务院《关于深化国有企业改革的指导意见》中明确，"加大集团层面公司制改革力度，积极引入各类投资者实现股权多元化，大力推动国有企业改制上市，创造条件实现集团公司整体上市"，可以看到，资本市场还将在此次国有企业改革中扮演重要角色。

在上述背景下，国有企业混合所有制改革成为学术界的研究热点，同时上市后企业经营数据可得性提高，由此出现了大量论证分析上市混合所有制效果和作用机制的文献著作及实证研究。但以国有企业上市前后经营绩效变动为主题的研究著述所得到的结论并不一致。部分学者认为，国有企业较其他企业并不具有特殊性，而就非特定企业上市前后经营绩效变动的研究几乎一致发现，企业在上市后经营绩效普遍呈下滑趋势。针对这一结果形成了多种理论解释，主要的三种观点如下：①为顺利上市，管理层有激励粉饰业绩，由此导致企业上市前经营绩效被夸大、上市后经营绩效被相对低估（Jain & Kini，1994）。②企业在选择上市时间点时存在机会主义倾向（Paganoet al.，1998）。一方面，企业往往选择在外部宏观经济向好、带动经营业绩提升时上市，但随着经济周期波动，上市后企业经营可能受到负面影响；另一方面，企业在上市时往往处于高速成长期，但这一时期的高增速并不可持续，随着企业生命周期所处阶段推移，其各项绩效指标也就开始下滑。③企业上市后创始人股权份额被稀释，与其他股东之间的矛盾更加突出，增加了委托—代理成本（Jensen & Meckling，1976）。部分学者则认为国有企业通过公开发行股份实现混合所有制，能够显著提高经营绩效。具体而言，混合所有制改革后引入的私人股东基于切身利益更有动力强化对管理层的监督，并能够通过董事会成员任免、议案表决等方式影响企业决策，故而在一定程度上弱化了国有企业在就业、推动区域发展平衡等方面的政策性目标，而更加注重提高产出、控制成本、利润最大化等财务性目标。此外，混合所有制改革将有助于塑造市场竞争环境，并产生溢出效应，激励和带动所有国有企业提升经营绩效（Omran，2004）。以上积极影响，因多直接或间接源自于私人股东引入，被称为"民营化效应"。

综上可以看到，尽管混合所有制被认为是国有企业改革的重要措施之一，推动国有企业上市也在世界各国得到了普遍实践，但学术界并未就其对经营绩效的实际影响达成一致意见，实证研究结果相异，也发展形成了对应不同的理论解释。本文利用1996～2013年A股上市企业的数据资料，考察国有企业上市前后经营绩效的实际变动，以及以往文献中讨论最多的所有权结构对企业经营绩效的影响，以期丰富完善国有企业上市前后经营绩效变动方面的观点和假说，深化对上市前后企业经营绩效变动原因的认识，并对我国持续开展国有企业改革、提升企业经营绩效提供一些思路和参考。

二、我国国有企业上市前后经营绩效变动

1. 经营绩效指标选取

本文选取三个方面七项指标用于衡量国有企业的盈利能力、

运营能力和偿债能力。盈利能力指标包括净资产收益率（ROE）、总资产收益率（ROA）和销售利润率（ROS）；运营能力指标包括总资产周转率（TAT）和存货周转率（IT）；偿债能力指标包括资产负债率（LEV）和流动比率（CR）。各项指标的含义和计算方式如表3.1所示。其中，为消除借贷成本差异、税收优惠、避税措施等给企业利润数值可能造成的影响而真实反映企业的创收、盈利能力，ROE、ROA、ROS的计算采用息税前利润（EBIT）而非净利润，息税前利润＝净利润＋所得税费用＋利息支出。

表3.1　　　　　　　　经营绩效指标说明

指标	含义	计算方式
盈利能力指标		
ROE	净资产收益率	息税前利润/净资产
ROA	总资产收益率	息税前利润/总资产
ROS	销售利润率	息税前利润/总营业收入
运营能力指标		
TAT	总资产周转率	总营业收入/总资产
IT	存货周转率	营业成本/存货
偿债能力指标		
LEV	资产负债率	总负债/总资产
CR	流动比率	流动资产/流动负债

2.样本描述和数据来源

1949年后较长一段时间我国一直实行分行业、分所有制形式的会计制度，直至1992年11月财政部发布《企业会计准则》，随后又根据会计准则的要求，修订颁布了十四个行业会计制度，实现了会计制度的统一。为保证经营绩效指标计算所需基础数据的连续性，本文将数据来源限定在1993年及以后年度。又因所采用的研究方法要求企业上市前后3年的数据，故本文最终确定以1996～2013年在A股上市的779家国有企业为研究样本，以1993～2016年各企业招股说明书及历年年报公布的财务数据为基础计算经营绩效指标并进行后续检验。相关数据均来自Wind金融数据库。

3.研究方法

本文借鉴Megginson et al.（1994）、黄贵海和宋敏（2005）等文献中的研究思路，以MNR为主要方法考察国有企业上市前后经营绩效变动，同时利用面板回归分析作为辅助检验。其基本思想在于将企业上市前3年和后3年经营绩效的中位数进行比较，同时利用Wilcoxon符号秩检验法检验上市前后差异的显著性。面板回归分析中，设定方程如下：

$$Y_{it} = \alpha + \sum_{\substack{j=-3 \\ j \neq -1}}^{3} \beta_j IPO_j + u_i + d_t + \varepsilon_{it}$$

其中 u_i 为企业虚拟变量，d_t 为1993-2016年自然年度虚拟变量，IPO_j 为企业上市相对年份虚拟变量，下标 j 代表事件年度，取上市当年为0，上市前后1～3年分别取-3、-2、-1、1、2、3。采用固定效应模型，式中将上市前一年企业经营绩效作为基准，若 β_j 估计值显著为正（负），则说明第 j 年企业经营绩效较上市前一年明显提升（下降）。

4.实证结果与分析

MNR 方法下得到的相关结果如表 3.2 所示。由于篇幅受限，此处仅展示利用行业调整后数据进行检验的结果，调整方法为将企业经营绩效指标值减去当年同行业所有企业对应指标的中位数，再计算各企业上市前后 3 年经营绩效的平均值。通过面板回归分析，利用行业调整后数据得到的相关结果如表 3.3 所示。

表3.2　1996~2013年A股上市国有企业绩效变动的MNR法分析（行业调整后）

经营绩效指标	N	均值（中值）上市前	均值（中值）上市后	中值变化	前后中值变化 Wilcoxon 检验值
ROE	735	0.184 （0.135）	−0.0319 （−0.0153）	−0.151	−21.044***
ROA	735	0.0508 （0.0363）	−0.00153 （−0.00375）	−0.0401	−13.332***
ROS	767	0.0378 （0.0116）	0.00948 （−0.00173）	−0.0155	−5.747***
TAT	734	0.848 （0.193）	0.0650 （−0.0218）	−0.214	−16.775***
IT	635	11.609 （0.631）	8.379 （0.0435）	−0.587	−5.854***
LEV	738	0.0680 （0.0763）	−0.0557 （−0.0521）	−0.128	−17.150***
CR	722	0.0472 （−0.109）	0.725 （0.227）	0.336	13.672***

注：***、**、* 分别表示在1%、5%和10%水平下显著，下表同。

表 3.3　1996～2013 年 A 股上市国有企业绩效变动的面板回归法分析（行业调整后）

绩效指标	ROE	ROA	ROS	TAT	IT	LEV	CR
IPO₋₃	0.0276	-0.0275**	-0.0227***	0.292	1.663	0.0340***	-0.038
	(0.03)	(0.01)	(0.01)	(0.58)	(2.33)	(0.01)	(0.10)
IPO₋₂	0.0409	0.00546	-0.00764	0.691	2.866	0.0265***	-0.0607
	(0.03)	(0.01)	(0.01)	(0.54)	(2.14)	(0.01)	(0.09)
IPO₀	-0.159***	-0.0338***	0.00415	-0.596	-0.287	-0.176***	1.420***
	(0.03)	(0.01)	(0.01)	(0.54)	(2.10)	(0.01)	(0.09)
IPO₁	-0.153***	-0.0262**	-0.00552	-0.881	-3.913*	-0.149***	0.905***
	(0.03)	(0.01)	(0.01)	(0.59)	(2.31)	(0.01)	(0.10)
IPO₂	-0.174***	-0.0194	-0.0145*	-1.195**	-5.957**	-0.135***	0.600***
	(0.03)	(0.01)	(0.01)	(0.64)	(2.57)	(0.01)	(0.11)
IPO₃	-0.180***	-0.0139	-0.0319***	-1.519**	-6.729**	-0.121***	0.444***
	(0.04)	(0.02)	(0.01)	(0.69)	(2.79)	(0.01)	(0.12)
企业虚拟变量	√	√	√	√	√	√	√
自然年度虚拟变量	√	√	√	√	√	√	√
Constant	0.214***	-0.0781***	-0.0337**	4.941***	15.57***	0.189***	0.401*
	(0.07)	(0.03)	(0.02)	(1.23)	(5.48)	(0.02)	(0.21)
Obs	5394	5394	5439	5343	5040	5336	5260
R-squared	0.05	0.04	0.06	0.01	0.01	0.20	0.11
Nos of SOE	779	779	779	779	761	779	765

注：括号内为标准差，***、**、* 分别表示在 1%、5% 和 10% 水平下显著。

总体而言，MNR方法和回归分析方法所得结果一致。国有企业上市后盈利和运营能力衡量指标均显著减小。这是因为公开发行股份后企业所有者权益扩大，也说明企业利用募集资金的投资效率较上市前有所下降，整体运营管理水平也有所降低。此外，因研究的时间跨度仅涵盖上市后3年，也不能排除企业投资项目初期大多亏损、盈利性将在未来年度逐渐好转的可能性。偿债能力衡量指标中，资产负债率（LEV）在企业上市后显著下降，流动比率（CR）则显著增大，表明偿债能力明显增强，反映出国有企业通过公开发行股份得以有效补充资金、改善资产负债结构，同时也体现了资本市场最基本和最主要的融资功能。

上市后盈利和运营能力显著下滑表明，国有企业上市的民营化效应对经营绩效带来的正向影响弱于上市前粉饰业绩、选择性确定上市时间点等客观因素，及上市后因股份结构分散化、委托—代理成本增加而造成的负面影响。此外，这一结果在一定程度上反映出大部分国有企业上市后其治理结构、经营机制的实质性转变存在滞后性，而这与国有企业的上市动机及上市后缺乏相应激励约束机制有关。就上市动机而言，国有企业最直接、重要的上市驱动力在于响应监管层政策要求、达成某些政治目标，转变治理结构、规范公司经营的动机则相对弱化。就上市后激励约束机制而言，上市实际为企业提供了更多用以激励和约束管理层及一般员工的方式，但国有企业因其国有性质及监管要求，在利用股票期权、设置绩效奖励时多有限制。同时，清晰界定监事会，审计、提名等委员会职权并确保其监督管理职能得到有效落实的力度在上市国有企业中尚有不足，也就削弱了整体约束效力。上市前以达成政治目标为首要动机,为满足上市要求努力提升经营业绩;上市后一方面首要目标已经实现,另一方面缺乏后续与企业经营直接挂钩的激励约束机制,员工与管理层工作积极性难以提高,故而与上市前相比国有企业经营绩效便出现明显下降。

三、所有权结构对国有企业上市前后经营绩效变动的影响

1.变量选取

针对所有权结构的研究,主要以净资产收益率(ROE)和总资产收益率(ROA)描述企业经营绩效,并将国有企业上市前后3年两项指标平均值之差作为因变量。ROE、ROA分别代表了每份所有者权益对应的利润额、每单位资产所创造利润,前者是企业股东最关注的经营指标之一,后者则衡量了企业整体资源的使用效率。此外,与存货周转率等运营指标相比,ROE、ROA更能体现企业的经营成果;与流动比率等偿债能力指标相比,ROE、ROA属于绝对的正向指标而非适度指标,故而二者是更为适合的模型因变量选择。

为表征所有权结构,本文选取企业上市当年第一大股东持股比例(S1)、前十大股东持股集中度(Con10)、国家持股占比(Gov)、法人持股占比(Ins)、流通A股占比(Pub)作为自变量。前二项指标用以描述企业所有权集中程度,即"数量上的结构";后三项指标用以描述企业不同股东,即"性质上的结构"。前十大

股东持股集中度借鉴了主要用以衡量产业集中度的赫芬达尔—赫希曼指数的计算方式,这一指标数值越接近1,代表企业所有权越集中于第一大股东或前几大股东,数值等于1时意味着唯一股东。国家持股指国资监管机构、财政部等政府部门或有权代表国家投资的机构及部门(如国有资产授权投资机构)持股。法人持股指境内具有法人资格的企业所持有的上市公司股份。

控制变量包括企业上市当年的GDP增速、上市当年总资产规模及资产负债率。三项变量几乎都作为控制变量出现在探究所有权结构与企业经营绩效之间关联的文献中,也被广泛证明将显著影响企业经营绩效。

表3.4　　　　　　　　模型变量选择说明

变量	含义	计算方式
因变量		
ROEdif	净资产收益率之差	ROE=息税前利润/净资产,取企业上市前后3年平均ROE之差
ROAdif	总资产收益率之差	ROA=息税前利润/总资产,取企业上市前后3年平均ROA之差
自变量		
S1	第一大股东持股比例	第一大股东持股数量/企业总股数
Con10	前十大股东持股集中度	$\sum_{i=1}^{10}\left(\dfrac{第i大股东持数}{前十大股东合计持股数}\right)^2$
Gov	国家持股占比	国家持股数量/企业总股数
Ins	法人持股占比	境内法人持股数量/企业总股数
Pub	流通A股占比	流通A股数量/企业总股数
控制变量		
GDP	GDP增速	企业上市当年GDP增速
LnAsst	企业总资产规模变量	Ln(企业上市当年总资产)
LEV	资产负债率	总负债/总资产

2.样本描述和数据来源

同样以 1996～2013 年在 A 股上市的 779 家国有企业为研究样本,企业上市前后 3 年财务数据均来自 Wind 金融数据库。

表 3.5　　　　国有企业各变量统计性描述

变量	观察值数	均值	标准差	最小值	最大值
ROEdif（行业调整前）	735	-0.2359	0.2652	-3.6474	0.2090
ROEdif（行业调整后）	733	-0.1900	0.2512	-3.3910	0.2646
ROAdif（行业调整前）	736	-0.07447	0.08332	-0.7403	0.1534
ROAdif（行业调整后）	734	-0.04265	0.0906	-0.7012	0.2771
S1	779	0.5059	0.1678	0.06186	0.8629
Con10	779	0.006158	0.002504	0.001216	0.009992
Gov	773	0.1457	0.2430	0	0.8629
Ins	773	0.4967	0.2606	0	0.9242
Pub	774	0.2729	0.0922	0.01639	0.6032
GDP	18	9.6556	1.7457	7.7	14.2
LnAsst	779	21.1423	1.4914	18.9025	29.6471
LEV	779	0.3711	0.1659	0.02828	0.9451

3.研究方法

与 Kim 等（2004）等文献一致,本文采用混合横截面数据回归的方法探究所有权结构对国有企业上市前后经营绩效变动的影响，并依次在回归方程中加入表征所有权结构自变量的一次项、二次项和三次项，以检验可能存在的非线性关系。基本的模型设定如下：

$$\Delta Performance_i = \alpha + \beta_1 OWN_i^2 + \beta_2 OWN_i^3 + \gamma_1 GDP_t + \gamma_2 LnAsst_i + \gamma_3 LEV_i + u_i + d_t + \varepsilon_i$$

其中，$\Delta Performance$ 代表国有企业上市前后 3 年 ROE、ROA 平均值之差，OWN_i 代表第一大股东持股比例（S1）等五项股权结构变量。GDP_t 为我国 GDP 增速，$LnAsst_i$ 为企业总资产规模对数值，LEV_i 为企业资产负债率，三项均为控制变量，均取企业上市当年数值。u_i 为企业虚拟变量，d_t 为 1996~2013 年自然年度虚拟变量。当因变量使用行业调整前数据时，方程中还加入行业虚拟变量。

在进行异方差及多重共线性检验时，发现部分方程中存在显著的异方差问题，故采用稳健回归（robust）方法以消除异方差影响。

4.实证结果与分析

利用行业调整后数据进行稳健回归所得结果如下。调整方法为将企业经营绩效指标值减去当年同行业所有企业对应指标的中位数，再计算各企业上市前后 3 年经营绩效的平均值。

表 3.6　第一大股东持股比例对国有企业上市前后经营绩效变动影响分析

	ROEdif			ROAdif		
	模型 1	模型 2	模型 3	模型 1	模型 2	模型 3
S1	−0.0877	0.704**	−1.002	−0.0614***	0.189*	−0.265
	(0.07)	(0.33)	(1.02)	(0.02)	(0.11)	(0.34)
$S1^2$		−0.831**	3.107		−0.263**	0.786
		(0.34)	(2.38)		(0.12)	(0.83)
$S1^3$			−2.766			−0.737
			(1.71)			(0.63)
GDP	−0.0205**	−0.0215***	−0.0209**	−0.0325***	−0.0328***	−0.0326***
	(0.01)	(0.01)	(0.01)	(0.00)	(0.00)	(0.00)
lnAsst	0.00292	0.00486	0.0059	0.00115	0.00175	0.00203
	(0.01)	(0.01)	(0.01)	(0.00)	(0.00)	(0.00)
LEV	0.107	0.108	0.103	0.131***	0.132***	0.130***
	(0.07)	(0.07)	(0.07)	(0.02)	(0.02)	(0.02)
企业虚拟变量	√	√	√	√	√	√
自然年度虚拟变量	√	√	√	√	√	√
Constant	0.0344	−0.159	0.0313	0.329***	0.268***	0.318***
	(0.12)	(0.15)	(0.19)	(0.05)	(0.05)	(0.06)
Obs	733	733	733	734	734	734
R-squared	0.05	0.06	0.07	0.26	0.27	0.27

表 3.7 前十大股东持股集中度对国有企业上市前后经营绩效变动影响分析

	ROEdif			ROAdif		
	模型 1	模型 2	模型 3	模型 1	模型 2	模型 3
Con10	-4.455	49.67**	73.5	-3.223***	15.98**	33.15
	(4.73)	(22.50)	(88.60)	(1.19)	(6.51)	(25.00)
Con10^2		-4532**	-9090		-1609***	-4893
		(1887.00)	(16026.00)		(559.00)	(4818.00)
Con10^3			260699			187847
			(888494.00)			(281896.00)
GDP	-0.0209**	-0.0214***	-0.0213***	-0.0327***	-0.0329***	-0.0329***
	(0.01)	(0.01)	(0.01)	(0.00)	(0.00)	(0.00)
lnAsst	0.00131	0.000425	0.000304	0.0000352	-0.00029	-0.000381
	(0.01)	(0.01)	(0.01)	(0.00)	(0.00)	(0.00)
LEV	0.11	0.113	0.113	0.133***	0.134***	0.134***
	(0.07)	(0.07)	(0.07)	(0.02)	(0.02)	(0.02)
企业虚拟变量	√	√	√	√	√	√
自然年度虚拟变量	√	√	√	√	√	√
Constant	0.0536	-0.0587	-0.093	0.343***	0.303***	0.279***
	(0.12)	(0.14)	(0.19)	(0.05)	(0.05)	(0.06)
Obs	733	733	733	734	734	734
R-squared	0.05	0.06	0.06	0.26	0.27	0.27

表 3.8　国家持股占比对国有企业上市前后经营绩效变动影响分析

	ROEdif			ROAdif		
	模型 1	模型 2	模型 3	模型 1	模型 2	模型 3
Gov	0.108***	0.339**	0.436	0.0404***	0.166***	0.311***
	(0.03)	(0.14)	(0.41)	(0.01)	(0.04)	(0.10)
Gov²		-0.377*	-0.756		-0.204***	-0.770**
		(0.23)	(1.38)		(0.07)	(0.35)
Gov³			0.345			0.514
			(1.15)			(0.31)
GDP	-0.0172**	-0.0164*	-0.0165*	-0.0307***	-0.0303***	-0.0304***
	(0.01)	(0.01)	(0.01)	(0.00)	(0.00)	(0.00)
lnAsset	-0.00419	-0.00298	-0.00314	-0.00234	-0.00169	-0.00193
	(0.01)	(0.01)	(0.01)	(0.00)	(0.00)	(0.00)
LEV	0.0975	0.0901	0.0918	0.130***	0.126***	0.129***
	(0.07)	(0.07)	(0.07)	(0.02)	(0.02)	(0.02)
企业虚拟变量	√	√	√	√	√	√
自然年度虚拟变量	√	√	√	√	√	√
Constant	0.0385	0.0524	0.0551	0.346***	0.326***	0.330***
	(0.13)	(0.13)	(0.13)	(0.05)	(0.05)	(0.05)
Obs	728	728	728	729	729	729
R-squared	0.06	0.06	0.06	0.26	0.27	0.27

表 3.9　法人持股占比对国有企业上市前后经营绩效变动影响分析

	ROEdif			ROAdif		
	模型 1	模型 2	模型 3	模型 1	模型 2	模型 3
Ins	−0.0899***	−0.0531	0.441	−0.0374***	0.0289	0.213**
	(0.03)	(0.16)	(0.27)	(0.01)	(0.05)	(0.10)
Ins^2		−0.0456	−1.581**		−0.0822	−0.654**
		(0.19)	(0.78)		(0.07)	(0.29)
Ins^3			1.225*			0.456*
			(0.65)			(0.24)
GDP	−0.0183**	−0.0183**	−0.0185**	−0.0310***	−0.0312***	−0.0312***
	(0.01)	(0.01)	(0.01)	(0.00)	(0.00)	(0.00)
lnAsst	−0.00259	−0.00217	−0.00307	−0.00184	−0.00109	−0.00143
	(0.01)	(0.01)	(0.01)	(0.00)	(0.00)	(0.00)
LEV	0.105	0.105	0.1	0.133***	0.134***	0.132***
	(0.07)	(0.07)	(0.07)	(0.02)	(0.02)	(0.02)
企业虚拟变量	√	√	√	√	√	√
自然年度虚拟变量	√	√	√	√	√	√
Constant	0.125	0.112	0.114	0.363***	0.340***	0.341***
	(0.13)	(0.14)	(0.14)	(0.06)	(0.06)	(0.06)
Obs	728	728	728	729	729	729
R-squared	0.06	0.06	0.06	0.26	0.26	0.27

表 3.10　流通 A 股占比对国有企业上市前后经营绩效变动影响分析

	ROEdif			ROAdif		
	模型 1	模型 2	模型 3	模型 1	模型 2	模型 3
Pub	-0.236	-0.83	0.178	-0.0211	-0.193	0.114
	(0.17)	(0.51)	(1.16)	(0.05)	(0.17)	(0.36)
Pub^2		1.054	-3.196		0.306	-0.989
		(0.86)	(4.15)		(0.26)	(1.30)
Pub^3			5.168			1.576
			(4.46)			(1.46)
GDP	-0.0171**	-0.0154*	-0.0164*	-0.0312***	-0.0307***	-0.0310***
	(0.01)	(0.01)	(0.01)	(0.00)	(0.00)	(0.00)
lnAsst	-0.0024	-0.0148	-0.0134	-0.00145	-0.00335	-0.00291
	(0.01)	(0.01)	(0.01)	(0.00)	(0.00)	(0.00)
LEV	0.124*	0.137*	0.136*	0.138***	0.141***	0.141***
	(0.03)	(0.07)	(0.07)	(0.02)	(0.02)	(0.02)
企业虚拟变量	√	√	√	√	√	√
自然年度虚拟变量	√	√	√	√	√	√
Constant	0.255	0.421*	0.339	0.341***	0.395***	0.370***
	(0.21)	(0.23)	(0.25)	(0.07)	(0.09)	(0.09)
Obs	729	729	729	730	730	730
R-squared	0.05	0.06	0.06	0.25	0.25	0.25

在以第一大股东持股比例（S1）、前十大股东持股集中度（Con10）为自变量的回归结果中（表3.3、表3.4），S1、Con10的系数均显著为正，$S1^2$、$Con10^2$的系数则显著为负，表明第一大股东持股比例、前十大股东持股集中度与国有企业上市前后经营绩效变动之间都存在倒U型非线性关系。以40%左右[①]为临界，在此前第一大股东持股比例增加有助于提升经营绩效，但此后持股比例继续增加的负面影响凸现。当企业股权分散程度较高时，股东之间拥有的话语权相当，相互制衡，难以就企业重大决策达成一致意见，也难以有效监督管理层，故而可能出现内部人控制现象，此时增加第一大股东持股比例、提高企业所有权集中度，一方面使一位或数位大股东能够有效协调各方意见，另一方面其他主要股东也合计拥有足够股份对第一大股东形成制约，使其不至于做出危害全体股东利益的决策，这都将有利于改善企业经营。但当第一大股东持股比例持续增加，使其拥有绝对发言权和决定权而不受其他股东约束时，第一大股东有能力也更愿意激励引导企业决策满足个人效用最大化，从而弱化了企业利润最大化、股东价值最大化的目标，这将有损企业经营绩效。

此外，国家持股占比（Gov）作为自变量时，Gov系数显著为正、Gov^2系数显著为负（表3.5），表明国家持股占比与国有企业上市后经营绩效变动之间存在倒U型非线性关系，其与前者分别对

---

① 若以ROEdif的回归结果为准，第一大股东持股比例与国有企业上市前后经营绩效变动之间倒U型关系曲线最高点对应的第一大股东持股比例临界值为42%；若以ROAdif的回归结果为准，临界值则为36%。

应的40%、45%[①]左右的关系曲线临界点值也非常接近。国有企业的第一大股东往往是国资监管部门或国有投资平台,在这一背景下第一大股东持股比例增加,不仅能够提高企业决策效率、强化管理层监督,还有利于提升企业形象,增加股东和公众信心,甚至获得某些方面的政治优势。但当国家持股占比不断提升形成绝对控制时,很有可能导致政企不分,对经营绩效产生负面影响。

由表3.9可知,在以境内法人持股占比(Ins)为自变量的回归结果中,Ins、Ins^3的系数显著为正,Ins^2的系数则显著为负,表明境内法人持股占比与国有企业上市后经营绩效之间存在正—负—正向两度变动的非线性关系,即随着法人持股占比提高,国有企业上市后经营绩效呈现先上升、后下降、再回升的趋势,且基于回归系数计算,可以得到曲线两次出现弯折的拐点分别在20%和70%左右[②]。当持股占比较低时,法人股东与其他中小股东具有一致利益,且因具备较高的财务、法律、管理等方面的专业水平,能够更好地起到监督管理层的作用;而当持股占比增加、成为重要股东后,法人股东能够左右企业经营决策,有能力也有动机从个体效用出发迫使上市企业做出可能损害其他中小股东利益的决策;但当持股占比很高时,法人股东的利益与企业经营绩效高度相关,有更大的激励推动制定和落实使企业利润最大化和

[①] 若以ROEdif的回归结果为准,国家持股占比与国有企业上市前后经营绩效变动之间倒U型关系曲线最高点对应的国家持股占比临界值为45%;若以ROAdif的回归结果为准,临界值则为41%。

[②] 若以ROEdif的回归结果为准,两拐点值分别为18%、69%;若以ROAdif的回归结果为准,则分别为21%、75%。

企业价值最大化的决策。

第一大股东持股比例、前十大股东持股集中度,国家持股、境内法人持股等股权结构变量与国有企业上市前后经营绩效变动之间均存在非线性关系这一结果,暗示出就国有企业而言,或存在一种最有利于提升经营绩效的最优股权结构,使得不同类型的投资者能够发挥所长,彼此之间既相互制约,又有效合作。当然,对于分布在不同行业的国有企业而言,其所有者构成、股权结构迥异,但不可否认的是,从有利于经营绩效的角度出发,每一个国有企业都有各自对应的一种最优股权结构存在。

限于篇幅原因,本文未对企业股权与公司治理水平之间的关系进行详尽的研究。不过现有的研究文献提供了有价值的线索。McConnell & Servaes(1990)认为公司价值是其股权结构的函数,其经验结果表明 Tobin 的 Q 值与企业内部人持有股份之间具有曲线关系,当内部股东的持股比例从无到有并逐步增加时,托宾 Q 值(即企业市价与企业重置成本之比)随其不断上升,并在内部股东持股比例达 40%~50% 时最大,然后开始下降。Vishny(1997)认为产权多元化在一定程度上有助于公司治理水平及经营效率的提升,并提出一套适用于混合所有制企业的高效公司治理机制。Gomes & Novaes(2001)证明了企业最优股权结构存在的可能,最优股权结构有利于股东之间制衡机制发挥作用进而减少委托—代理引发的道德风险。这些研究,对本文未来的进一步深入研究提供了很好的思路。

四、结论及政策建议

1.主要结论

整体而言,我国国有企业上市后至少在中短期内经营绩效出现明显下滑,盈利和运营能力显著下降,表明国有企业上市的民营化效应对经营绩效带来的正向影响弱于上市前粉饰业绩、选择性确定上市时间点等客观因素,及上市后因股份结构分散化、委托—代理成本增加而造成的负面影响。此外,这一结果在一定程度上也反映出较大部分国有企业上市后其治理结构、经营机制的实质性转变存在滞后性,而这与国有企业上市前以达成政治目标为首要上市动机、上市后缺乏相应激励约束机制有关。最后,上市后企业偿债能力提升则反映出资本市场最基本和最主要的融资功能。

所有权结构能够在一定程度上解释国有企业上市前后经营绩效变动。第一大股东持股比例、前十大股东持股集中度、国家持股占比与经营绩效变动之间都存在倒 U 型非线性关系,国有企业第一大股东往往是国资监管部门或国有投资平台,在此背景下第一大股东即国家持股占比增加,不仅能够强化管理层监督,还有利于为企业增信;但国家持股占比不断提升则将加重企业管理行政化倾向,对经营绩效产生负面影响。境内法人持股占比与国有企业上市前后经营绩效变动之间存在正—负—正向两度转折的非线性关系。持股占比较低时,法人股东与其他中小股东具有一致利益，且因具备较高专业水平从而能更好地监督管理层；而当成为重要股东后，法人股东有能力也有动机从个体效用出发，迫使上市企业做出可能损害其他中小股东利益的决策；当持股占比很高时，法人股东的利益与企业经营绩效高度相关，激励其尽责履职。国家持股、境内法人持股占比等所有权结构变量与国有企业上市前后经营绩效变动之间均存在非线性关系，暗示出每一国有企业都各自对应了一种最有利于经营绩效的最优股权结构。

2.政策建议

①在后续推动国有企业改制上市、国有资产证券化过程中，更加注重上市对企业治理结构、经营机制的改善作用。从实证结果看，国有企业上市后经营绩效出现明显下降，这与国有企业上市的政治性首要动机、企业经营相关的激励约束机制缺失有关。因此，在后续推动国有企业上市过程中，应更加重视发挥上市作为完善企业治理结构、规范企业经营运作的手段的功能，而非将上市本身作为目标。

②发挥国家持股对提升国有企业经营绩效的积极作用。实证发现国家持股占比与国有企业上市前后经营绩效变动之间存在倒U型非线性关系，曲线最高点对应的股份占比在45%左右。保持一定的国家持股占比不仅能够提高企业决策效率、强化管理层监督，还有利于企业增信和提升企业形象，为企业带来资源便利和市场机会；同时，也有必要注意避免国家持股占比不断增加所可能带来的管理行政化等现象，最大程度发挥国家持股对提升国有企业经营绩效的积极作用。

③国有企业上市后在经营中应重视法人股东作用及不同股东意见协调。实证发现法人持股占比与国有企业经营绩效之间存在先上升、后下降、再回升的非线性关系，上升是因外部法人股东对企业经营能够提供专业意见，带来新的、更加灵活和市场化的企业管理经验和治理方式，下降则是因与国家持股方等不同投资主体之间在经营理念、行事风格等方面存在差异而导致制度不兼容效应。应尊重法人股东同样作为大股东的权利，不同股东以各自持股比例行使企业事务决策权，双方能够重视沟通协商，降低制度不兼容效应带来的摩擦和成本。

本章参考文献

[1] 黄贵海，宋敏．H 股公司上市前后绩效变化的实证研究．管理世界，2005（5）

[2] 魏成龙，许萌，杨松贺．中国国有企业整体上市绩效研究．经济管理，2012（9）

[3] Gomes, A & Novaes, W, "Sharing of Control as a Corporate Governance Mechanism", *Working Paper*, EconLit, 2001, （1）

[4] Jain BA, Kini O. "The Post-Issue Operating Performance of IPO Firms", *The Journal of Finance*, 1994, 49（5）: 1699-1726

[5] Jensen MC, Meckling WH. "Theory of the Firm: Managerial Behavior, Agency Costs and Ownership Structure", *Journal of Financial Economics*, 1976, 3（4）: 305-360

[6] Kim KA, Kitsabunnarat P, Nofsinger JR. "Ownership and operating performance in an emerging market: evidence from Thai IPO firms", *Journal of Corporate Finance*, 2004, 10（3）: 355-381

[7] McConnell, John J & Servaes, Henri, "Additional evidence on equity ownership and corporate value", *Journal of Financial Economics*, 1990, 27（2）: 595–612

[8] Megginson WL, Nash RC, van Randenborgh M. "The Financial and Operating Performance of Newly Privatized Firms: An International Empirical Analysis", *The Journal of Finance*, 1994, 49（2）: 403-452

[9] Megginson WL, Netter JM. "From State to Market: A Survey of Empirical Studies", *Journal of Economic Literature*, 2001, 39（2）: 321-389

[10] Omran M. The Performance of State-Owned Enterprises and Newly Privatized Firms: Does Privatization Really Matter? *World Development*, 2004, 32（6）: 1019-1041

[11] Pagano M, Panetta F, Zingales L. "Why do companies go public? An Empirical Analysis", *The Journal of Finance*, 1998, 53（1）: 27-64

[12] Robert W. Vishny & Andrei Shleifer, "A Survey of Corporate Governance", *The Journal of Finance*, 1997, 52（2）, 737-783

第四章
中国工业管理和国有企业制度:传统体制的形成与演进逻辑

本章发表于《经济研究参考》2019年第16期,作者:王曙光。

新中国依靠强大的国家政治共识凝聚能力和资源动员能力，在短时间内建立了大一统的社会主义计划经济体制和工业管理体制。这一体制在改革开放前经历了初步奠基时期、权力下放时期、权力上收时期、调整和探索时期四个阶段，为中国快速工业化和经济赶超奠定了体制基础。本章强调通过历史视角和全球视角来审视传统体制的内在优势、历史价值和深层问题，既看到这一"超级国家体制"在工业化初期的巨大体制优势，又能看到这一体制已经包含的导致自身变革和超越的因素。本章提出"后发大国工业化阶段相关假说"，认为工业化的不同阶段决定着国家的资源配置模式、宏观调节模式和微观主体独立性，从而建立了解释新中国工业管理体制和国有企业制度变迁的一个一以贯之的基本理论框架。

一、新中国成立至"一五"计划期间传统工业管理体制和国有企业制度的初步奠基（1949～1957年）

新中国工业管理体制与国有企业制度，经历了比较复杂的漫长的历史变迁。20世纪80年代到90年代，国内学者对传统社会主义计划经济模式和工业管理模式进行了比较系统的、深入的反思，应该说对于我们认识传统计划经济体制和工业管理体制是有帮助的，对当时的经济体制改革的深入开展也起到很好的作用。这些反思的时代背景，处于八九十年代改革开放刚刚开始的十几年，社会主义市场经济还在探索当中，他们着力于对传统体制的弊端进行检讨、反思、批判，以证明改革的合法性，并为改革寻求出路，这是八九十年代对传统社会主义计划经济体制进行反思的一个时代大背景和时代诉求，这一背景和诉求是可以理解的，这些反思引领了中国的工业体制和国有企业制度改革进程，做出了历史性的贡献。现在，经过改革开放四十年探索，正反两方面经验都比较多了，我们今天反思传统体制，也包括反思改革开放以来的经济体制变革，学术界的语境与参照物跟前一阶段的反思相比有了深刻的变化，我们观察的历史维度毕竟更长了一些，我们所看到的东西更加全面一些，我们观察的视角可能比以前更开阔一些，我们对两种体制的优劣利弊的感触也许更深更客观一些。而且我们还有对八九十年代苏联和东欧巨变以来的观察，对亚洲金融危机的观察，对欧洲经济制度变迁的观察，以及对美国金融危机以来的全球经济变局的观察，有了这些参照物，我们今天的检讨和反思可能要更全面、系统、客观和理性。只有对于国有企业的特征和演进路径进行一个长时间段的考察，对于我国工业管理体制和经济发展模式进行全球视角的观察，我们才能得到一个正确的结论。要把中国社会主义计划经济体制和国有企业制度的演变放在中国工业化与赶超战略以及社会主义现代化的高度来考量，放到全球经济发展和工业化背景下去衡量，这样才能得到一些比较全面的结论，也才能看得出来我们将来的道路和趋势。

1949～1956年是我国社会主义计划经济体制和工业管理体制的初创时期，如果把这个时期跟1927～1937年相比较的话，就会发现很多有趣的现象。1927年大革命之后，国民政府从形式上统一了全国，直到1937年日本人侵入中国，这十年间，实际上国民政府是很想推进中国的工业化的。尤其是在苏联迅速工业化的感召之下，当时国民政府也希望建立一个比较大一统的工业化体制，来迅速推动中国的工业化。这个阶段的工业化虽然有了一些成绩，政府制定了相应的工业化计划（尤其是重工业发展计划），但是整体上并没有成功[①]，收效甚微。1949~1956年的社会主义工业管理体制与1927~1937年国民政府时期的工业化体制有什么关键性的不同呢？其中最关键的不同就是新中国建立了大一统的国家工业管理体制，这一高效的工业体制是建立在中国共产党的极高的政治动员能力和资源动员能力的基础之上的，同时也是建立在中国共产党对中国基层社会高度重构的能力之上的。新中国成立后国家动员能力空前增强，国家对基层社会的重构以及整个国家政治共识的增强，都使得1949~1956年的工业体制，比国民政府时期更有力量完成中国工业化的历史使命。而国民政府的缺陷正在于此，它对基层社会的动员和改造能力弱，党的组织涣散，政令不能统一，政治共识达成能力差，因此没有能力构建一种强有力的保障快速工业化的体制，难以完成中国工业化的使命，而国家汲取能力（广义上的资源动员能力）和国家凝聚共识能力[②]，正是一个国家快速工业化的基本前提。

在新中国建立初期，之所以能够迅速建立起一个高度集中的社会主义工业体制和计划经济体制，是跟建国初期三大"统一"的实践分不开的，这三大"统一"就是统一全国财政收支、统一全国的物资调控、统一全国的现金管理，把全国的生产要素都统

[①] 20世纪30年代，一些重要工业部门比如钢铁、机械、电力等产业，中国自身的生产能力十分有限。以钢铁为例，30年代初期，中国每年的钢铁产量大约只有自身需求量的五分之一左右，其余均依赖进口，因此以钢为重要原料的工业亦受到影响，而电力企业则多为外资所控制。参见实业部中国经济年鉴编纂委员会编辑：《中国经济年鉴．民国21-22年》（下册），商务印书馆1934年版，第331、630、692页。

[②] 早期的英国恰恰是因为具备了这样的能力，才得以在欧洲崛起，成为工业化强国。参见（澳）维斯、霍布森著，黄兆辉、廖志强译：《国家与经济发展：一个比较及历史性的分析》，吉林出版集团有限责任公司2009年版，第49~51页。

一起来了，从而把整个中国打造成一个铁板一块的高度组织化的体系，而中央获得了高度的权威，可以统一调配全国的物力和财力，这样就为大规模工业化提供了体制基础。

在"一五"期间，中国的公有制经济占据了主导地位，"一五"计划首要的任务就是以苏联援建的156项重点项目为核心，加强重工业为主的工业建设，从而优先发展重工业。可以这么说，苏联援建的156项重点项目，彻底改变了中国原来的工业布局。旧中国的工业布局是高度倚重于沿海的，绝大部分工业放在上海这些沿海大城市。但是，156项重点工业项目的分布，几乎分散在全国各地，包括之前工业布局比较薄弱的西北和西南地区，从而建立起区域比较均衡的、工业门类比较完整的基础工业和国防工业框架，奠定了中国工业化的初步基础。在"一五"计划期间，随着重工业建设的推进，还要相应地建设纺织工业和其他轻工业，建设为农业服务的中小型工业企业，要发展运输业和邮电业等。要推动农业和手工业的合作化以初步改造小农经济，为社会主义服务。要对资本工商业的社会主义改造，将其纳入各种国家资本主义之中，以适应于大规模工业化和计划经济的需要。

"一五"期间的工业布局发生了很大的变化，当时针对新中国成立之前的工业布局的弊端，中央提出既要建立一批规模巨大、技术先进的工业部门，又要利用先进技术扩大和改造原有的工业部门。旧中国留下的那些传统工业，包括东北、上海的传统工业，要进行改造，合理利用和改建原有的沿海工业基础，同时在内地新建一批工业基地，改善工业布局的不合理情况。内地投资占全国投资的比重大幅度上升，内地工业产值占全国工业产值的比重由 1952 年的 29.2% 上升到 32.1%，这些数据说明我国的工业布局已经悄然发生了变化①。

"一五"计划的成就是巨大的，是新中国成立前三十年当中比较辉煌的时期，在这个时期，国有工业占据了主要地位，工业基本建设规模空前巨大，工业制造能力和生产能力大幅度提高，工业地理布局比以前更加合理，工业结构也更加合理。这个时期，最大的成就是奠定了集中式的工业管理体制与国有企业制度的基础。这个集中，就是高度上收权利，地方的权力和企业的权利基本上全部上收了，中央构建了大一统的管理体制。1950 年 3 月 3 日《关于统一国家财政经济工作的决定》中说：在企业资产管理方面，公营企业的利润和折旧金的一部分要上缴中央人民政府财政部或地方政府，国营企业的投资需依照概算执行及政务院计划执行②。以集中统一为特征的工业管理体制主要包括以下两个层次的内容。

第一个层次，中央政府和地方政府在国营企业管理权限划分方面，实行统一领导、分级管理的基本原则。1950 年，政务院把凡属国家所有的工厂企业分为三种办法管理：一是属于中央各部直接管理；二是属于中央所有，暂时委托地方管理，三是划归地方管理，适当扩大地方政府在发展地方工业方面的权力和责任，促进地方工业的发展。这个中央和地方的关系，我一直讲，是理解中国的核心之一。中国到现在实际上也还在探索一种新型的中

---

① 中国社会科学院、中央档案馆编：《中华人民共和国经济档案资料选编. 1953-1957. 工业卷》，中国物价出版社1998年版，前言第5页。
② 国务院法制办公室编：《中华人民共和国法规汇编. 1949-1952. 第一卷》，中国法制出版社2005年版，第84~85页。

央和地方关系。实际上中国社会2000多年以来都在纠结这个问题。从先秦时代建立起以周天子为核心、以各诸侯国相对独立的类似邦联制的国家，到秦朝大一统之后，建立郡县制这种新型的中央—地方模式，中央—地方关系一直是国家治理的核心。毛泽东也非常重视这个问题，所以在1949年之后，通过前几年的经济恢复和社会主义改造，逐步建立起一个集中统一的工业管理体制。这个体制的核心是要把中央和地方关系处理好，强调既要保障中央的权威，又要扩大发展地方工业的权力，促进地方工业的发展，但主要还是以集中统一为主流。

第二个层次，在国家和国营企业的关系上实行以统收统支为主要特征的集中统一的管理体制。①在财政方面实行统收统支，国营企业需要的资金按照所属关系由各级人民政府预算拨款，超定额的流动资金由人民银行贷款，国营企业除缴纳税收之外还须把大部分利润上缴政府。②在物资供应和产品销售方面开始实行以计划调拨为主的物资供应和产品收购体制。③在劳动方面着手建立集中管理体制，各公营企业人员均由各级编制委员会统一管理。④在计划方面开始对国营企业进行直接计划即指令性计划管理。

以上两个层次，构成了传统工业管理体制和国有企业体制的主要内容。

高度计划的社会主义体制是以国民经济中居于主导地位的社会主义国家所有制工业为基础的，这是符合工业水平低和工业结构简单的历史情况的体制选择。这种工业管理体制和国有企业制度对社会主义工业化的迅猛推进、对建国初期市场的稳定和经济

第四章　中国工业管理和国有企业制度：传统体制的形成与演进逻辑 | 85

的恢复发展、对迅速赶超工业化国家起到历史性作用。但这种体制下存在的国营企业经营自主权的缺失和激励体系的缺失，是其主要的体制缺陷。国有企业成为国家计划的附属物和执行国家计划的工具，成为国家执行赶超战略的工具。

"一五"计划执行的结果强化了集中统一的大一统的计划经济制度，由中央直接管理的国有企业不断增多，中央政府对于固定资产投资实行统一管理，中央政府对财政资金管理实行统收统支集中管理，中央收入占财政收入的大概80%，中央支出占整个支出的75%，相比之下，地方的财力很小，地方的支出也很小。主要的生产资料由中央政府统一来分配，这是"一五"计划时期形成的单一公有制经济的基本特点。

完成社会主义改造以后，国营企业生产经营的各个环节都受到了政府指令性计划的严格控制。国营企业的总产值、主要产品产量、新种类产品试制、重要的技术经济定额、成本降低率、成本降低额、职工总数、年底工人人数、工资总额、平均工资、劳动生产率和利润等12项内容，均由政府下达指令性生产指标。1953年由国家计委下达计划指标的产品为115种，1956年则增加到380余种[①]。同时政府对国营企业在财务上也执行统收统支的管理体制。国营企业的"基本建设支出，技术组织措施费，新产品试制费，零星固定资产购置及各项事业费"[②]等支出均由国家财政拨款。可以看出，新中国集中统一计划体制在第一个五年

---

① 参见董志凯、武力主编：《中华人民共和国经济史（1953-1957）》（上），社会科学文献出版社2011年版，第436~437页。
② 财政部工业交通财务司编：《中华人民共和国财政史料·第五辑·国营企业财务（1950-1980）》，中国财政经济出版社1985年版，第195~196页。

计划时期比较严密,规定也比较细,实际上在一定程度上沿袭了苏联的模式。

在这一时期,由于中央政府统一的力量太强,带来的弊端很快也就出现了。比如由于信息不充分,各地和各企业的信息很不易收集,所以制定的计划就不一定合理;由于作为微观主体的国有企业的积极性、主动性受到抑制,所以生产效率受到影响。而且,计划管理队伍太庞大,政府的行政成本不断提升,所以人员臃肿的问题一直得不到解决。建国初期,高度集中的计划经济体制的一些弊端已经引起了中央领导人的思考和关注,他们也在不断反思苏联模式,力图改进。

对苏联模式的早期反省主要包含几个方面。

第一个反省是对计划经济及其运行机制。当时的领导人经过比较和反思,认识到单一公有制影响效率,因此,有必要保持社会主义经济成分的多样性,在所有制方面不要太单一,不要太绝对化。甚至提出应当对下达指令性计划的方式进行适当调整。

第二个反省是调整农业、轻工业与重工业之间的关系。"一五"时期对重工业的投资远远高于轻工业和农业,但当时中央已经意识到产业结构过于侧重重工业不行,应更多考虑到轻工业和农业的需要。同时,积累太多不行,还要考虑到人民的生活,别把积累率搞得太高,老百姓生活得不到改善,这也不是社会主义。农业轻工业的发展可以为重工业的发展提供更坚实的基础,因而国家对农、轻、重工业的投资比例也在不断调整,后来在60年代毛泽东提出,应该以农业为基础,以工业为重点,又把农业的基础地位提高上来了。

第三个反省是中央与地方之间的关系。在第一个五年计划后期，中央已经开始着手于制定一些政策，在各个领域调整计划管理体制，通过放权减少中央手中的权利，其指导思想就是要克服过度集中的弊病，调动地方政府和企业的积极性。实际上在中国的整个计划经济时期，甚至一直到90年代，我们的问题就是"收"和"放"的矛盾，我们一直纠结于这对矛盾，一放就乱，一乱就收，一收就死，一死就放，循环往复，找不到解决的方法。这个问题现在稍好一些，因为市场经济体制不断建立之后，宏观调控的方法发生了变化，微观主体的主体性和独立性得到增强，但是传统体制之下，这个"收"和"放"的矛盾很难解决，中央集权和地方分权的矛盾很难解决。

这些反省开启了"一五"计划完成前后一系列比较重要的工业管理体制改革措施。1957年11月，全国人大常委会批准了《国务院关于改进工业管理体制的规定》，该规定指出工业管理体制的主要问题是：第一，地方对于工业管理的职权太小；第二，企业主管人员对企业的管理权限太小。因此放权是主导性的思路，要实现地方放权和企业放权。改革措施包括以下方面。对于地方政府，第一，调整企业隶属关系，将部分中央管理的企业下放给地方；第二，增加地方政府在物资分配方面的权限；第三，企业下放后将利润在中央与地方之间进行分成；第四，增加地方的人事管理权限。对于企业：第一，在计划管理方面减少指令性指标，扩大企业主管部门对计划管理的权限。指令性计划指标由12个减少到4个；第二，国家计划只规定年度计划，关于季度和月度计划都由各主管部门根据具体情况作出规定；第三，简化计划编制程序，坚决精简表报；第四，国家和企业实行利润分成，改进企业的财务管理制度；第五，改进企业的人事管理制度，给企业更多自主权[①]。

代表这一时期对计划经济体制和苏联模式反思的最高成就的成果，就是毛泽东的《论十大关系》。毛泽东调查了五十几个部门，与五十几个部门的负责人亲自座谈，最后总结出一些规律性的东西。在新中国工业管理体制形成和变革的第一阶段，其目标就是要建立中国工业化的基础，然而要在一个很低的起点上快速启动大规模经济建设，推进重工业优先的工业化，并非易事。社会主义计划经济体制的建立，顺应了作为工业化后发国而与工业化先行国有着较大差距这一特定历史条件的要求，国家因此而拥有了强大的资源动员和配置能力，使紧缺的物资、资源能够配置到优先发展的产业中去，这正是中国能够突破贫困的恶性循环——"低水平均衡陷阱"[②]的重要经验。同时，高度集中的计划经济体制在运行过程中出现的一些问题，引起了新中国第一代领导集体对于计划经济体制的反思，藉此也开始了对社会主义经济发展道路的独立探索。

以上所讨论的第一阶段是一个工业化的启动时期，高度集中的计划经济和工业管理体制是这个时期的主要特征，这反映了当时经济发展的一种必然性。新中国成立后，中国走上了一条比较

[①] 中共中央文献研究室编：《建国以来重要文献选编. 第十册》，中央文献出版社2011年版，第587~593页。

[②] 1956年美国经济学家Richard R. Nelson提出了这一概念，Richard R. Nelson, *A Theory of the Low-Level Equilibrium Trap in Underdeveloped Economies*, The American Economic Review, Vol. 46, No. 5（Dec., 1956）, pp. 894–908。

顺畅的工业化道路，不管这个工业化道路成本有多高，总之开始了起步，初步奠定了工业化的雄厚基础，因此我们应高度肯定传统工业管理体制和计划经济的巨大历史作用。但是这种大一统的高度集中的体制，其弊端也引起了当时决策者的反思，从而开启了中国人对中国特色社会主义经济道路的独立探索。

二、以权限下放为特征的工业体制和国有企业制度调整（1958～1960年）

第二个阶段是1958～1960年的权力下放。经历了1956～1957年的反思之后，1958年开始对工业体制和国有企业制度进行调整。这种调整是必要的。当时大量的中央所属企业都下放到地方，中央管理权限也大量下放给地方。这一时期积极探索企业利润留成制度和"两参一改三结合"的企业管理制度，国有企业获得了一定的经营自主权，国有资产运营效率有所提高。但是当时办事太急，过度下放权力，导致工业管理出现若干混乱，地方政府管理工业的经验与能力不足，导致很多工业管理制度落实不下去，企业生产效率比较低下，而中央对国民经济管理的控制力下降，因此1960年之后又迫使中央再次上收管理权限。

1958年5月，中共八大二次会议通过了"鼓足干劲，力争上游，多快好省地建设社会主义"的社会主义建设总路线，要"调动一切积极因素，正确处理人民内部矛盾；巩固和发展社会主义的全民所有制和集体所有制，巩固无产阶级专政和无产阶级的国际团结；在继续完成经济战线、政治战线和思想战线上的社会主义革命的同时，逐步实现技术革命和文化革命；在重工业优先发展的条件下，工业和农业同时并举；在集中领导、全面规划、分工协作的条件下，中央工业和地方工业同时并举，大型企业和中小型企业同时并举；通过这些，尽快地把我国建成为一个具有现代工业、现代农业和现代科学文化的伟大的社会主义国家。"[1]这一表述代表了当时中央领导集体的一致观点。

应当说，从理论的角度来考察，这个重工农并举、中央和地方工业并举、大中小并举的思想，是比较适合中国的经济发展和工业化的一种模式选择。"并举"思想，是一种辩证法的思维模式，这几个"并举"，实际上是新中国领导人尤其是毛泽东对苏联模式进行深入反思的结果。50年代末、60年代初，毛泽东集中对苏联的社会主义计划经济模式和工业体制进行了系统的学习、借鉴和反思，他对苏联模式的理性借鉴和批判精神带动了整个中央领导层对传统社会主义计划经济体制的反思，从而为中国构建具有本国特色的社会主义计划经济体制和工业管理体制奠定了思想基础[2]，这一历史事件所具有的深刻意义今天更加凸显。

这一时期的体制调整和经济跃进起到一定的作用（比如农业水利设施的大幅度改善），但是在实践过程中，出现了过快过急的毛病，很多地方的经济发展违背了客观条件，出现了国民经济

---

[1] 刘少奇：《中国共产党中央委员会向第八届全国代表大会第二次会议的工作报告》，中共中央文献研究室：《建国以来重要文献选编.第十一册》，中央文献出版社2011年版，第263页。

[2] 参见中华人民共和国国史学会编：《毛泽东读社会主义政治经济学批注和谈话》，1997年印行。

的严重比例失调和严重困难,经济发展的效率受到很大影响,暴露出通过群众运动来加快工业化这一模式的内在弊端。工业化和经济增长既要追求一定的速度,又不能急于求成,要尊重客观规律,追求速度和效率、规模与质量的统一。

这一时期的基调是权限下放。1957年11月通过的《关于改进工业管理体制的规定》《关于改进商业管理体制的规定》《关于改进财政管理体制的规定》只是一个开端,1958年中央又陆续出台了《中共中央关于改进物资分配体制问题的意见》《关于工业企业下放的几项决定》《关于企业、事业单位和技术力量下放的规定》《关于改进计划管理体制的规定》等多个文件。根据这些文件,中央在财政管理、计划管理、物资分配、基本建设投资、企业管理、人事权限等诸多方面都赋予地方政府更多的权利,同时亦将大量原本由中央各部门管理的企业下放给地方。根据中央的要求,轻工业部门所属企业基本上全部下放,重工业部门所属企业和事业单位下放的部分约占全部的60%~70%。"各工业部门下放的单位和产值,除军工外,约占全部的80%左右。"[①]这极大地调动了地方政府和企业的积极性,只是中央企业过快的下放,也给地方政府造成了巨大的管理压力。

总体来说,这一时期的权限下放,对于调动地方积极性和企业积极性意义重大,突破了传统计划经济下大一统的思维模式,对僵化的苏联计划经济模式有所反思、调整和创新,开启了中国特色社会主义计划经济模式的自主探索的先河,具有重要的实践

[①] 中国社会科学院、中央档案馆编:《中华人民共和国经济档案资料选编.1958–1965.工业卷》,中国财政经济出版社2011年版,第235页。

意义和思想意义。其局限性在于并没有对企业经营自主权、社会主义计划经济的运行机制和单一所有制进行充分的深刻的反思,仅仅从调动积极性角度来进行调整,而且在跃进和赶超的氛围下进行的调整,其结果是打折扣的。最终造成各地建设自成体系,投资规模膨胀,地方的管理能力跟不上,企业生产效率低下。企业在生产经营中表现出极大的盲目性和无政府主义,地方层层加码,企业利润留成用于"大而全"和"小而全"的建设,人事权下放导致企业人浮于事。管理权下放导致企业乱象丛生。1958年之前的主要弊端是管得太死,给地方上的权力一点都没有,是"条条"的毛病。后来1958~1960年权限下放,地方猛烈投资,扩大投资规模,人员也扩张太多,企业出现了盲目性的投资,"大而全"和"小而全","块块"出毛病了,削弱了当时中央各部委的权力。"条条"和"块块"的矛盾,也是我国计划经济时期的主要矛盾之一。

这一时期出现了改革国有企业管理制度的有益尝试,即著名的"鞍钢宪法",也就是"两参一改三结合"。《鞍钢宪法》实际上是针对苏联企业管理模式的反思。苏联当时有一个《马钢宪法》,其核心是厂长负责制。1960年3月11日,鞍山市委向中央提交《关于工业战线上的技术革新和技术革命运动开展情况的报告》,报告鞍钢经验。毛泽东看到鞍山钢铁厂实行企业管理创新和技术革命的报告,很兴奋,认为鞍钢的经验,可以说在远东地区创造了我们自己的经验,可以叫《鞍钢宪法》。鞍钢的经验,第一是要思想革命,政治挂帅,要破除迷信,解放思想。第二是发动群众,一切要经过群众的实验再来推广。第三是全面规划,狠抓生产关键环节。第四是自力更生和大协作相结合，要讲究企业跟企业之间的协作，企业和院校之间的协作。第五是大搞技术革命，开展技术革命和大搞技术表演赛相结合。毛泽东看完这个报告之后，写了一个很长的批语，他把鞍钢的经验加以改造和提升，概括为《鞍钢宪法》，总结为"两参一改三结合"。原来苏联管理国营企业是采取厂长负责制，什么事都是厂长说了算，党委不起作用，工人不起作用。苏联的《马钢宪法》的激励机制很简单，就是用奖金来激励大家进行技术创新。"两参一改三结合"是中国人自己创造的一套管理体系。"两参"是干部参加劳动，工人参加管理。工人直接参加编制生产、劳动等计划，参加合理化建议活动、产品质量分析、新产品研究发展，参加经济核算，设立工人管理员的"八大员"制度。干部深入一线参加劳动，及时发现解决生产过程中的问题，密切干群关系。"一改"是改革不合理的规章制度，包括劳动组织、企业管理、操作规程等制度。"三结合"是把技术人员、工人和干部结合起来，共同来解决生产技术难题和企业管理问题。这个"三结合"实际上非常重要，后来"三结合"又加以拓展，包含了企业跟院校、跟科研部门、跟设计部门的结合，就是要鼓励企业创新跟大学创新结合，跟科研部门创新结合。"两参一改三结合"是一项具有普遍意义的经验，是在计划经济下具有中国特色的新型企业管理制度，是党的群众路线在企业管理上的创造性的运用和发展。这个"两参一改三结合"是世界管理学上的一场革命，国际学术界对"两参一改三结合"的《鞍钢宪法》评价很高，在欧美国家和日本等国都产生了很大的影响，国际学术界普遍认为鞍钢宪法是对西方管理模式和苏联管理模式的一种革命性的革新,至今仍具有巨大的实践意义和现实意义[①]。

三、以权限上收为特征的工业体制和国有企业制度调整（1961～1965年）

1958～1960年的权限下放时期,国民经济出现严重失衡,不仅连续三年出现财政赤字,赤字金额还不断攀升。1958～1960年三年间,国家的财政赤字分别为21.80亿元、65.74亿元、81.85亿元[②]。农业和轻工业生产大幅度下降,1960年之后中央看到了"大跃进"的严重后果,也意识到应该对政策进行调整。1960年6月的上海会议上,毛泽东作出了《十年总结》,提出应当对以往的错误进行反省和纠正,也强调了实事求是的原则[③]。1960年7～8月北戴河会议李富春提出整顿、巩固、提高。1960年9月中央批转了国家计委《关于1961年国民经济计划控制数字的报告》,首次提出"调整、巩固、充实、提高"的八字方针。1961年1月八届九中全会提出缩小基本建设规模、调整发展速度。这八字方针后来成为主导性的政策,一直到1965年一直以这个方针为指导进行经济政策调整。

[①] 崔之元:《鞍钢宪法与后福特主义》,《读书》,1996年第3期。
[②] 财政部办公厅编:《中华人民共和国财政史料·第二辑·国家预算决算（1950-1981）》,中国财政经济出版社1983年版,第419页。
[③] 中共中央文献研究室编:《建国以来重要文献选编.第十三册》,中央文献出版社2011年版,第370～371页。

在八字方针的指引下,中央决定对工业管理体制进行调整,强调全国要上下一盘棋,实行高度的集中统一,以克服前一时期国有企业生产的分散无序局面。1961年八届九中全会《关于调整管理体制的若干暂行规定》,提出把经济管理权力集中到中央、中央局(恢复六大区)和省三级,并提出在近 2~3 年内更多地集中到中央和中央局一级。同年 9 月 15 日,中央下发《关于当前工业问题的指示》,强调要改变过去一段时间内权力下放过多、分得过散的现象,要把权力更多地集中到中央,对全国人力、财力和物力进行统一安排。实际上,整个经济管理体制就又回到了中央高度计划和高度集中的大一统体制。

权限上收的主要体现是:一是集中统一上收一批下放不当的企业;二是计划管理权限再度集中统一,改变"大跃进"期间两本账的做法,克服计划失控的做法,高度集中的计划体制又回来了;三是集中统一上收基本建设管理权限,压缩基本建设规模,上收基本建设审批权,收回投资计划管理权限,严格基本建设程序,加强对基本建设拨款的监督;四是取消企业利润留成制度,上收财政信贷管理权,保障中央财力;五是统一上收物资管理权限。随着"八字方针"的提出,中共中央面对经济管理权下放造成的经济领域混乱的局面,提出了"全国一盘棋"思想,逐步强化集中统一管理,收回下放过头的经济管理权。中共中央将地方权力上收是从国有企业和政府部门的权力转移开始的。在国有企业,中央强化企业党委领导下的厂长负责制,在坚持政治挂帅的原则下,强化党对各方面工作的统一领导,将企业生产经营的大权完全收归党委。这次调整,似乎是一个体制的复归,又回到了传统的高度统一和集中的计划经济模式，实际上这个调整，主要是解决地方过度分权的问题和企业自主权太大问题。地方过度分权，就导致力量分散，难以集中力量完成工业化，所以要上收权限。强调工业管理要改变下放过多、分得过散的现象，要实行高度集中统一的领导，集中力量解决关键问题。总体来说，1961年后中央重新上收了1958年下放到各级地方手中的权力，通过对地方经济计划权、财政管理权、基本建设审批权、物资管理权、招工权等的上收，有效遏制了1958～1960年全国经济发展过程中的混乱局面，重新构建高度集中的中央管理体制。同时国家计委大幅度调整和降低了此前制定的钢铁产量，粮食产量等指标。同时，汲取三年困难时期的教训，要发展更多的轻工业、日用产品，农业也要大发展，要照顾民生，不能过于强调赶超和积累。

1959年底到1960年初，毛泽东在《读苏联〈政治经济学教科书〉的谈话》中对我们的经验教训和苏联模式等进行了一系列思考。他在那段时间与几个人共同阅读苏联的《政治经济学教科书》，发表了一系列谈话，对这本书进行了大量的批注，后来他的谈话和批注被编辑为两本书，中国经济史学会刊印了这两本书，但没有公开出版。这些谈话和批注强调不要迷信苏联模式，强调建设速度要稍微慢一些，要提高经济效益；强调要搞好综合平衡，包括消费跟积累的平衡，重、轻、农的平衡等等；强调以农业为基础，以工业为先导，汲取了大饥荒时期的教训。毛泽东指出，"我们的提法是在优先发展重工业的条件下，发展工业和发展农业同时并举。所谓并举，并不否认重工业优先增长，不否认工业发展快于农业；同时，并举也并不是要平均使用力量。"这就对

"并举"思想作了比较全面的解释,澄清对"农、轻、重"提法的误解[①]。"大跃进"和三年困难时期的教训,使执政党对社会主义经济建设和计划经济有了更深的理解。

四、调整、整顿、探索的十年(1966～1976年)

这个时期的经济和政治情况比较复杂,《关于建国以来党的若干历史问题的决议》也对这段历史进行了全面的反思[②]。我国工业管理体制和计划经济体制在这一时期进行了若干探索,工业布局在这一时期发生了一些重大的变化,工业领域和技术领域的创新也有了一定的进展。国家计划委员会最初对于第三个五年计划的设想与以发展重工业为中心任务的"一五"和"二五"计划有所不同,将解决人民的吃穿住用作为一个核心问题,但后来这一指导思想又进行了调整。1966年是执行"三五"计划的第一年。"一五""二五"之后并没有直接执行"三五"计划,因为中间由于三年的经济困难时期中断了几年。"三五"计划从1966年开始,到1970年结束。在1960年代,国际形势发生了巨大的变化,美苏军备竞赛,尤其是美国对中国的侵扰造成了很大的影响,印度也在不断挑起冲突,苏联在中国边境设重兵,美国侵略越南的战争不断升级且不断靠近中国本土,台湾海峡也出现了紧张局

---

① 《毛泽东文集》第8卷,人民出版社1999年版,第123页。
② 《关于建国以来党的若干历史问题的决议》,中共中央文献研究室编:《三中全会以来重要文献选编》(下),中央文献出版社2011年版,第141～151页。

势等等。国际局势对中国的"三五"和"四五"计划影响很大。

对于国民经济发展的指导方针，毛泽东越来越强调国防工业与基础工业的重要性。1964年5月中央政治局常委扩大会议上，毛泽东特别强调我们对于三线建设和基础工业的注意还不够[①]。在毛泽东看来，中国必须考虑工业的重新布局，"一线要搬家，二线、三线要加强"[②]。1965年4月12日，中共中央发出了《关于加强备战工作的指示》。同年9月，在国家计委向中共中央报送的《关于第三个五年计划安排情况的汇报提纲（草稿）》中明确提出了"第三个五年计划必须立足于战争，从准备大打、早打出发，积极备战，把国防建设放在第一位，加快三线建设，逐步改变工业布局"的方针。所以"三五"计划和"四五"计划牵扯到备战，要加强国防工业，战争威胁实际上一直是我们考虑"三五"和"四五"规划主要的考虑。在这种情况下，把国民经济全部纳入备战的体系，"以战备为纲"的经济指导方针在"三五"计划和"四五"计划的制定过程中表现得很明显。

当时的三线建设，应该说从战备的需要出发，有它的历史意义，但是三线建设更大的意义在于它深刻改变了中国工业布局，对于区域均衡发展和工业布局的优化有重要意义。因为当时西北和西南的工业布局，在第一个五年计划时期就有一定的基础，但是还没有达到一定的高度，后来通过三线建设，彻底改变了中国的工业布局,西北、西南、中部的工业在这一时期有了长足的发展，

---

① 中共中央文献研究室编：《毛泽东传（1949-1976）》（下），中央文献出版社2003年版，第1361页。

② 中共中央文献研究室编：《毛泽东年谱（1949-1976）》（第5卷），中央文献出版社2013年版，第391页。

建立起一批工业基地，这些工业基地到今天仍然具有重要的经济意义、区域发展意义以及战略意义，彻底改变了倚重沿海的工业布局，这个意义是极其重大的。当然三线建设也有弊端，就是当时由于建设三线的前提是备战，因此三线建设实际上不太强调效率，大量的人力物力进入那些偏远的地区，损失了一定的效率。

"狠抓备战"仍然是"四五"计划的重点，第四个五年计划纲要中提出："要狠抓备战，集中力量建设战备后方，建立不同水平、各有特点、各自为战、大力协同的经济协作区，初步建成我国独立的、比较完整的工业体系"[1]。在70年代，我们的技术创新取得了世界瞩目的成就，在很多领域取得了世界领先的科技成果，体现了当时的体制优势。"四五"计划提出的初步建成中国"独立的、比较完善的工业体系"的目标，应该说在一定程度上实现了。中国为这个独立完整的工业体系的建立付出了很大的代价，但是终究建成了这个体系，这也是决定我国今天的国家竞争力和工业制造能力在世界上屈指可数的重要原因。

从工业管理体制调整的角度来说，到1970年，又开始了一场以向地方下放权力为中心内容的工业管理体制的大变动。这次工业管理体制的变动受到两方面因素的影响。一是在战备中强调各地方都要建立独立完整的国防工业体系；二是经济建设中急于求成，盲目追求高指标、高速度的思想再度抬头。70年代初期再度下放企业的力度是很大的。1970年3月，国务院拟定《关于国务院工业交通各部直属企业下放地方管理的通知（草案）》，

---

[1] 汪海波：《中华人民共和国工业经济史（1949年10月–1998年）》，山西经济出版社1998年版，第434页。

根据这一通知，中央各部将在1970年下放绝大部分直属企业和事业单位给地方，只有极少数的大型或骨干企业由中央和地方共同领导，以中央为主，其余则大规模下放。同年中央还提出试行基本建设投资大包干，投资、设备、材料由地方统筹安排，调剂使用，结余归地方，以支持地方"五小"企业的发展。地方的投资权限大幅增加[1]。这期间的亮点是大力发展地方"五小"企业，中国小企业的基础就是在1966～1976年间慢慢形成的，包括农村的社队企业，在那段时间得到迅猛发展。但是总体来说，这十年时期经济管理权力的下放，仍然走了1958～1960年的权限下放的老路子，局限于中央和地方权限划分的变动，国家和企业之间的关系问题没有得到深入解决，企业缺乏经营管理自主权的状况并没有得到改变，这个问题实际上一直到80年代都没有得到彻底解决。

总体来说，1966～1976年这十年，包括"三五"和"四五"计划这一段，以三线建设为代表的工业布局的调整，经济管理权限的下放和经济管理体制的探索，国家产业结构的调整以及国家科技实力的提升等，都具有重大的历史意义，这对于改变中国的工业布局，推进石油、电子、煤炭等基础工业的发展，对于发展"五小"企业，对于推进中国的农田水利建设和农业机械化等等，都起到了重要的作用。但是这一时期由于"左"的力量的干扰，使得经济发展的质量和企业管理的效率受到很大的损失，值得深刻反思。

---

[1] 国家经济贸易委员会：《中国工业五十年. 第五部. 1966-1976.10》（上），中国经济出版社2000年版，第70页。

五、总结：传统工业管理体制和社会主义公有制企业的特征及其历史评价

综上，本文对 1949～1976 年工业管理体制和国有企业制度的变迁进行了系统的梳理。对新中国成立以来的社会主义计划经济体制和工业管理体制的探索，要持一个基本的立场：我们不仅仅要看到传统工业管理体制和社会主义公有制企业身上存在的缺点，而更要在历史眼光的观照下，通过国际比较的视角，看到这种传统体制在中国工业化进程中的历史价值和体制优势，从而历史地看问题。我们对中国工业管理体制和国有企业制度变革的研究，要始终贯穿着"历史"的观念，要"历史地"、动态地看待这一变迁，把问题置于历史动态发展的"过程"之中去看待，才能既看到它的客观历史渊源与历史必然性，又能看到它的发展和演变的趋势。从这个角度来讲，我认为"传统体制"是一个必然要经历的阶段，但不是一个永远的阶段，而是一个必须被超越的阶段。这句话包含着两个基本含义：第一，它是必然要经历的阶段，具有历史必然性，是后发大国必须经历的制度选择过程。第二，它是必须被超越的阶段。超越这个历史阶段的前提是什么呢？就是中国工业化的初级阶段或者是启动阶段已经过去，在工业化的加速、高潮和接近完成的阶段，国家与市场的关系、国家与企业的关系、中央和地方的关系等必须也必然发生深刻的变化，这是历史的要求。实际上，从 1949 年到 1976 年，对传统体制的反思、变革和探索在不断发生着，沿着这个逻辑下去，在工业化阶

段发生历史的变化之后,传统体制也必然发生深刻的变革,这就是动态的、辩证的历史观。

传统体制的目标函数是快速实现国家工业化,实现对发达国家的赶超,但是它也有面临着特殊的约束条件,就是在新中国成立初期,我国的工业基础比较薄弱,资源短缺,资金匮乏,人力资本虽然规模大但平均素质低下,产业布局偏于沿海局部地区,这些约束条件很重要。在这种约束条件和目标函数下,最优解只有一个,就是要创造一种能够最大限度动员一切资源,突破低水平均衡陷阱,集中一切力量来实现工业化的"超级国家工业体制"即"举国体制"[1],这个国家要有巨大的超常的资源动员能力和国家控制力,可以迅速地整合和动员一切资源(包括人力资源),可以迅速达成政治共识,如此才能实现迅速工业化和赶超的目标。

这个传统的"超级国家工业体制"的核心特征是:

第一,国家对一切资源(主要是原材料包括农业和矿产资源、人力资本包括技术资源和劳动力资源)实行严格的国家控制和统一调配,导致资源配置的超级国家化。

第二,国家对一切价格(原材料价格、人力资本价格和产品价格)进行严格的控制。

第三,工业生产计划和企业行为受到国家的强大的支配,指令性计划和非指令性计划的适用范围根据宏观经济发展状况和资源稀缺程度以及行业性质而定。指令计划不是不可以变的,而是

---

[1] 王曙光、王丹莉:"科技进步的举国体制及其转型:新中国工业史的启示",《经济研究参考》,2018年第5期。

要根据宏观经济增长的实际情况,以及各个行业的资源稀缺程度来定。实际上我们看到,1949年到1976年的计划在不断调整,在变革,从而使中国的计划呈现出一种"弹性的计划特征"。

第四,在中央和地方关系方面,中央在工业化启动时期和社会主义计划经济时期起到主导性作用,中央是计划的主要制定者,资源的主要配置者,也是宏观调控的主要实施者。中央和地方之间的关系的演变,体现为"收"和"放"的循环,这一循环的周期,取决于工业化的阶段、宏观经济增长状况、财政状况、行业的性质以及国家的工业布局。

计划经济下工业管理体制的形成和演变的背后是地方和中央的博弈行为。地方总是在向中央争取更多的政治资源和经济资源,争取更多的财政金融支持,争取更多的计划指标(原材料、企业建立和企业用工),从而导致扩张冲动。中央允许地方的博弈和谈判行为的道理在于,地方博弈实际上是计划经济下传递市场信息的一种手段,地方通过博弈行为向中央传达了大量关于地方经济发展供求的信息,从而有利于中央的正确的计划决策。这是传统工业体制下工业布局调整的基本依据。

地方和中央之间的矛盾,往往体现为"条条"(中央各部委)和"块块"(地方)的矛盾。工业生产中的跨行业产业链和供应链,要求各个"条条"必须有畅通的信息,随时根据价格调整计划;然而"条条"之间的信息是不通畅的,"条条"之间往往存在着信息障碍,这阻碍了跨行业产业链和供应链的顺畅运作,从而导致企业作为微观主体难以实现产出的最大化,也导致地方的工业生产难以实现地区产出的最大化。打破"条条"之间的割据和打破"块块"之间的割据是实现经济顺利发展和工业化顺利推进的核心,但在传统体制下,"条条"之间的割据和"块块"之间的割据是难以破除的。"条条"和"块块"在资源分配和计划实施上产生了大量的矛盾,于是传统体制的变革总在是强化"块块"的权力、削弱"条条"的权力,还是强化"条条"的权力、削弱"块块"的权力之间徘徊。

第五,预算软约束是传统体制下主要的体制特征。在预算软约束下,地方总具有扩大投资的冲动,以实现更多的政治目标和经济目标。地方的投资饥渴症在传统体制下具有两面性:就积极的一面而言,有利于各个地区的比学赶超,有利于地区之间的竞争体制的形成,从而有利于实现工业化中的竞争体制;就消极的一面而言,地方投资饥渴症导致地方投资规模的盲目扩张和投资效率的低下,是传统体制下经济周期波动的主要根源[1]。

预算软约束在企业层面体现为企业的投资冲动和投资饥渴症,企业在扩张过程中总是要向主管部门争取更多的资源以满足扩张的内在冲动,而不关心企业的效率。因此,在传统体制下,企业在技术创新层面虽然有时具有较高的效率,产生了较多的技术创新成果,然而总体而言,其劳动生产率却难以大规模提高。预算软约束和投资饥渴症,导致企业关注规模扩张甚于关注技术进步和效率提升。但我们也不能否认在传统体制下技术创新的优

---

[1] 科尔奈曾对社会主义经济中这种长期存在的扩张冲动与投资饥渴进行过详细的讨论,参见亚诺什·科尔奈:《短缺经济学》(上卷),经济科学出版社1986年版,第197页。

势，这种体制的优势在于可以通过大协作的方式来实现技术的大规模赶超，这种大协作可以打破地区的界限，打破学科的界限，打破人事管理的各种障碍，实现人力资本的最大限度整合，这正是资本主义体制难以比拟的体制优势。

第六，传统体制下国有企业成为实现国家战略的重要载体和工具。企业不再具有独立的目标函数。在工业化启动的时期，企业注重规模扩张是必然的，也是有利于快速工业化的，然而在工业化启动时期结束、工业化进入深度进展阶段和腾飞阶段时，效率的提升和技术进步成为比规模扩张更重要的目标函数。此时企业就需要更多考虑提升劳动生产率，而提高生产率意味着企业必须具有追求利润的内在动机，这也就内在地要求在工业化的深度阶段需要市场机制，因为只有在市场机制下，可以内在地产生一种压力，使企业在竞争压力下追求更高的生产率，从而在市场上可以获得超额利润，而没有市场机制，则不会产生这种竞争压力，也就不会产生企业的追求高生产率的动机。

因此，要产生这种利润动机，企业必须在一个较为完善的市场竞争环境下运作，且必须具备独立的运营主体资格，自主经营、自负盈亏、自我发展、独立运作。然而在传统体制下，这是不可能实现的。在传统体制下，企业不具备独立微观主体的资格，不能自负盈亏、自主经营。这是传统体制最深层的弊端所在。在工业化启动时期，这种弊端的消极后果体现得不够明显，然而到工业化加速时期，这种弊端的消极后果就更加明显。

传统体制下既然难以产生这种利润动机，激励机制就会缺失。传统体制下的主要激励机制就是政治动员，也就是毛泽东提出的政治挂帅[1]，政治挂帅的前提是提高每个劳动者和企业经营者的政治觉悟，因此思想境界的提升和思想的统一在传统体制下极为重要。抓革命和促生产是统一的关系。

群众运动在早期工业化启动时期具有特殊重要意义。经济赶超阶段和工业化初期所动员的巨大劳动力和劳动热情，是工业化启动的前提条件。这与中国特殊的人力资本禀赋结构和特征有关。技术创新也得益于群众运动，企业的技术革命往往是全员的技术创新，尤其是动员了普通工人的力量，这与最现代的企业创新机制不谋而合。"两参一改三结合"不仅是一种政治表达，更是一种企业管理革新手段。

第七，传统体制下必然出现了"收—放—收"的治乱循环模式，"一收就死，一死就放，一放就乱，一乱就收"。其根源在于传统体制下国家主导型资源配置模式、行政性宏观调节模式以及公有制企业作为微观主体缺乏独立性。打破这种治乱循环，不能在计划经济体系内部解决，而只能靠市场化来解决。然而市场化的出现，并不是人的主观意识的产物，而是一定历史阶段经济发展的产物。因此我们可以看到，从50年代末期一直到80年代，在整个历史时期，都不断上演着这种收放治乱循环的场景，工业管理体制和国有企业制度也不断在"收"和"放"之间不断调整，

---

[1] 毛泽东《读苏联〈政治经济学教科书〉下册谈话记录稿》中有多处关于在社会主义经济建设中"政治"所能发挥的特殊作用的阐述，"我们的政治挂帅，就是为了提高居民的觉悟程度"；"资本主义提高劳动生产率，主要靠技术进步。社会主义提高劳动生产率靠技术加政治"；"提高劳动生产率，一靠物质技术，二靠文化教育，三靠政治思想工作。后两者都是精神作用。"参见《毛泽东读社会主义政治经济学批注和谈话》，中华人民共和国国史学会1997年编印，第192、442、448页。

但这些调整仅仅具有"相机抉择"的性质，属于"头痛医头脚痛医脚式"的对症式治疗，而没有根本解决治乱循环问题。

以上我们从不同角度系统总结和概括了传统社会主义工业管理体制的七大核心特征。那么，这些体制特征的产生和演变是由什么决定的？笔者曾提出一个"后发大国工业化阶段相关假说"，来对整个工业化过程中的中国工业管理体制的演变作出一个系统的逻辑一致的解释[①]。这个假说简单来说就是：后发大国的工业化进程和历史发展阶段，决定着整个国家的资源配置模式、宏观调节模式和微观主体独立性这三个变量。换句话说，不同的发展模式和经济运行模式，是与后发大国工业化的阶段相关的。后发大国工业化意味着：第一，赶超；第二，快速工业化；第三，重工业化。没有别的答案。而在工业化启动时期、工业化加速时期、工业化基本完成时期，这三个不同的历史阶段决定着不同的经济发展模式和动力机制，决定着国家要选择什么样的资源配置模式、什么样的宏观调节模式，同时也决定着微观主体独立性到底到什么程度。在工业化的不同历史阶段，都要针对这个历史阶段的要求和目标，对体制进行适时的调整与变革，与时俱进是必然的选择。这一方法论和立场前提，应该贯穿着整个中华人民共和国经济史的研究，直到今天仍旧如此。

[①] 王曙光、王丹莉：《维新中国：中华人民共和国经济史论》，商务印书馆2019年版。

第五章

地方国有资本投资运营平台：模式创新与运行机制

本章发表于《改革》2018年12期，作者：王曙光、杨敏。

有资本投资运营平台作为新一轮国资国企改革的重大制度创新,各地改组组建的两类公司各具特色,可以总结为混合一体化模式、双平台驱动模式和"1+N"组合模式三种模式。针对两类公司在实际运作过程中存在的问题,本章认为地方国有资本投资运营平台组建要因地制宜、因企施策,厘清与国资监管机构和国有企业的界面关系,进一步完善法人治理结构,并提升自身的市场化运作能力。

第五章　地方国有资本投资运营平台：模式创新与运行机制

以"管资本"为主的国资监管体制改革是新一轮国资国企改革的重点内容之一，各地都在积极开展改组组建国有资本投资运营公司试点工作，推进国有资产监管机构的职能转变。由于各地在国资基础、产业结构和资源禀赋上存在差异，且尚无可供参考的成熟经验，地方国有资本投资运营平台的改革探索是一项关系本轮国企改革进程和效果，而又极为艰巨和复杂的系统工程。随着地方国资国企改革的深入推进，国资运作也进入活跃期，地方国有资本投资运营平台暴露出改组组建不科学、界面关系不清晰、治理结构不完善、市场化运作程度不高等一系列问题。因此，有关地方国有资本投资运营平台应该如何合理组建和有效运行，是目前迫切需要研究和解决的重要问题。本文系统性梳理学术界对地方国有资本投资运营平台的构建意义、功能定位和基本原则等方面的研究，重点分析地方国有资本投资运营平台的政策演进、运行机制和构建模式，并针对当前存在的问题给出相应的政策建议。

一、相关文献综述

党的十八届三中全会通过的《中共中央关于全面深化改革若干重大问题的决定》（以下简称《决定》）指出，要"改革国有资本授权经营体制，组建若干国有资本运营公司，支持有条件的国有企业改组为国有资本投资公司"。国有资本投资运营平台作为落实"管资产"到"管资本"国资监管体制改革的重要载体，在新一轮国资国企改革中发挥举足轻重的作用。学术界围绕国有资本投资运营平台的现实意义、功能定位与组建原则等方面进行了研究。

改组组建国有资本投资运营平台具有重要的现实意义。胡锋、黄速建（2017）认为在国资委与国有企业之间增设一个"隔离层和屏障"，形成"国资委—国有资本投资运营公司—国有企业"的三层监管体系，有利于促进政企分开，实现国资委的出资人职能与监管职能的分开。文宗瑜、宋韶君（2018）指出实行国有资本运营与国有企业经营的"资企分离"，能够理顺国有资产管理、国有资本运营、国有企业经营之间的关系，使国有资产管理着眼于"以管资本为主"，国有资本运营实现专业化，国有企业经营专注于实体经济。王曙光（2017）认为改组组建国有资本投资运营平台是优化国有资本结构布局和推动产业转型升级的有效举措、是发展混合所有制经济的重要途径。楚序平（2017）指出两类公司是服务于国家战略目标的重要平台，通过两类公司充分发挥产业资本与金融资本的融合效应，将国有企业做强做优，创造协同价值。肖金成、李军（2016）提到设立国有资本运营公司能够有效增强国有资本的控制力和影响力，同时为社会资本提供更多投资渠道。综合来看，组建国有资本投资运营平台的现实意义涉及宏观和微观两个层面，宏观层面上通过产融结合、发展混合所有制，实现国有资本优化配置、产业结构升级等国家战略目标；微观层面上作为政企分开、政资分开的分水岭，构建政府与企业的"一臂之距"，使国有资本运营和国有企业经营能够各司其职。

关于国有资本投资运营平台的功能定位，王曙光（2017）指出国有资本投资运营公司是政府"人格化积极股东"的市场代表，代替国资委等相关政府机构履行出资人职能。施春来（2016）认为国有资本投资经营公司在国有资本监管链中起着承上启下的作用，一方面接受国有资本出资机构的委托保证国有资本的保值增值，另一方面作为控参股企业国有股权的代表行使国有股东的权利。陈道江（2014）认为国有投资公司与其所属和参股企业之间的资产管理关系，是以产权为纽带、以产权管理为核心的新型母子公司关系和参股公司关系。何小钢（2017）指出国有资本投资公司侧重于对市场不完善、市场失灵的纠正与弥补，通过产业投融资，实现政府的政策性目标；国有资本运营公司则采取资本运作与资本整合的方式，侧重于通过市场机制推动国有资本由实物形态的企业向价值形态的资本转变。总体而言，学术界对于国有资本投资运营平台功能定位的探讨主要集中在两个方面：一是作为国资监管体系的中间层，是改革国有资本授权经营机制的重要载体；二是国有资本投资平台和国有资本运营平台各自具有不同的职能和任务。

改组组建国有资本投资运营平台需要遵循一定的原则。柳学信（2015）认为国有企业分类改革是组建国有资本投资运营公司的前提，公益类国有企业由于政府干预性较强，不宜组建国有资本投资运营公司；而对于功能类和竞争类国有企业，应该组建国有资本投资运营公司作为政府干预与市场机制之间的缓冲机制。黄群慧等（2014）指出要根据现有集团公司的具体业务、资金状况、功能定位等情况，"一企一策"地推进国有资本投资公司和运营公司的组建，原则上应在现有的大型或特大型国有企业集团的基础上组建或改组，在中央政府层面，户均资产规模应在千亿元级以上的水平，在地方政府层面，需要视当地国有资本规模而因地制宜。王绛（2016）认为改组组建两类公司在数量和规模上应依据"少而精""大而实"两大原则，使少量的两类公司充分发挥出资人职能，结合国有经济结构和布局调整的需要，选择行业整合影响力大的产业优先进行。总体来说，国有资本投资运营平台的组建要综合考虑国有经济结构、行业集中度以及企业资产规模和业务领域等多重因素。

综上所述，目前的相关研究成果还主要停留在理论层面，根据中央出台的国企改革系列文件对国有资本投资运营平台的现实意义和功能定位进行剖析，观点也较为一致。但是对于国有资本投资运营平台应该如何合理组建和规范运行这一改革的重点和难点，学术界还没有形成统一的认识。此外，有关国有资本投资运营平台的文献大多针对中央企业而较少针对地方国资，由于中央与地方在国有资产的结构和功能上存在较大差异，且各省市之间的经济发展水平和国资布局结构也各不相同，因此地方国有资本投资运营平台的组建和运行更为复杂。有鉴于此，本文将对地方国有资本投资运营平台的运行机制、构建模式和存在问题进行深入的分析。

二、地方国有资本投资运营平台的政策演进

2013年11月12日,党的十八届三中全会首次提出国有资本投资、运营公司的概念,随后中央层面关于国资国企改革顶层设计方案以及配套文件陆续出台,并选择部分中央企业开展国有资本投资运营公司的试点工作。2013年12月17日,上海率先发布首个地方国资国企改革方案,拉开了新一轮地方国资改革的序幕。据不完全统计,截至2016年11月10日,已有山东、江西等30个省市制定了相关细化方案[1]。截至2017年底,各地国资委共改组组建国有资本投资、运营公司89家[2]。本部分将对已出台的中央和地方国资国企改革方案进行梳理,清晰展示有关地方国有资本投资运营平台的指导思想和方针政策。

1.国有资本投资运营平台的中央政策

2013年11月12日,党的十八届三中全会《决定》首次指出"组建若干国有资本运营公司,支持有条件的国有企业改组为国有资本投资公司",并赋予其"完善国有资产管理体制,以管资本为主加强国有资产监管,改革国有资本授权经营体制"的功能定位。

2015年8月24日,中共中央、国务院印发《关于深化国有企业改革的指导意见》(以下简称《指导意见》),在完善国有

---

[1] 《30个省市细化国企改革方案 地方国企板块动作频频》,中国证券网,2016年11月10日。

[2] 《央地国资投资运营试点升级扩容》,新华网,2018年11月5日。

资产管理体制、发展混合所有制经济方面进一步阐述了国有资本投资运营公司理应发挥的作用。

2015年10月25日,国务院出台《国务院关于改革和完善国有资产管理体制的若干意见》(以下简称《若干意见》),首次明确指出通过两类方式改组组建国有资本投资运营公司,在推进国有资产监管机构职能转变、改革国有资本授权经营体制的问题上,详细叙述了国有资产监管机构、国有资本投资运营公司以及所出资企业三者之间的权责分配和关系处理。

2018年7月14日,国务院发布《关于推进国有资本投资、运营公司改革试点的实施意见》(以下简称《实施意见》),从总体要求、试点内容、实施步骤、配套政策、组织实施等五个方面全面阐述了如何开展国有资本投资、运营公司试点工作。

可以看到,《指导意见》和《若干意见》作为纲领性文件,提出了原则要求,最新出台的《实施意见》则是具体实施操作的规范和指南[①]。至此,中央层面关于国有资本投资运营公司的方针政策已基本完善(见表5.1)。

表5.1　国有资本投资运营平台的中央政策

文件	发布时间	主要内容
《决定》	2013.11.12	国有资本投资运营要服务于国家战略目标,更多投向关系国家安全、国民经济命脉的重要行业和关键领域,重点提供公共服务、发展重要前瞻性战略性产业、保护生态环境、支持科技进步、保障国家安全。

[①] 《关于推进国有资本投资、运营公司改革试点意见吹风会》,国务院新闻办公室,2018年8月1日。

续表

文件	发布时间	主要内容
《指导意见》	2015.8.24	授权国有资本投资、运营公司对授权范围内的国有资本履行出资人职责。国有资本投资、运营公司对所出资企业行使股东职责。充分发挥国有资本投资、运营公司的资本运作平台作用,以公共服务、战略性产业等为重点领域,对发展潜力大、成长性强的非国有企业进行股权投资。
《若干意见》	2015.10.25	改组组建国有资本投资、运营公司。主要通过划拨现有商业类国有企业的国有股权,以及国有资本经营预算注资组建,以提升国有资本运营效率、提高国有资本回报为主要目标;或选择具备一定条件的国有独资企业集团改组设立,以服务国家战略、提升产业竞争力为主要目标。
《实施意见》	2018.7.14	国有资本投资、运营公司可采取改组和新设两种方式设立。通过无偿划转或市场化方式重组整合相关国有资本。按照国有资产监管机构授予出资人职责和政府直接授予出资人职责两种模式开展试点。地方层面试点工作由各省级人民政府结合实际情况组织实施。

资料来源:《中共中央关于全面深化改革若干重大问题的决定》,新华网,2013年11月15日;《中共中央国务院关于深化国有企业改革的指导意见》,新华网,2015年9月13日;《国务院关于改革和完善国有资产管理体制的若干意见》,新华网,2015年11月4日;《关于推进国有资本投资、运营公司改革试点的实施意见》,中国政府网,2018年7月30日。

2.国有资本投资运营平台的地方政策

自上海 2013 年 12 月 17 日率先发布《关于进一步深化上海国资改革促进企业发展的意见》之后,各地在 2014 年密集出台了国资国企改革方案。各省市积极落实十八届三中全会的精神,均提出要以"管资本"为主转换国有资本监管职能,改组或组建国有资本投资运营公司。各地方案主要涉及国有资本投资运营公司的改革目标、功能定位和设立路径。从设立路径看，普遍的做法是改组和新建相结合，一些省份还提出了较为详细的方案，例如天津将国有企业划分为竞争类、公共服务类和功能类，分类打造或组建国有资本投资运营公司；湖北主要以现有的政府投融资平台、产业发展平台和资本运营公司为依托，转型、改造或新建国有资本投资运营公司；山西和广东则明确给出主业突出、治理结构完善、风险管控健全等适合改组为两类公司的企业标准（见表5.2）。

表5.2　　国有资本投资运营平台的地方政策

省市	发布时间	主要内容
上海	2013.12.17	建立公开透明规范的国资流动平台。坚持统筹规划，优化完善国资流动平台运营机制，充分发挥市场配置资源功能。
天津	2014.3.24	加大竞争类企业重组，对产业链联系不紧密、价值链关联度不高的集团，打造或组建为国有资本投资公司。加快公共服务类企业整合，有条件的可改组为国有资本投资公司。做实做强功能类企业，围绕服务实体经济和完善城市基础设施，打造国有资本运营公司或国有资本投资公司。
四川	2014.5.5	通过划拨股权及注入资源、资金等方式组建若干国有资本运营公司或改组若干国有资本投资公司。
湖北	2014.5.21	加强政府投融资平台建设，促使其转型为功能类国有资本投资公司。加强产业发展平台建设，以优势产业和高新技术产业中的龙头企业为依托，改造组建一批产业类国有资本投资公司。办好现有资本运营公司，适当组建一些新的资本运营公司。
江苏	2014.5.26	通过资产、业务划拨或收购兼并，新建和改建若干国有资本投资运营公司。国有资本投资公司以重点产业项目和政府项目投资为主。国有资本运营公司以资本运营和资产处置为主。

续表

省市	发布时间	主要内容
山西	2014.6.10	选择主业明确、治理结构较为完善、科技创新能力和核心竞争力较强、风险管控机制健全的企业有序改组为国有资本投资公司，强化产业聚集和资源整合。以经营国有资本为主要功能，有序组建国有资本运营公司。
广东	2014.8.16	支持资本运作能力较强、功能较为完备的企业发展成为国有资本运营公司，以资本运营为主。鼓励主业优势突出、治理结构完善、风险管控健全的企业改组为国有资本投资公司，以投资融资和项目建设为主。
陕西	2014.8.23	依托主业突出、具有一定国际竞争力或国内领先地位的国有企业，通过整合重组、划拨股权、注入国有资本金等途径，组建若干国有资本运营公司。支持有条件的国有企业改组为国有资本投资公司，增强资源整合、股权营运功能。

资料来源：《关于进一步深化上海国资改革促进企业发展的意见》，上海市政府，2013年12月17日；《中共天津市委天津市人民政府关于进一步深化国资国企改革的实施意见》，天津市政府，2014年3月24日；《中共四川省委四川省人民政府关于深化国资国企改革促进发展的意见》，四川省政府，2014年5月5日；《中共湖北省委湖北省人民政府关于深化国有企业改革的意见》，湖北省政府，2014年5月21日；《中共江苏省委省人民政府关于全面深化国有企业和国有资产管理体制改革的意见》，江苏省政府，2014年5月26日；《山西省人民政府关于深化国资国企改革的实施意见》，山西省政府，2014年6月10日；《中共广东省委广东省人民政府关于全面深化国有企业改革的意见》，广东省政府，2014年8月16日；《陕西省人民政府关于推进混合所有制经济发展的意见（试行）》，陕西省政府，2014年8月23日。

随着《指导意见》《若干意见》等中央层面的配套方案陆续出台，地方国资国企改革全面提速，部分省份甚至在已经公布的方案基础上，制定了国企改革相关细化方案。例如湖北明确指出各国有资本投资运营公司试点的发展定位；甘肃将组建国有资本投资运营公司的目标清晰化；广东着手推进国有资本投资运营公司在实现国有资产资本化、设立产业投资基金等方面的市场化运作；河北明确规定资本运作平台在股权运作、整合重组和资产处置等方面需要承担的职能（见表5.3）。

表5.3　国有资本投资运营平台的地方政策细化方案

省市	发布时间	主要内容
湖北	2015.12.22	推动省级投融资平台公司加快转型发展，将省交投、铁投改组为基础设施类国有投资公司，将省联投、长投、鄂旅投、高新投改组为产业类或产融结合类国有投资公司。做强做优做大省级国有资本运营平台宏泰公司。
甘肃	2016.1.8	规范国有资本投资、运营公司的设立方式、运营模式和运营目标。国有资本投资、运营公司可选择具备一定条件的集团公司改组设立，也可划拨现有国有企业的国有股权，以及通过国有资本经营预算注资新设。
广东	2016.9.12	推进国有资产资本化，发挥资本运营平台作用，建设全省综合性产权交易市场，推动非上市国有股权通过产权交易实现公开有序流转。构建产融结合的基金平台，鼓励国有企业按市场化原则探索设立母基金＋子基金等模式的国有资本投资基金，鼓励有条件的国有企业吸引非国有资本发起设立产业投资基金。
河北	2018.8.28	打造资本运作"三个平台"。做强国有资本投资运营平台，主要承接集团公司混改后的国有股权，促进国有资本合理流动。建立资产经营平台，主要承接集团公司整体混改或整体上市需要剥离的资产，加快资产处置步伐。做实不良金融资产处置平台，主要承接国有企业的不良金融债务，化解地方金融风险和实体企业债务包袱。

资料来源：《关于深化国有企业改革的实施意见》，湖北省政府，2015年12月22日；《中共甘肃省委甘肃省人民政府关于深化国有企业改革的实施意见》，甘肃省政府，2016年1月8日；《中共广东省委广东省人民政府关于深化国有企业改革的实施意见》，广东省政府，2016年9月12日；《中共河北省委河北省人民政府关于进一步深化国有企业改革的实施意见》，河北省政府，2018年8月28日。

梳理各地国资国企改革方案可以发现，各省市组建两类公司的思路基本一致，

国有资本投资公司主要是以有条件的国有企业改组而来，国有资本运营公司则主要通过划拨现有国企股权组建而来。但是由于国资基础、产业结构和资源禀赋等方面的差异，各地在国有资本投资运营平台的组建进度、承担职能和运作方式上不尽相同，体现出一定的地方特色。

三、地方国有资本投资运营平台的运行机制

在"地方国资监管机构—国有资本投资运营公司—国有企业"的国有资产管理体制中，处于中间层的地方国有资本投资运营平台，其顺畅运行涉及到三层架构中的每个主体。作为国有资产的直接出资人代表和国有资本市场化运作的专业平台，地方国有资本投资运营平台不仅需要明确与国资监管机构和下属企业之间的权责边界，建立健全双重委托代理关系下的公司治理机制和激励约束机制，还需要完善国有资本市场化运作机制。

1.以产权为基础的国有资产管理体制

在三层国资管理体制中，各管理主体以产权为基础，依法行使国有股东的权利，地方国有资本投资运营公司作为政企分开的"隔离层"，必须厘清与上下层级之间的权责边界，使得国有资本运营和国有企业经营能够各司其职。

地方国有资本投资运营平台作为国有资产的直接出资人，由于事关国家经济安全，采取国有独资的形式。地方国资监管机构与两类公司之间是出资人与被出资人、授权与被授权的关系。一方面，地方国有资本投资运营平台按《公司法》成立，地方国资委作为其出资人，依照《公司法》《企业国有资产法》规定履行出资人职责，享有资产收益、参与重大决策和选择管理者等权利，例如向地方国有资本投资运营平台委派董事会、监事会成员，以股东身份参与平台公司治理，履行监督考核职能，对国有资本的战略布局进行政策性引导。另一方面，在地方国资委的授权范围内，地方国有资本投资运营平台作为国有资本的出资人代表，承担优化国有资本结构布局、促进国有资本合理流动、实现国有资产保值增值的责任。

在下属国有企业层面则大力推进混合所有制改革，根据企业特征和行业属性，相应地采取国有独资、控股或者参股的形式。根据《指导意见》所述，国有企业分为商业类和公益类，各地区可结合实际，划分并动态调整本地区国有企业功能类别。地方国有资本投资运营平台与所出资企业之间是以"管资本"为纽带形成出资人与被出资人的关系。首先，地方国有资本投资运营平台作为下属企业的出资人，依照《公司法》享有与其股权份额相对应的选择管理者、参与重大决策等股东权利，但不干预企业的具体经营活动，真正做到成为政企分开、政资分开的隔离层。其次，按照"以管企业为主向以管资本为主"转变的要求，"管资本"一方面体现在管布局，推动国有资本流向战略性新兴产业、民生保障等关键领域，逐步退出低效领域；另一方面体现在管回报，根据出资企业经营业绩的好坏,有权增持或减持其股份甚至变现退出,确保国有资产保值增值。

2.双重委托代理关系下的公司治理机制

在国有资本授权经营体系三层架构中,地方国有资本投资运营平台及出资企业层面均要形成党组织、董事会、监事会、经理层之间有效制衡的公司法人治理结构,切实发挥董事会的决策中心作用和党组织的政治核心作用,保障国资授权经营体系的运行质量。

依据《公司法》《企业国有资产法》《指导意见》和《实施意见》等相关规定,地方国有资本投资运营平台作为政府出资设立的国有独资公司,不设股东会,由地方政府或国有资产监管机构行使股东会职权,向国有资本投资运营平台委派执行董事、外部董事,并从董事会成员中指定董事长、副董事长,体现出资人职责;董事会成员中应有职工代表,形成外部董事占多数的董事会,加强董事会内部的制衡约束;董事会设立提名委员会、薪酬与考核委员会、审计委员会等专门委员会,做实董事会的职权。经理由董事会聘任或解聘,推行职业经理人制度。地方国资委通过参与公司治理体现国有资产出资人意志,重点管好国有资本战略布局、规范国有资本运作等事项,扩大地方国有资本投资运营平台的自主决策权。

地方国有资本投资运营平台作为下属企业的出资人,按照出资比例依法向国有企业委派或向其股东大会推荐董事、监事人选,经理层成员由董事会聘任,实行市场化选聘和契约化管理。地方国有投资运营平台主要依据股权份额通过参加股东会会议、审核需由股东决定的事项等方式参与出资企业公司治理、维护国有资本权益，不干预企业的具体经营活动。

在国资授权经营体系中，党组织应成为地方国有资本投资运营平台及出资企业法人治理结构中的有机组成部分，建立与实施"双向进入、交叉任职"领导体制，使党组织有效参与企业重大问题决策，发挥党组织的政治核心作用。

3.双重委托代理关系下的激励约束机制

国资授权经营体系存在双重委托代理关系，需要激励有力、约束到位的激励约束机制使得代理人的行为能够与委托人的目标尽可能趋于一致，确保国有资产保值增值。

激励机制主要以利益激励为核心，采用短期激励与长期激励相结合的方式。首先，要区分组织选任和市场化选聘人员的薪酬标准，实行与选任方式匹配、与企业类型相适应、与经营业绩挂钩的差异化薪酬体系。对于组织任命的领导人员，合理确定基本年薪、绩效年薪和任期激励收入，对于市场化选聘的职业经理人，采用与市场接轨的薪酬水平。其次，探索实行员工持股、股权激励等中长期激励机制。例如鼓励人力资本和技术要素贡献占比较高的转制科研院所、高新技术企业和科技服务型企业开展员工持股，鼓励企业经营管理者、核心技术人员和业务骨干持股；国有控股上市公司可通过股票期权等对高级管理人员和核心技术人才实施股权激励。

约束机制可以采取绩效考核、财务审计、信息披露、道德约束等多种手段相结合的方式,将企业领导人员的考核结果与职务任免、薪酬待遇有机结合起来,根据企业的功能定位和行业属性实行分类考核。对于处于充分竞争行业和领域的企业,重点考核经济效益,例如净资产收益率、市盈率等经营业绩指标;对于关系国家安全、国民经济命脉、保障民生行业和领域的企业,重点考核政策目标完成情况和社会效益,例如将经济升级、履行社会责任等纳入考核指标体系。严格规范职业经理人的任期管理和绩效考核,建立退出机制,淘汰不称职的经营者。

4.以平台为依托的国有资本市场化运作机制

地方国有资本投资运营公司作为国有资本市场化运作的专业平台,承担着推动国有资本的结构调整和有序进退、实现国有资本保值增值的职能。

地方国有资本投资运营平台作为服务于地方战略意图的投融资主体,其核心业务围绕创新融资、产业投资、股权运作和资产管理等方面。通过创新融资方式、拓展金融业务板块、探索产融结合模式等多种方式和手段实现国有资本市场化运作,将国有资本投向关系国民经济命脉、国计民生等关键领域,推进国有资本布局的战略性调整。一是积极创新融资方式,例如与社会资本联合设立各类产业投资基金,既有利于降低融资成本,又有利于放大国有资本的功能,有效提升国有资本运作效率。二是拓展金融业务板块,提高区域金融业竞争力,满足地方融资需求,为实业发展提供有力的金融服务支撑。三是探索产融结合的业务模式,通过融资促进产业的发展,反过来又通过产业的良性发展为融资创造条件，获取产业与金融的协同效应。

需要注意的是，地方国有资本投资运营平台所控股和参股企业的产权结构调整和低效无效资产处置，必须通过包括产权市场在内的资本市场规范进行，确保国有资产合理定价，杜绝国有资产流失。国有资本的市场化流通，不仅需要全国性资本市场，还需要区域性产权市场。上市公司的国有股权可以通过上海、深圳的全国性资本市场进行交易，非上市公司的国有股权和产权则需要通过各地的区域性产权市场实现流通。

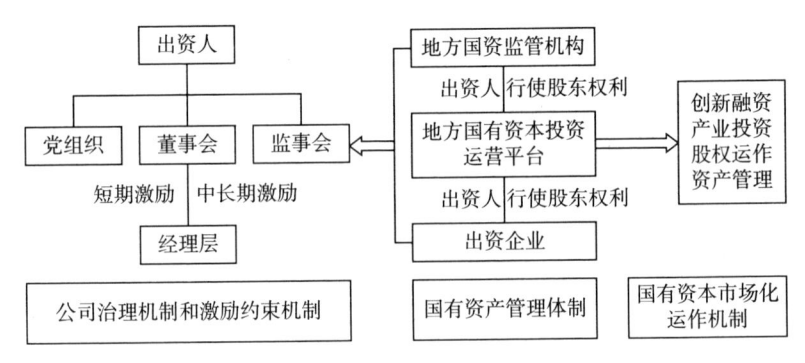

图 5.1　地方国有资本投资运营平台的运行机制

四、地方国有资本投资运营平台的构建模式

《若干意见》和《实施意见》对国有资本投资运营公司的组建方式给出了明确的方向：可采取改组和新设两种方式设立，通过划拨现有商业类国有企业的国有股权以及国有资本经营预算注

资组建，或选择具备一定条件的国有独资企业集团改组设立。从各省市的具体做法来看，各地均依据中央政策的指导思想，对国有企业实行功能界定和分类监管，采用二分法或三分法，将国有企业划分为市场竞争类、功能保障类和公共服务类等类别，并在此基础上相应地组建和新设国有资本投资运营平台（见表5.4）。

表5.4 地方国有资本投资运营平台的分类和功能定位

两类公司	国有资本投资公司		国有资本运营公司	
功能定位	在关系国家安全、国民经济命脉的重要领域，通过开展投资融资、产业培育和资本运作等，发挥投资引导和结构调整作用		以财务性持股为主，通过股权运作、基金投资、价值管理、有序进退等方式，盘活国有资产存量，实现国有资本合理流动和保值增值	
分类构建	产业类投资公司	政策类投资公司	持股类运营公司	资产经营类运营公司
功能定位	侧重战略性新兴产业的投资	侧重公共服务、基础设施的投资	侧重股权流动、资本运作	侧重国有资产经营管理、不良资产处理

在改革试点的选择上，地方大多选择拥有丰富的投融资或资本运作经验的大型国有企业集团、具有金融基础的综合性企业集团，或营收排名靠前的龙头企业作为国有资本投资运营平台的试点企业。但是由于在国资基础、资源禀赋和产业结构等方面存在差异，各地国有资本运营平台的构建方式和功能定位不尽相同。结合各地的实践情况综合来看，地方国有资本投资运营平台可以总结为三种构建模式：混合一体化模式、双平台驱动模式和"1+N"组合模式（参见表5.5）。

1.混合一体化模式

混合一体化模式是指依托现有的企业和资源，通过划拨国有股权、股权增资等方式改组组建全省唯一的集多功能于一体的国有资本投资运营平台。

作为服务地方政府战略意图的投资主体，试点企业大力发展特色优势产业，积极培育战略性新兴产业，涉足众多产业领域，形成多元化发展格局，同时通过投资发展证券、信托、银行、期货、保险经纪等产业，构建"实业+金融"的业务布局，推进"产融结合"发展。作为市场化的国有资本运营主体，开展市值管理、股权调整，实施资产重组和债务处置等工作，提升国有资本运作效益。例如江苏省国盛集团发展形成能源、金融、房地产、贸易、酒店旅游和社会事业等六大业务板块；甘肃省国有资产投资集团通过借款、担保、债转股等方式，分类实施股权调整、资产剥离，大幅改善了生产经营指标。

该模式的优点是地方国有资本投资运营平台作为综合性企业，业务领域广泛，发展韧性好，回旋空间大，不足之处在于作为一体化企业，投资和运营两大功能的界限划分并不是十分清晰，不利于实际操作。

2.双平台驱动模式

双平台驱动模式是指基于原有的投融资平台和国有资产经营实体，改组组建投资和运营互相分离或者明确区分经营范围的两大国有资本投资运营平台。

国有资本投资公司和国有资本运营公司各自开展投资融资、产业培育和股权流动、基金投资等运作，按照不同的功能定位分别发挥相应的作用，例如广东粤海控股集团和恒健控股公司、广西投资集团和宏桂资本运营集团。上海作为地方国资重镇，则打造了两家国有资本运营平台，区分不同的经营范围和业务领域，上海国际集团、国盛集团作为原有的战略控制型金融投资集团、产业投资平台分别转型为金融资本、产业资本运作平台。

该模式的优势是两大平台之间分工明确、协同配合，劣势是国有资本运营公司通常还涉足产业经营、产业投资，与国有资本投资公司在交叉领域容易产生定位混乱。

3."1+N"组合模式

"1+N"组合模式是指通过改组和新设的方式，组建一户国有资本运营公司和包括产业类投资公司、政策类投资公司在内的多户国有资本投资公司。

产业类投资公司一般立足于试点企业原有的业务优势和板块，通过资源整合提升主业竞争力，培育发展新产业打造新的利润增长极，由实体企业向国有资本投资公司转型。政策类投资公司设立目的是促进国有资本向基础设施、民生公益和公共服务业等领域聚集，成为当地公共服务项目的投融资主体。例如山东将两家大型国有投资控股公司分别改组为国有资本运营和投资公司，三户国有大型综合性企业集团和四户大型资源型国有企业分批改建为产业类投资公司，并新设四大政策类投资公司，共组建十三家国有资本投资运营平台；河北除了组建两个大型国有资本投资运营平台，还打造四个产业类投资公司，共组建六家国有资本投资运营平台。

该模式的优点是分类构建国有资本投资公司使得各平台聚焦主业、适度多元发展，缺点是平台型公司数量过多，不便于管理，且资源型企业之间存在业务重合，错位发展不足。

表 5.5　　地方国有资本投资运营平台的构建模式

构建模式	模式特征	代表性平台
混合一体化模式	集投资、运营等多功能于一体	江苏省国信集团、甘肃省国有资产投资集团
双平台驱动模式	投资和运营互相分离、明确区分经营范围	上海国际集团和国盛集团、广东粤海控股集团和恒健控股公司、广西投资集团和宏桂资本运营集团
"1+N"组合模式	一户国有资本运营公司和包括产业类投资公司、政策类投资公司在内的多户国有资本投资公司	山东国投、鲁信集团、兖矿集团、山东能源、华鲁集团、山东高速、山东黄金、鲁商集团、山钢集团、齐鲁交通发展集团、山东省财金投资集团、山东省土地储备开发集团、山东发展投资控股集团 河北省国投公司、河北建投、河钢集团、开滦集团、冀中能源、河北港口

五、当前地方国有资本投资运营平台存在的问题及未来发展的政策建议

随着地方国资国企改革的深入推进，国资运作也进入活跃期，针对当前地方国有资本投资运营平台在实际运作过程中存在的问题，两类公司试点要注意科学组建，做到因地制宜、因企施策，

厘清与国资监管机构和下属企业的界面关系，进一步完善法人治理结构，并提升自身的市场化运作能力。

1.当前地方国有资本投资运营平台存在的问题

国有资本投资运营平台作为新一轮国资国企改革的重大制度创新，各地积极推进两类公司的改组组建工作，取得了一些有效成果，促进了地方产业结构转型升级和国资布局优化调整，但在实际运作过程中也存在诸多问题。

（1）地方国有资本投资运营平台组建缺乏科学的顶层设计

十八届三中全会后，各省市相继出台了地方国资国企改革方案，明确提出改革的具体目标、路线图和时间表。面对改革的压力，部分地方政府及其国资监管机构在国有资本投资运营平台的组建上存在一定的盲目性和应急性，缺乏科学的顶层设计和缜密的体系建设，没有起到整合资源和引领产业升级的作用。目前各地国有资本投资运营平台大多是改组而来，基本做法是在营收排名靠前的省（市）属国有大型企业中选择多户作为试点企业，组建方式比较简单划一。同时，在组建地方国有资本投资运营平台时，对产业的多元性和互补性、产业链上下游的关系等很少进行综合的考虑，一般简单地以同质化的产业为主进行组建，这对于区域内各产业之间的融合和互补是不利的，同时也不利于在宏观经济出现波动时分散风险。此外，在国有资本投资运营公司的改组组建过程中，企业将面临干部人事、功能定位、发展规划等多方面的调整，因此，试点企业的确定由地方政府及其国资监管机构行政硬性指派，未必能够反映企业的真实意愿。

（2）地方国有资本投资运营平台与国资监管机构和下属企业的界面关系尚未厘清

如何处理上与国资监管机构下与出资企业的界面关系和权责划分，是地方国有资本投资运营平台目前急需解决的挑战。首先，部分地方国资委由"管人管事管资产"转向"管资本"的进展缓慢，对两类公司的授权不充分，仍存在行政化干预。其次，国有企业领导人亦官亦商的双重身份使得国企难以成为真正的市场主体，弱化两类公司作为政企分开的隔离层作用。长期以来，我国国企董事会、经理层等主要领导人员都由上级政府部门选拔和任命，既享有与行政级别挂钩的各种资源，又享受市场化的高薪酬。国有企业领导人在企业决策过程中，不仅仅考虑企业规模、企业绩效等市场因素，往往更多地考虑政治责任、行政级别等政治诉求，使得市场经济规律有时难以在国企运行中起到决定性作用。

（3）地方国有资本投资运营平台的法人治理结构尚不健全

目前地方国有资本投资运营平台试点企业的法人治理结构普遍存在两个主要问题：第一，董事会建设仍存在诸多不规范的地方。部分试点企业尚未引入外部董事，且存在外部董事来源较为单一、激励机制不健全削弱外部董事履职动力等问题；各专业委员会作为董事会的辅助决策机构，未能充分发挥其作用。第二，如何将党的领导融入公司法人治理结构仍模糊不清。虽然相关政策已明确提出党组织在国企改革中发挥领导核心和政治核心作用的指导原则，但目前各地对于党组织如何参与企业重大问题决策的具体途径和方法尚未形成普遍共识。

（4）地方国有资本投资运营平台市场化程度有待提高

作为市场化运作平台，地方国有资本投资运营平台的资本运作能力不足。在投融资方式上，地方国有资本投资运营平台过多依赖债权融资，融资成本较高且风险较大，自主投资所占比例仍然较高，利用股权投资基金等方式撬动社会资本的能力有待进一步提升。在各地出台的国资改革方案中，多个省市明确设定提高国有资产证券化率的目标，但当前各地国资证券化率仍处于较低水平，国有资本流动性有待提高。

2.地方国有资本投资运营平台未来发展的政策建议

作为推动国资监管体制转型的重要载体，地方国有资本投资运营平台能否有效运行，关系到新一轮国企改革的成效。针对当前各试点存在的问题，地方国有资本投资运营平台应采取相应的措施，科学组建、完善机制、规范运行，有效发挥两类公司的平台作用，推动国资监管从"管企业"加快向"管资本"转变。

（1）地方国有资本投资运营平台组建要因地制宜、因企施策

由于各地国有资本规模、经济发展水平差异较大，因此国有资本投资运营公司的组建要因地制宜，服务地方经济社会发展的需要，不可全面照搬先进省份的做法。在选择试点企业时，要考虑企业的实际情况，充分尊重企业的意愿。地方国有资本主要集中在公共服务领域和竞争性领域，组建国有资本投资运营公司的目的是做大做强主导产业、推动产业转型升级、优化国有资本布局，并不意味着所有的优势产业都需要组建两类公司，组建的数量应综合考虑地方国资规模、产业整合需要、政府战略意图等多

种因素，可以先选择几家企业作为试点再进行推广。对于改组组建的两类公司，要有清晰的发展思路和战略定位，业务领域各有侧重，错位布局，更好地服务地方发展。

（2）明确地方国有资本投资运行平台与国资监管机构和下属企业的界面关系

在国资授权经营体系三层架构中，各层级要有明确的权责划分，使地方国有资本投资运营平台真正起到政企分开的隔离层作用。第一，地方国资委在推进职能转变的过程中，逐步把部分出资人权利充分授予两类公司，明确界定自身的职责定位和权责边界，落实董事会在经理聘任、重大决策、薪酬管理、业绩考核方面的职权，坚持"依法治企"，依照《公司法》规定通过董事会体现出资人意志，不再采取行政管理方式。第二，建立国企领导人分类分层管理制度，实行与选任方式相匹配、与企业功能性质相适应的差异化激励约束机制。对组织任命的国企负责人，享有相应的行政级别，同时实行严格薪酬限制，以功能实现程度和企业整体经营情况作为考核标准，以行政级别晋升作为主要激励手段。对市场化选聘的职业经理人，建立与市场接轨的薪酬体系，不再享有相应的行政待遇，同时实行以经营业绩为核心的市场化考核机制，探索多元化的中长期激励机制。

（3）进一步完善地方国有资本投资运营平台的法人治理结构

完善的法人治理结构不仅有利于提高两类公司的科学决策水平，也是国资监管机构向试点企业充分授权的前提条件。第一，加强董事会建设，有效发挥董事会的决策核心作用。在董事会人员结构上，逐步实现外部董事占多数的格局，拓宽外部董事来源渠道，同时完善外部董事的激励和约束机制，提高外部董事履职的积极性；明确各专业委员会的职责权限和工作细则，提升董事会决策的科学性和专业性。第二，明确党组织在公司治理中的法定地位，把加强党的领导和完善公司治理统一起来。一方面，完善"双向进入、交叉任职"的国企领导体制，实现党委与董事会、监事会和经理层成员的合理配置，明确各治理主体的职责边界。另一方面，健全党组织议事决策机制，进一步明确党组织前置研究讨论的方式和审议事项的范围，重大经营管理事项必须经党组织研究讨论后，再由董事会或经理层依法履行决策程序，既发挥党组织的政治核心作用，又严格遵循公司法办事。

（4）提升地方国有资本投资运营平台的市场化运作能力

作为国有资本市场化运作的专业平台，地方国有资本投资运营平台需要全面提升资本运作能力。一是充分利用境内外多层次的资本市场降低融资成本，为国企结构调整和转型升级提供充足的资金支持。二是积极利用市场化资本运营工具，通过组建或参与各类基金等方式，广泛吸引各类资本，放大国有资本功能。三是利用IPO、定向增发等方式提高国有资产证券化水平，增强国有资本流动性，将国有资本配置到关键领域和行业，服务地方战略发展需要。

本章参考文献

[1] 胡锋，黄速建．对国有资本投资公司和运营公司的再认识．经济体制改革，2017（6）

[2] 文宗瑜，宋韶君．国有资本运营职能从国有企业剥离的改革逻辑及绩效评价体系重构．北京工商大学学报（社会科学版），2018（2）

[3] 王曙光，徐余江．国有资本投资运营平台构建的动机模式与风险规避．新视野，

2017（4）

[4] 楚序平，俞立峰，张佳慧.中国国有资本投资运营公司改革模式探析.清华金融评论，2017（7）

[5] 肖金成，李军.设立国有资本运营公司的几个关键问题.人民论坛·学术前沿，2016（1）

[6] 王曙光，王天雨.国有资本投资运营公司：人格化积极股东塑造及其运行机制.经济体制改革，2017（3）

[7] 施春来.地方国有资本投资经营公司组建与运作的思考.上海市经济管理干部学院学报，2016（1）

[8] 陈道江.国有资本投资运营的理性分析与路径选择.中共中央党校学报，2014（2）

[9] 何小钢.国有资本投资、运营公司改革试点成效与启示.经济纵横，2017（11）

[10] 柳学信.国有资本的公司化运营及其监管体系催生.改革，2015（2）

[11] 中国社会科学院工业经济研究所课题组，黄群慧，黄速建.论新时期全面深化国有经济改革重大任务.中国工业经济，2014（9）

[12] 王绛.国有资本投资、运营公司要注意五大问题.经济观察报，2016-07-18

第六章
国有农垦体制改革目标设定与路径选择

本章发表于《社会科学辑刊》2018年第4期,作者:王曙光、呼倩。

从建国初期的国有大农业体制的探索，到改革开放之后以放权让利改革、综合配套改革以及产业化、集团化、股份化改革，新中国农垦体制经历了一个长期的演变过程。国有农垦体系既有农业现代化功能，又具备国家粮食安全和边疆稳定功能，在设定国有农垦体制改革路径时，应该以"兼顾特殊性"和"适用普遍性"为原则。所谓兼顾特殊性，即综合考虑农垦的农业本质，无论是从产业层面，还是从企业层面，均应把握农垦的农业本质属性，始终围绕增强农垦农业技术实力、服务国家农业安全需要；所谓适用普遍性，即把农垦企业作为一般市场竞争主体来看待，不能因农垦兼具农业农村和国有企业双重属性，而助长农垦企业过度依赖国家投资和政策红利的行为。未来农垦应该综合推进混合所有制改革、社会职能剥离改革、激励机制改革、经营管理体制改革和职业经理人制度改革，逐步实现市场化，更好地承担国家农业安全和农业现代化双重职能。

一、引言：70年国有农垦体制变迁的历史路径梳理与启示

1.中国农垦的历史渊源与现实重要性

屯垦戍边的历史最早可以追溯到秦始皇时期。此后，历代中央政府均将屯垦戍边作为边疆治理方略的重要组成部分。新中国成立后，为医治战争创伤、迅速恢复和发展生产、保障农产品供给，我国以成建制的人民解放军转业官兵为骨干，吸收大批知识分子、支边青年组成农垦大军，奔赴边疆和内地荒原，开始大规模垦荒造田，兴办国有农场，为我国粮食安全和边疆安全做出了重大贡献。

1949～1978年间，我国农垦从无到有，农垦经济初具规模。1978年底，农垦拥有国有农场2038个，职工513.98万人，开发形成耕地4284千公顷，林地1805千公顷，种植橡胶367.85千公顷，

茶果园 100.56 千公顷，为国家生产了大量粮棉胶等农副物资[①]。截至 2015 年底，我国农垦系统共有国有企业 5175 个，其中国有农场 1785 个，主要从事农林牧渔业生产，尤以粮食、橡胶为主[②]。农垦经济在充当保障国内粮食供给重要力量的同时，还积极探索农业机械化、现代化的发展道路。

综合来看，近 70 年来，国有农场因其特殊地理位置和组织形式，在历史上为保障国家粮食安全、支援国家建设、维护边疆稳定做出了重要贡献。经过近 40 年的改革发展，农垦也已发展成为中国农业经济体系中不可或缺的重要组成部分。

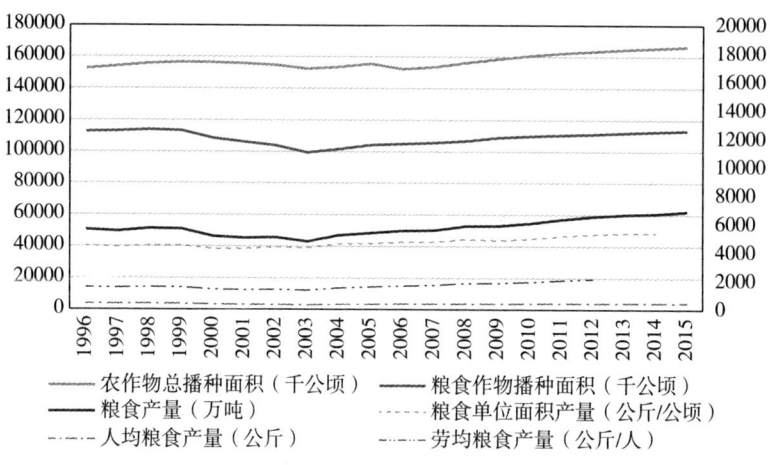

图 6.1 1996～2015 年我国粮食产量情况

注：数据根据国家统计局网站数据整理而成。农作物总播种面积，粮食作物播种面积，粮食产量对应左侧纵坐标轴；粮食单位面积产量、人均粮食产量、劳均粮食产量对应右侧纵坐标轴。

---

① 农业部农垦局编：《中国农垦改革发展30年》，中国农业出版社2008年版，第3页。
② 中华人民共和国农业部农垦局编：《2015年中国农垦统计年鉴》，中国农业出版社2016年版，第144页。

反观我国农业现实，几千年来一直沿用一家一户为单位的小农经营模式，农业散户也因此成为国内粮食供给的主体。据海关总署统计资料显示，我国自 2008 年从粮食净出口大国转变为粮食净进口大国以来，粮食进口状况发生了实质性变化，从之前调剂余缺向大规模进口转变。2016 年，我国粮食产量在经历"十二连增"后首次出现增量回落。十三年来粮食产量首降，一方面源于粮食作物播种面积的相对减少和粮食单产增产空间有限，另一方面则是由于工业化和城镇化快速推进带来粮食需求结构变化，并导致工业和城镇建设挤占农业用地。加之开放经济环境下，外资布局中国农业研发领域，对中国农业传统的种植模式和组织方式不断产生冲击和影响。

因此，实现农业产业化和现代化，对于现有农村体制之下的农村集体经济、农户家庭经济、农民合作经济而言，转型难度相当之大。而与农村集体经济、农户家庭经济、农民合作经济相比，农垦体制下的国有农场由于天然具有规模优势和政策优势，无疑将成为中国实现农业现代化和增强粮食安全水平的主导力量和引领力量。

2. 70 年农垦体制变迁的四阶段演进梳理及其启示

新中国农垦事业有将近 70 年的历史，农垦体制变迁新旧时期划分以 1977 年底国务院在北京召开全国国营农场工作会议，并于会后公布《国务院关于批转全国国营农场工作会议纪要的通知》[①]为节点，大体上可以划分为计划经济时期（1949～1978 年）

---

① 《国务院关于批转全国国营农场工作会议纪要的通知》强调办好国营农场对实现我国社会主义农业的现代化具有重大意义。

和改革开放新时期（1979年至今）。改革开放之后，农垦开始了一系列改革实践的探索。综合来看，农垦体制建立及改革历程大体上可以划分为以下四个阶段。

第一阶段（1949～1978年）：社会主义大农业的建立尝试。

新中国农垦事业在起步阶段以大规模地依赖军垦为特点，虽然有"保障部队供给，减轻财政负担"的短期考虑，但本质上是学习苏联经验，建立新中国农业生产领域计划经济体制的制度尝试，并试图将农垦模式推广至全国的县级单位[1]。以建立社会主义大农业为目标，农垦生产条件，如"载重汽车和联合收割机的装备水平以及化肥施用量一直大幅度超过全国农业，而拖拉机的装备水平和水浇地面积比率则在绝大多数年份里超过全国农业"[2]。此外，为了适应农场地处偏僻和大量职工长期生产生活需要，农垦逐渐发展出自身的社会管理机构和公共服务系统，并日渐形成一个集工农业生产和社会生活服务的经济单位。

第二阶段（1978～1991年）：以放权让利为主的利益调整时期。

农垦实行计划经济时期，积累了单一经营农业、单纯生产原料和多数产品自给比重过高的问题，且服务于国家工业化尤其是优先发展重工业的战略需求，农垦实际上长期处于低效和亏损运营状态。为改变结构失调和普遍亏损局面，改革开放之后至社会主义市场经济体制建立之前的农垦体制改革主要以单项改革为

---

[1] 中共中央在1951年12月15日发出的《关于农业生产互助合作的决议（草案）》中提出："国营农场应该推广，每县至少有一个至两个国营农场，一方面用改进农业技术和使用新式农具这种现代化大农场的优越性的范例，教育全体农民，另一方面，按照可能的条件，给农业互助组和农业生产合作社以技术上的援助和指导。"

[2] 韩朝华："新中国国营农场的缘起及其制度特点"，《中国经济史研究》，2016年第1期。

主,以放权让利的利益调整为重点,如兴办农工商联合企业、鼓励建立职工家庭农场、实行企业承包经营责任制等。农工商联合企业则以国营农场为基础,旨在改变过去单纯生产原料产品的状况,实行生产、加工、销售一条龙,性质上仍属于社会主义全民所有制经济组织。

第三阶段(1992~2001年):农垦体制机制综合配套改革时期。

受来自市场经济的冲击和改革阵痛的考验,1992年社会主义市场经济体制建立至21世纪初期成为改革开放后农垦经济发展的最艰难的时期。为适应社会主义市场经济的要求,垦区管理体制和企业内部制度改革成为重点。此外,针对前一阶段的承包制弊病(承包期内隶属关系和承包基数不变,造成生产要素不能合理流动),这一时期的改革措施主要包括实行企业劳动、分配制度改革,推进垦区管理体制由行政管理向集团化、公司化过渡,推行家庭农场"两自理"(生产费、生活费自理)、"四到户"(承包到户、核算到户、盈亏到户、风险到户)和土地长期承包等。

第四阶段(2002年至今):产业化、集团化、股份化改革时期。

针对前一阶段逐步建立的适应市场经济要求的体制框架和企业运行机制,2002年以来的农垦改革进入到以产业化、集团化、股份化等制度建设为核心的新阶段。对国有经济布局进行战略性调整和对企业进行战略性改组,大力发展非国有经济,特别是私营、个体经济,鼓励发展混合所有制农业产业化龙头企业,继续推进垦区管理体制改革,完善社会保障制度建设等,构成这一时期的改革重点。2014年,农业部首次明确提出"推进农垦产业化、集团化、股份化改革"。新时期农垦"三化"改革目标中,产业化意指"种养加、工农商、产供销"一体式产业链的建立，旨在提高农垦农业的竞争力；集团化意指母子公司体制机制创新，重在推动优势资源聚集和整合；股份化主要是针对农垦政企不分格局下的承包制弊病，目的在于促进生产要素的合理流动。

近70年农垦体制建立及改革进程，大体上经历了以集体化、家庭化、企业化、产业化等为主要特征的发展阶段，而这种阶段性的改革特征本质上与对农垦的属性认知和功能定位密不可分。第一阶段以"集体化"为特征的体制建立初期，农垦的首要属性是"农业"。尽管农垦占全国农业比重不高，却被置于进行现代化大农场建设示范的地位，更为重要的是，农垦承担着不可替代的国防戍边使命。第二阶段以"家庭化"经营为特征的体制改革时期，农垦的首要属性仍是农业，但从实行农工商联合经营和农垦企业承包经营等改革举措可以看出，农垦国有企业的属性逐渐占据主导地位。第三阶段以"企业化"改革为特征的体制改革时期，农垦的国有企业属性得以进一步强化，与之相伴的，是农垦企业公司化改革和对于承包制（以家庭农场为代表）弊端的肃整。第四阶段以"产业化"定位为特征的体制改革时期，农垦的功能定位复归"农业"这一本质属性。与此同时，辅之以集团化、股份化的体制机制改革表明，农垦形式上仍需采取企业化运作管理模式。

总体来看，1978年之前的农垦体制带有鲜明的国家实行集体化大农业的战略属性，改革开放之后，借鉴农村实行家庭联产承包经营责任制的改革思路，以及适应建立社会主义市场经济的要求，家庭农场、企业制度、体制机制配套措施相继成为改革重点。

二、国有农垦体系的制度特征、制度优势与问题解析

改革开放之前，国有农场只从事农业生产，提供初级农产品，没有加工和销售的权利。农垦基本是清一色的全民所有制经济，集体经济和个体经济在农垦经济中的比重微乎其微。管理体制方面，农垦以行政手段为主，实行统一领导、分级管理的体制，农垦企业则实行由党委领导下的场（厂）长负责制。财务体制方面，农垦实行企业盈余全部上交、亏损由国家补贴的统收统支、收支两条线政策。人事制度方面，农垦实行干部职工"终身制"，干部制度上表现为"铁交椅"，用工制度上表现为"铁饭碗"，分配制度上表现为"大锅饭"。这一时期的农垦体制研究多着眼于农垦创业史，或盯住个别重点垦区，如新疆生产建设兵团、黑龙江垦区等，但是多难摆脱农垦作为戍边方略的视角。与发展史类的资料性著述不同的是，以韩朝华和胡怀国等为典型的研究则认为：计划经济时期中国创办国有农场是出于追求社会主义大农业的战略目标考虑，而国有农场由于内在制度局限并受国家行政统制和积累工业发展资金的影响，整体运营绩效低下并且存在亏损。基于历史分析的角度来看，国营农场的可持续性取决于其经济效率，在区分边境屯田与内地屯田的情况下，边境屯田具有正的外部性且相对有成效，内地屯田则面临较为严重的激励问题和负的外部性，面临更大的转轨压力。

改革开放以来，农垦先后经历了以放权让利利益调整为重点的联产承包经营责任制、以建立社会主义市场经济体制为目标的

市场化多元经营、以深化推进综合配套为主要特点的农垦经济布局调整等一系列实践与探索。这一时期关于农垦体制改革研究的文献均提出了不同的改革思路，如：农垦管理体制实现从政府的行政管理机关向兼有行政职能的经济实体的转变不可能一蹴而就，应该主抓产权、资产经营、市场、公司体制、社会保障；面对中国加入WTO、国内外市场互动增强，农垦"政企""企社"不分的弊病逐渐显露，应主要通过"政企""企社"分离等措施改善农垦企业运行机制和管理模式。

进入新时期中央高度重视"三农"问题，提出"两个趋向"论断、统筹城乡发展、建设社会主义新农村的取向。同一时期，有学者指出要警惕部分农垦企业过分依赖国家投资和过分强调农垦特殊性而忽略农垦企业属性的倾向。2007年随着垦区城镇化战略的实施，新时期屯垦戍边事业的发展进入到一个全新的层次，除了"企""社"不分、定位不准等制约因素，法律法规缺位也成为阻碍农垦进一步改革发展的重要原因。党的十八届三中全会提出积极发展混合所有制经济，并强调混合所有制经济是我国基本经济制度的重要实现形式。以海南农垦为对象的研究提出全面实行混合所有制，消除"国"与"民"的隔阂，谨慎选择合作对象和合作方式、实行职业经理人制度、积极探索管理层持股、职工持股和股权激励机制。针对新一轮的农垦改革，厉以宁总结出建设双层体制的管理模式，即一方面建立国有资产投资公司管资本，另一方面将农场企业改为混合所有制企业管经营。此外，郭颖梅等以云南农垦为研究对象提出职能定位、产权明确、公司治理、竞争力表现、企业文化五个角度的改革建议。

综合来看，始自 1978 年的农垦体制改革，时或从经济增量入手，时或从农村改革入手，时或从制度变革入手。进入 21 世纪，农垦改革日益呈现出整体推进、综合配套的特点。随着经济社会快速发展，作为中国农业经济骨干和代表的农垦逐渐暴露出经营体制机制不够灵活、社会职能负担过于沉重、配套政策体系不甚健全的弊病。作为国企中最后一个计划经济堡垒，农垦企业的问题也很大程度上体现为"政""企""社"三方职能的矛盾问题。

首先，行政和社会负担导致垦区严重依赖企业收入和财政补贴。一方面，我国现下多数垦区从农垦总局到基层农场，各级机构不仅要承担产业经营管理的职责，而且要负责辖区内的社会事务，由于"政企社不分"，组织管理成本最终转嫁到企业身上，加重企业负担，制约企业扩产提效和长远发展。另一方面，由于没有财政和税收权，通过招商引资进入垦区的企业不仅不能给垦区带来税收收入，相反，垦区为完成招商引资任务要付出土地、厂房补贴等诸多优惠代价，进一步加重垦区负担。

其次，"政企社"混同不分造成组织管理成本高企。垦区在管理体制上多表现为"一套机构，多块牌子"，行使多项职能反而带来事实上的职能不清。"政企社分离"改革的目标是实现农场的企业化运作，而实际上农场并没有突破国有农场的运作模式。相反，"政企""企社"的强制分离反过来造成多项职能交叉、运作层次增加、组织成本高企。

再者，行政管理体制不健全导致无法形成有效监督制约机制。主要表现为：一是垦区行政管理权残缺。按照多数地方人大的授权,垦区的许多行政管理权是不完全的,如技术监督、卫生监督、教育行政、交警执法等,且存在着很大的不确定性。二是管理行为认可程序缺位。地方农垦总局、分局、农场的行政主体资格尚不明确,制约其名正言顺地开展行政管理工作。三是民意表达有效渠道缺乏。地方垦区没有设人大、政协等机构,难以在党委和行政之间形成有效制衡,致使政法部门工作的独立性较差,民意反馈渠道受限。

上述矛盾与我国农垦体制所具有的特殊性和复杂性是分不开的。加之,农垦体制改革是一项综合性改革,是政府改革、企业改革、农业农村改革以及准军事改革等多种类型改革的综合体,因此迫切需要从中央层面对农垦体制改革进行顶层设计。

三、双重功能结构与农垦体制改革的目标模式选择

近 70 年农垦体制建立及改革历程表明,农垦的军事职能逐渐淡化,农业本质日益凸显,而在运作方式上,企业化、集团化、股份化的趋势不断增强。此外,综合考虑新时期农垦面临的"政""企""社"三方职能矛盾,可以得出如下论断:农垦改革的路径选择应当以"兼顾特殊性"和"适用普遍性"为原则。兼顾特殊性,即综合考虑农垦的农业本质,无论是从产业层面还是从企业层面,均应把握农垦的农业本质属性,始终围绕增强农垦农业技术实力、服务国家农业安全需要。适用普遍性,即把农垦企业

作为普通市场竞争主体来看待,不能因农垦兼具农业农村和国有企业双重属性,而助长农垦企业过度依赖国家投资和政策红利的行为。未来我国农垦体制改革路径选择应基于对其双重功能结构的全面考量。

1. 农业产业化和现代化功能

作为集区域性、经济性、社会性于一体特征和兼具农业农村经济、国有经济二重特点的国有企业,农垦的本质特征仍归结为农业属性。脱离了农业属性,农垦企业便与其他国有企业无异,农垦作为戍边方略便成为纯军事化行为,而农垦单位也便成为普通行政社区。从功能的角度来看,农垦首要属性是农业。尽管从耕地面积、粮食作物播种面积、粮食产量占比、农业总产值的角度来看,农垦农业在全国农业中所占比重基本处于3%~7%的水平之间,但是从机械化水平、信息化应用、育种优势、农业产业化龙头企业集群发展和辐射带动等方面,农垦却走在全国农业前列。因此,相比农村集体经济、农户家庭经济、农民合作经济,国有农场天然具有实现农业产业化和现代化的规模优势和政策优势。

需要强调的是,经济效率本身决定了农垦企业发展的可持续性。因此,除了上述农业产业化和现代化的功能性定位,农垦改革过程中最主要的任务就是实现农垦可持续发展的问题。我国现有农业体系当中,除了作为国家队的农垦系统,还有农村集体经济、农户家庭经济、农民合作经济、农业龙头企业。农垦企业要获得可持续发展,就必须接受市场优胜劣汰,具备竞争实力。因此只有以市场化改革为导向，农垦企业才有可能实现可持续发展。

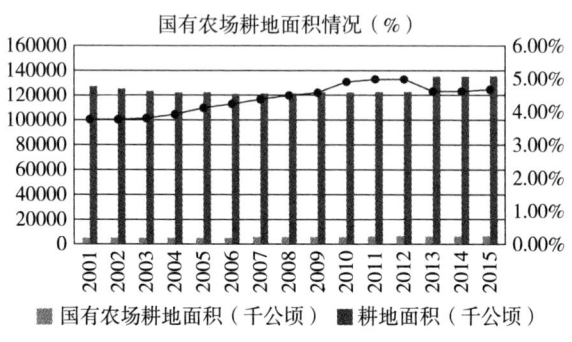

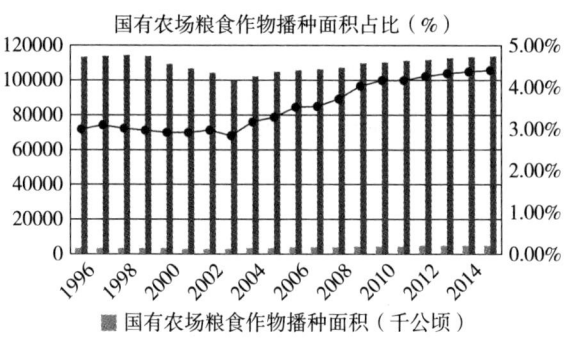

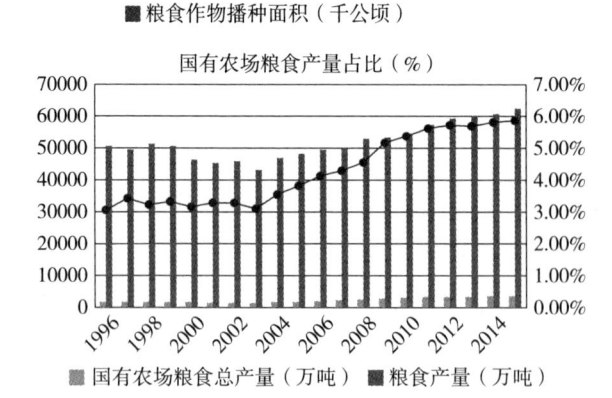

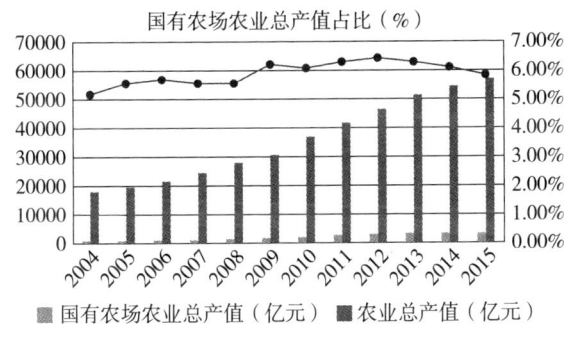

图 6.2 国有农场与全国农业基本情况对比

注：根据国家统计局网站和《中国国土资源公报》数据整理而成。国有农场农业总产值根据当年居民消费价格指数计算而得，与农业总产值同为可比价格。

综合来看，产业化是农垦发挥自身规模优势、实现资源整合并产生示范效应的发展目标，市场化是农垦适应现代经济体制、增强竞争实力的重要手段，而公司化、集团化和股份化则是农垦分担市场风险、创新体制机制的制度保障。

2.国家粮食和边疆安全战略功能

始自计划经济时期的农垦企业，是"新中国追求社会主义大农业的战略举措之一"，具有除经济效率之外更宽泛的社会目标。农垦在国家全局中的战略地位，一方面是由于农垦是保障国家粮食安全和重要农产品有效供给的国家队，另一方面则是由于尽管农垦的军事职能日渐弱化，但农垦安边固疆的职能却不能偏废。

然而近年来，随着工业化和城镇化快速推进，经济发展水平迅速提升，加之我国对外开放程度不断加深，我国的粮食供需格局及安全问题面临新的结构性矛盾。从需求侧来看，随着近年来人们收入水平不断提高，食品消费结构变化显著，直接粮食消费逐渐减少，而肉蛋奶消费则不断攀升。此外，工业化和城镇化快速推进带来人口迁移对粮食需求的增加——每转移一个农村人口便会增加 75 千克的饲料粮需求[①]。从供给侧来看，农业生产成本诸如农资、劳动力成本上升削弱了粮食供给动力，而转变生产方式的发展理念又为传统农业生产带来巨大环保压力，此外，工业化和城镇化挤占农业用地，造成每年至少 600 万～700 万亩耕地的减少[②]，无一不削弱了粮食供给能力。开放经济环境下，随着中国逐渐加大农业对外开放力度，外资纷纷布局中国农业研发领域，利用知识产权保护制度巩固自身技术优势并逐渐形成垄断势力，对中国农业传统的种植模式和组织方式不断产生冲击和影响。因此，面对国内粮食供需的结构性矛盾，反思粮食安全内涵和探讨粮食安全问题就显得尤为重要。

农垦作为中国特色农业经济体系不可或缺的重要组成部分，尽管占比不高，但是作为我国农业领域的国家队，具有天然的规模优势，并且始终走在农业产业化、信息化应用、种业等技术研发的前列，对于我国走农业规模化和集约化经营道路将会产生强烈的示范效应。因此，保障国家粮食安全和重要农产品供给是农垦承担的重要国家安全战略功能之一。

此外，维护国家边疆安全，充分发挥农垦对少数民族地区和边远落后地区经济文化发展的促进作用是农垦的另一国家安全战略功能。农垦自创建之初就承担着建设边疆、保卫国土、民族团结、

[①] 叶贞琴："转变发展方式打造粮食发展新增长势——关于我国粮食'九连增'后的若干思考"，《农民日报》，2012年12月11日。
[②] 瞿长福："节粮减损新机制该如何建"，《经济日报》，2014年10月22日，第14版。

维护统一的独特作用。截至 2015 年底，我国农垦共有 288[①] 个边境农场。这些边境农场分布在新疆、黑龙江、云南、内蒙古、吉林、广西、辽宁、西藏等垦区，面积近 20 万平方公里[②]，占陆地沿边地区总面积的 10% 左右，边境线长 5700 多公里，占陆地边境线总长 25% 左右。除了生产职能，边境农场还承担有维护边境安全、繁荣边疆经济、促进民族团结以及反恐、禁毒、阻止外来动物疫病和外来物种入侵等重要职能。

因此，从国家安全的角度来看，农垦既是农业安全的排头兵，又是安边固疆的稳定器，构成国家粮食和边疆安全的重要屏障。

3.双重功能的矛盾性与兼容性

农垦的农业产业化和现代化功能的实现途径是市场化。实现农垦农业产业化和现代化的示范效应，必然要整合多种优势资源，开展国际合作或者直接利用外资及其技术，而粮食安全和边疆安全则涉及国家战略问题。因此双重功能结构之间的关系在某种程度上可以归结为市场化与国家安全之间的关系问题。

一方面，农垦进行市场化改革与国家安全战略功能之间存在如下矛盾：①外资技术垄断。以农业种业为例，国家的粮食安全不仅体现在商品粮上，更重要的是体现在粮食生产的物质基础条件种子上。而我国农业种业普遍面临品种旧、规模小、竞争弱、水平低，这些均导致了国外种业的大举进入。粮种严重依赖于进

[①] 农业部：《288个农垦边境农场成维护边境安全重要屏障》，2015年12月7日，http://news.china.com.cn/2015-12/07/content_37252214.htm，2017年10月31日。
[②] 曲晓飞："加强农垦边境农场建设的对策建议"，《中国农垦》，2015年第2期，第24页。本段其他关于边境农场的数据来源同上。

口，种业科研严重依赖外来技术，必然会造成农业产业受制于人。②国际粮食市场波动的影响。随着我国粮食期货市场的迅速发展，国内与国际粮食市场的关联性日益增强。进出口贸易和国际粮食市场信息等均会带来粮价、通胀压力、进口成本等的上升，从而助长投机行为，增加调控和平抑粮价的成本。③民族地区稳定。新疆生产建设兵团是我国唯一的兵团垦区，实行"党政军民合一"的管理体制，在经济和社会职能外，还承担有维护边疆稳定、促进民族团结的政治职能。新疆垦区除了生产建设兵团，还有地方管理垦区，两类垦区交叉持股现象普遍，而市场化的改革将不可避免地带来利益的重新分配调整，甚至有可能滋生嫌隙，带来不和谐因素。

另一方面，农垦进行市场化改革与国家安全战略功能之间的矛盾又并非不可调和。市场化本身是实现国家战略的一种手段。市场化的对立面是政府主导，但政府和市场从来就不是一对矛盾，本质上是谁多一点和少一点的问题。因此，与其盯住政府与市场的矛盾，不如把市场和政府的优势均充分发挥出来，协调好政府与市场的关系。市场化与国家战略兼容的途径是注意做好三个区分：一是区分垦区。新疆生产建设兵团既不同于黑龙江、内蒙古等商品粮垦区，又不同于广东、海南等以橡胶生产为主的热作垦区，与内陆地方管理垦区更是不同，新疆生产建设兵团的社会性和政治性突出，因而本质上是兼有生产功能的行政、军事社区。二是区分边境农场与内陆农场。边境农场担负着维护边境安全的重要职能，在资本引入和功能开发上均不同于内陆农场。三是区分行业。除了国有农牧场，农垦系统还拥有一批诸如工业、建筑、运输、商业类企业。由于农垦企业性质特殊，有些还承担着战略任务。因此在进行市场化改革过程中，应该对农垦企业行业属性加以区分，以引进先进技术和管理模式为导向，有选择地引入优质民营和外资资本，循序渐进，最大程度实现农垦企业效益提升。

四、中国农垦体系多层次结构与差异化改革目标设定

1.企业管理层次

在经营管理上，农垦企业面临的问题与一般国有企业面临的问题本质上是相通的，都源于国有制框架下的产权虚置。即便是中央直属垦区，集团化和公司化体制机制也尚不明确。为此，需要进一步厘清集团与其下属企业之间的关系问题。

表6.1展示了我国35个垦区公司化和集团化改革成果。

表6.1 全国农垦各垦区拥有企业集团和上市公司情况汇总

		企业集团	上市公司数量	典型企业
兵团垦区	新疆生产建设兵团		16	新疆塔里木农业综合开发股份有限公司，新疆中基实业股份有限公司，新疆赛里木现代农业股份有限公司等
中央直属垦区	黑龙江	黑龙江北大荒农垦集团总公司	1	黑龙江北大荒农业股份有限公司
	广东	广东省农垦集团公司		
地方管理垦区	北京	北京首都农业集团有限公司	1	北京三元食品股份有限公司
	天津	天津农垦渤海农业集团有限公司		

续表

	企业集团	上市公司数量	典型企业
上海	光明食品（集团）有限公司	5	光明乳业股份有限公司，上海梅林正广和股份有限公司，上海金枫酒业股份有限公司等
江苏	江苏农垦集团有限公司	1	江苏省农垦农业发展股份有限公司
安徽	安徽省农垦集团有限公司		
湖北	1.湖北农垦联丰现代农业集团有限公司，2.湖北省联丰海外农业开发集团有限责任公司		
广西	广西农垦集团有限责任公司		
海南	海南省农垦集团有限公司	1	海南天然橡胶产业集团股份有限公司
重庆	重庆市农业投资集团有限公司		
云南	云南农垦集团有限责任公司		
陕西	陕西省农垦集团有限责任公司		
甘肃	甘肃省农垦集团有限责任公司	1	甘肃亚盛实业（集团）股份有限公司
宁夏	宁夏农垦集团有限公司		
广州	广州风行发展集团		
南京	南京农垦产业(集团)有限公司		

（地方管理垦区）

注：数据根据农业部农垦局网站、《中国农垦统计年鉴》和网上公开资料整理而成。其中河北、山西、内蒙古、辽宁、吉林、福建、江西、山东、浙江、河南、湖南、四川、贵州、新疆地方国有农场、新疆地方国有牧场、热作两院暂无相关数据。

可以看到，黑龙江、广东、北京、天津、上海、江苏、安徽、湖北、广西、海南、重庆、云南、陕西、甘肃、宁夏、广州、南京均成立有负责全区农垦运作管理的企业集团。此外，新疆、黑龙江、北京、上海、江苏、海南、甘肃分别拥有上市公司，其中新疆和上海农垦上市企业最多，分别多达16家和5家。除了新疆之外，拥有农垦上市企业的垦区均成立有企业集团，负责垦区整体运作和经营管理。

事实上，农垦的企业管理层次应至少包含两个层面的内容。借鉴厉以宁（2015）提出的"集团母公司—专业子公司—生产基地"的改革思路，考虑到企业集团大多拥有自己的国有资产投资公司，可由其具体负责该垦区国有资本的配置和保值增值，只对国有资本的投资效率负责，而企业集团的下属子公司则负责垦区的具体业务和经营活动，对具体经营事项负责。

2.行业结构和市场竞争性层次

截至2015年底，我国农垦系统共有独立核算企业5175个。其中，农牧场1785个，占比34.5%，商业企业占比30.3%，工业企业占比23.9%，建筑企业和运输企业分别占7.3%和4.0%。总体来看，农垦系统企业类型齐全，表明农垦作为经济社会单位而非单纯农业生产基地，显示出社区性和综合性的特点，这也恰是农垦实现农业产业化的基础条件。与此同时，考虑到农垦是现代农业体系的重要组成部分，具有特殊的经济社会属性，农垦改革过程中也需要兼顾农牧场数量下降和结构均衡两个方面，确保农垦保障国家粮食安全作用的发挥。

表 6.2　　2015 年全国三类体制垦区基本情况

	农垦国有企业个数						土地面积 （千公顷）	耕地面积 （千公顷）
	合计	农牧场	工业企业	建筑企业	运输企业	商业企业		
全国农垦	5175 100%	1785 100%	1237 100%	378 100%	205 100%	1570 100%	38069.86 100%	6325.42 100%
兵团垦区及其占比[①]	554 11%	176 10%	20 2%	81 21%	10 5%	267 17%	7052.85 19%	1254.98 20%
中央直属垦区及其占比	1024 20%	161 9%	313 25%	59 16%	79 39%	412 26%	5764.79 15%	2939.95 46%
地方管理垦区及其占比	3638 70%	1448 81%	904 73%	238 63%	116 57%	932 59%	25252.22 66%	2130.49 34%

注：①百分比均为该项目占对应全国农垦项目的比重。
资料来源：中华人民共和国农业部农垦局编：《2015年中国农垦统计年鉴》，中国农业出版社2016年版，第144页、244页、247页。

从表6.2所显示的行业构成来看，新疆兵团垦区以农牧场、建筑企业和商业企业为主，一方面由于新疆地处我国西北边缘，受我国渐次改革开放战略影响，民用工业企业相对东中部地区发展稍显滞后；另一方面同样由于地处西北边陲，与俄罗斯、哈萨克斯坦、蒙古、印度等欧亚国家接壤，在对外开放上具有地缘优势，建筑企业和商业贸易企业走出去相对便利。黑龙江和广东垦区作为中央直属垦区，农垦国有企业中运输企业数量居多，几乎占到全国农垦运输企业的40%，工业企业和商业企业数量次之，多与东北作为我国老工业基地，长期以来培养的产业基础有关。相比之下，地方管理垦区各类农垦企业数量分布相对均衡，与区域发展路径依赖程度较低有关。

农垦改革以市场化、企业化为导向，必须基于双重功能结构视角，在行业层面尤其要注意两个区分，一是行业竞争强度，二是行业战略属性。竞争强度高、战略地位低的行业，由于进入和退出壁垒相对较低，因此可以通过大量引入非国有资本进一步激发创新活力；战略地位高、竞争强度低的行业，由于政策倾斜，往往成本意识不强，对于这一类行业，在保持国有资本优势地位的前提下适度引入非国有资本，有利于盘活既有资源，提高经济效率。

3.国家控制层次

1992年之后，随着农垦系统综合配套改革的实施，绝大部分农垦企业被下放地方管理，奠定了日后新疆生产建设兵团、中央直属垦区、地方管理垦区三类垦区的对标局面，相应地形成了中国目前三类农垦体制模式。如表6.3所示。

表6.3　　　　　　　全国三类体制垦区

兵团垦区	中央直属垦区	地方管理垦区
新疆生产建设兵团	黑龙江，广东	北京，天津，河北，山西，内蒙古，安徽，福建，江西，山东，河南，湖北，湖南，广西，海南，重庆，四川，贵州，云南，陕西，甘肃，青海，宁夏，新疆地方国有农场，新疆地方国有牧场，广州，南京

注：根据《2015年中国农垦统计年鉴》中统计显示的35个垦区进行划类。中华人民共和国农业部农垦局编：《2015年中国农垦统计年鉴》，中国农业出版社2016年版。

一是兵团垦区，即新疆生产建设兵团，实行党政军企合一的体制，由中央直接管理。兵团目前大体上维持现行体制，以求稳定。二是中央直属垦区，包括黑龙江垦区和广东垦区，实行"部省双重领导、以省为主"的管理体制，只有财政预算、部分基建投资和国资监督等由中央部门负责，干部管理、党的关系、农场建设发展具体事宜和其他各项工作均由地方党委、政府负责。三是地方管理垦区，又分为省直属农场和市县管理农场两种体制，如北京、上海、海南、云南、新疆地方国有农牧场等。

针对农业产业化和现代化、国家粮食和边疆安全战略的不同功能，应为不同垦区设定既有差异性又有互补性的改革方略，把市场性、企业化改革方向与国家安全战略性方向结合起来。黑龙江农垦和广东农垦耕地面积广阔，且工业基础良好，作为中央直属垦区，承担着保障国家粮食安全、食品安全和生态安全的战略作用，可改行政管理体制为企业集团体制，在保证国有绝对控股的情况下，以建设国际化特大型现代农业企业集团为目标导向。北京、上海、海南为代表的地方管理垦区，由于地理分散、规模相对较小，除了海南、云南作为橡胶生产基地的特殊地位，其他垦区改制过程中应以市场化为导向，通过公司化和股份化改革，实现农场所有权与经营权分离经营，通过兼并、重组、合资等方式吸引非国有资本参与到垦区经营管理中来。新疆生产建设兵团由于体制特殊，农垦公司化和集团化改革应在兼顾行业战略属性，保证兵、师绝对优势地位和国有绝对控股的前提下，尽可能引入民营资本，盘活现有体制。除了经济效益和安全效益，相较于内陆垦区，新疆生产建设兵团的社会效益尤为突出，如在节水灌溉、集团机械化作业、新型村镇建设方面，新疆农垦均走在全国前列，其城镇化建设和土地集约化经营模式，甚至代表着 21 世纪中国农业现代集约化、新型城镇化发展的方向。

五、中国农垦体制改革的路径选择与制度创新

作为国企中最后一个计划经济堡垒，农垦由于涉及农业安全、边防战略和社会治理，其体制改革不同于一般意义上的国有企业。针对农垦现状和特性，并由双重功能结构和差异化发展战略出发，尝试为我国农垦体制改革提出以下五个方面的政策建议。

1.混合所有制改革

农垦进行混合所有制改革不是强调一味减持国有股份。同样的，减持或增持也不是衡量混合所有制改革成效的标准，资本结构优化、增强盈利能力才是农垦混合所有制改革的目标导向。为此，应根据企业行业特性和战略安全属性，有选择引入非国有资本参与国有企业改制重组。总的来说，农垦进行混合所有制改革，至少包含两方面的内容：一方面，农垦要通过吸引非国有资本，直接利用资本、技术的同时，重在通过多元资本共治促进农垦企业现代法人治理结构的完善。另一方面，农垦要鼓励农垦国有资本以多种方式入股非国有企业，盘活现有资产，实现资产资本化。此外，围绕农业产业化和现代化的发展目标，农垦实行混合所有制改革应着眼于培养一批农业产业化龙头企业，增强农垦农业的带动和示范效应。

2.逐步剥离行政职能和社会职能改革

围绕农业产业化和现代化的首要发展目标，以混合所有制改革为导向突出垦区经济职能，并有序剥离行政职能和社会职能，

为农垦企业减负。受行政职能和社会职能负累，长期以来垦区严重依赖企业收入和财政补贴。一方面，我国现下多数垦区从农垦总局到基层农场，各级机构不仅要承担产业经营管理的职责，而且要负责辖区内的社会事务，由于"政企社不分"，组织管理成本最终转嫁到企业身上，加重企业负担，制约扩产提效和长远发展。另一方面，由于没有财政和税收权，通过招商引资进入垦区的企业不仅不能给垦区带来税收收入，反而为完成招商引资任务，垦区要付出土地、厂房补贴等诸多优惠代价，进一步加重垦区负担。为此，建议垦区实现"一套机构，多块牌子"合一，减少行政管理层级，简化行政审批制度。

3.激励制度改革和股权激励探索

国有制框架下内部人事制度的"铁饭碗"和"大锅饭"同样是造成农垦企业也是一般国企效率低迷的重要因素。为此，要加快激励制度改革，并进行股权激励探索。推进职工和高管激励持股制，既是充实公司资本的途径，又有助于调动职工和高管人员的积极性。通过股权激励，企业与员工之间能够建立起一种更加牢固和紧密的战略发展关系，形成"公司—员工利益共同体"，从而提高员工的内生工作动力，促进企业长期、可持续性的发展。但是与此同时，制定股权激励计划应警惕评价标准不科学时引发的寻租行为和道德危机，以有效防止国有资本流失。

4.经营管理体制改革

农垦进行企业化改革的一个很重要方面就是提高农垦经营管

理的效率。计划经济时期条块分割的管理体制仍然渗透在农垦现有管理体制的方方面面，如逐层行政审批等。除了结合垦区属地县域经济发展特征进行部分农场属地化管理之外，大部分农场和农垦企业仍然归农垦总局管理。随着农垦的社会职能逐渐移交地方管理，农垦的企业特征越发明显。因此，农垦进行管理体制改革，重点在于分权授权体系建设，使企业化后的农垦单位真正实现自主决策、自主经营、自负盈亏。

5.职业经理人制度探索

在组织形式和人事制度上，农垦与一般国企类似，多实行企业高管由上级党委的组织人事部门任命的方法。这种"亦官亦商"的特质使企业高管难以专注于提高企业的经营效益，而将精力耗散在"加官晋爵"上，因而也就很难将自身价值实现与企业长远利益统一起来，甚至出现权力缺位、越位甚至贪污腐败现象。为了适应市场竞争，农垦企业应该遵循市场化机制配置人力资源，即聘用职业经理人的方式，借助职业经理人的专业素养推动农垦企业管理规范化。选聘职业经理人，要实行市场化定薪、契约化管理、市场化考核、市场化退出，让职业经理人责权利对等，既有工作动力，又有危机意识。同时，职业经理人的专业素养、创业意识和合作精神有望在农垦企业内部产生外溢效应，为企业发展注入活力。

本章参考文献

[1] 韩朝华. 新中国国营农场的缘起及其制度特点. 中国经济史研究，2016（1）

[2] 胡怀国. 中国传统社会的"国营农场"及其转轨路径——兼论古代屯田的制度背

景与演进逻辑.中国经济史研究,2015(5)

[3] 范芝.云南农垦管理体制改革迈出重大步伐.中国农垦经济,1997(2)

[4] 赵剑鹏,陈葵.云南农垦橡胶生产队推行股份合作制的探讨.中国农垦经济,2001(1)

[5] 郑有贵.我国农垦体制改革回顾与辨析.当代中国史研究,2005(2)

[6] 陈晓彤,明星,彭剑良.关于农垦盈利企业运行机制和管理模式的研究.中国农垦经济,2003(3)。

[7] 贾大明.浅议我国农垦系统改革、发展、稳定的思路与途径.经济研究参考,2006(57)。

[8] 王小平.改革开放以来党关于屯垦戍边理论的创新及特点.石河子大学学报(哲学社会科学版),2008(6)

[9] 尤飞,蒋和平.农垦发展现代农业的条件与对策研究.农业现代化研究,2009(2)

[10] 王任飞.混合所有制是海南农垦做强的必由之路.中国农垦,2014(7)

[11] 厉以宁.推动两个层次的农垦体制改革.农村工作通讯,2015(20)

[12] 郭颖梅,李永勤,朱晓丽.深化云南农垦企业改革的思考.经济研究导刊,2016(28)

[13] 董向芸.组织结构功能转型与内卷化——云南农垦发展透视,北京:人民出版社,2013

第七章
国有农垦体系与中国农业技术进步

本章发表于《新疆农垦经济》2019年第4期,作者:王曙光。

推动农业技术进步是促进我国农业供给侧结构性改革和农业高质量发展的必由之路，未来中国的农业技术进步涉及到农业经营体制和农村土地制度的深刻转型，同时必须在技术创新管理体制和技术推广体制方面探索新路。作为中国农业技术进步的排头兵和主力军，农垦体系未来应该在建立技术创新激励机制、建立多元主体参与的科技进步共同体、建立完善农业科技推广体系等方面进行体制机制创新，从而以科技进步为支点，为中国农业高质量发展和国家农业安全提供战略支撑。

一、中国农业技术进步与农业经营体制

中国经济增长正面临着由规模扩张型和要素投入型转向以科技创新为引领的内涵式高质量发展模式。这一增长模式的深刻转型不仅内在地要求在经济发展过程中更加注重全要素生产率的提升、更加注重发展的可持续和人与自然的均衡和谐、更加注重科技在经济增长中的贡献率,而且内在地要求与高质量发展匹配的经济管理体制、企业管理体制、知识创新体制,进而要求整个国家治理模式的深刻变迁。

农业供给侧结构性改革和农业高质量发展是我国未来农业可持续发展的必然要求,而农业供给侧改革和农业高质量发展的核心是提高农业科技进步在农业发展中的贡献率,彻底改变我国传统的建立在小农经济基础上的农业生产方式。我国农业产业从规模上来说是十分庞大的,但是农业生产方式比较落后,农业生产的机械化、智能化、标准化程度较低,现代农业技术应用的广度

（覆盖面）和深度（对各类农业经营主体的渗透程度和在农业全产业链上的渗透程度）较低，这就导致我国的农业产业大而不强。在全球农业市场开放的条件下我国农业的劣势比较明显，农业生产的规模扩张和农产品的产量增长，并不能保障农民收入增长，也不能全面保障我国的农业安全。究其根源，这与我国农业经营制度和土地制度的结构有深刻的内在关联。我国农业经营制度虽然是"双层经营体制"，但是以小农生产方式为主，以家庭的分散式经营和决策为基础；我国的农村土地制度是以农村土地家庭承包制为基础的三权分立体制，虽然现有农村土地制度保障了农地的流转权从而为土地的集约利用奠定了法律基础，但是从实践的层面来看，我国农业土地的集约化利用的程度还非常低，这就导致我国农业生产极端细碎化、分散化，效率低下，单产较低，难以实现农业经营的集约化、规模化和标准化。因此，我国农业供给侧改革和农业高质量发展的核心，不仅是提高农业科技创新水平和农业科技推广效率，而更重要的是在农业经营体制创新和农地制度创新方面进行深刻变革，从而为农业科技进步奠定体制基础。

对于这一点，农业科技领域和农业技术推广领域的专家有切身的体会。在实践中，大量的农业科技成果被研发出来，国家层面和市场层面为农业科技推广也付出了极大的成本，但是就效果而言，农业科技创新和农业科技推广并没有在农户层面有切实的应用效果，这就反映出我国农业经营体制和农地制度的深层结构性弊端。近年来我国农业科技进步可谓突飞猛进，很多农业科技在全世界名列前茅，比如我国杂交水稻技术毫无疑问居于世界前列,袁隆平科学团队研发出来的超级杂交稻单产每公顷17.2吨,创造了世界水稻单产最高纪录,可是我国的水稻单产却长期大大落后于美国,美国水稻的单产比中国大概每公顷高出1500公斤左右。当然水稻单产的中美差距原因有很多,既有农地质量和农地制度以及农业经营体制方面的原因,也有农业技术应用和推广方面的原因。但是这个事例至少说明,我国农业技术进步面临着比美国更复杂的农业体制因素和农地制度瓶颈约束,这些瓶颈约束的缓解乃至于消除是我国农业技术进步的基本前提。实际上,农业技术进步与农业经营体制和农地制度变迁是相互促进、互为条件的,农业技术进步本身也极大地倒逼了农业经营体制和农地制度的深刻变化。就以我国近年来迅猛推进的现代设施农业、智能农业、植物工厂等新兴现代农业生产方式的发展来说,这些高效、优质、生态、标准化、规模化的生产技术的应用和推广,极大地推动了我国土地制度的变迁,推动了土地的市场化流转和交易体制的形成,推动了我国农业经营体制的转型。

二、中国农业技术进步、现代化农业全产业链构建与市场机制建设

农业供给侧改革、农业高质量发展和农业技术进步有赖于农业全产业链的现代化体系构建。从良种的研发到生产环节的生物技术的采用、从化肥农药的研发与供应到整个农资体系的生产和供给体系的完善、从新型农业生产设施的研发到农业机械创新、

从农业组织体系的升级到农业社会化服务体系的完善和农业管理体制的创新……在整个农业产业链上，都涉及到广义的农业科技进步问题。从当前我国农业全产业链的农业技术进步角度来看，还处于起步阶段，未来一段时期面临着一个高速发展和突破性进步阶段，这在种子、农资、农机、农业设施方面体现得尤为突出，随着我国经济发展规模和水平的不断提升，随着我国科技实力和综合国力的提升，我国广义上的全产业链的农业技术进步必将进入一个高速发展和突破性进步阶段，其市场潜力巨大。

农业供给侧改革、农业高质量发展和农业技术进步还有赖于我国市场机制的深入构建。客观地说，在农业领域，我国市场化机制的构建处于相对滞后状态，农业全产业链上的市场机制建设和市场完善还存在很大的发展空间。技术进步和技术推广本身，不是单纯的技术问题，而更涉及深层次的市场机制建设问题，没有市场化的机制、高效的资源配置机制和有效的激励机制，农业科技进步和农业技术推广是很难获得预期的结果的。市场化机制的构建，核心问题是处理好政府和市场的关系，既要在农业科技进步和农业技术推广方面更好地发挥政府的引领、协调、组织作用，又要充分发挥市场机制的作用，推动农业科技进步和农业技术推广的效率提升。美国、以色列等农业技术进步方面在全世界居于领先地位的国家的实践经验表明，在农业科技进步和农业技术推广方面，政府可以起到至关重要的核心引领作用，但同时在具体的项目运作方面又要尊重市场规律，要探索如何创造一种市场化的激励手段，更好地推动农业科技创新和科技推广。

改革开放以来我国农业科技进步贡献率逐年提升，改革开放初期农业科技进步贡献率仅有百分之十几左右，而在2012～2017年间，我国农业科技进步贡献率却由53.5%提高到57.5%，近两年在这个基础上又有所提升。《中国农业农村科技发展报告（2012-2017）》显示我国农作物良种基本实现全覆盖，自主选育品种面积占比达到95%，我国在超级稻、转基因抗虫棉、禽流感疫苗等领域出现一批突破性成果，农作物耕种收综合机械化水平达到67%，农业高新技术产业不断壮大。同时，我国在农业科技进步方面的成就还体现在知识创新和自主知识产权的迅速增长。《2017中国农业科技论文与专利全球竞争力分析》显示：2014～2016年间，我国农业发明专利申请量全球第一，且近5年技术发展增速保持第一；同时在园艺、种植和播种技术、饲料和肥料几个领域相对技术优势排名第一。分析结果显示：2014～2016年间，我国农业领域基础研究受到重视，论文产量不断提高，总发文量全球排名第二；我国农业科技论文的国际影响力较高，论文总被引频次排名全球第二，学科规范化引文影响力指标高于全球平均水平；我国农业科技论文产出质量受到研究同行和高级别期刊的高度认可，高被引论文发表量和Q1期刊论文发表量均在全球排名第二（数据来源：《人民日报》，2018年9月26日06版）。这些数据表明，我国农业技术进步在促进农业供给侧结构性改革和农业高质量发展、推动我国农业由传统农业向现代农业转型过程中起到了重要的推动作用，科技进步在农业发展中的作用日益突出，中国农业正在发生"由大到强"的历史性转变。

三、国有农垦体系与我国农业技术进步及农业技术推广

农垦体系在农业技术进步和农业技术推广方面拥有巨大的体制优势。我国农垦体系是我国农业经营主体中的国家队,农垦国有农场在土地经营方面具有规模优势,在农业生产方面具有商品化率高的优势,农垦拥有高素质的农业技术创新队伍和比较完善的农技推广组织网络,因此农垦体系在农业生产全产业链上的技术含量较高,是我国农业技术创新的主体、农业新技术应用和推广的主力军、新型智能化和信息化农业生产方式和管理方式的试验场与引领者,是我国农业由传统农业向现代农业转型的排头兵,在我国农业技术进步中占据不可替代、举足轻重的作用。

笔者2018年8月20日至8月29日到黑龙江垦区宝泉岭、建三江、红兴隆三个管理局考察调研了绥滨、江滨、普阳、青龙山、七星、胜利、八五九、创业、八五二、八五三、友谊十一个农场,黑龙江农垦现代自动化农业生产指挥调配系统、在国际上居前沿地位的先进农业机械系统、规模巨大的智能化集中浸种催芽基地、农场现代供应链管理体系以及在寒地水稻和大豆良种培育和耕作技术方面的世界领先成就等,均令人印象深刻。2018年9月25日习近平同志在视察建三江七星农场时高度肯定了农垦在保障国家粮食安全中的重要作用,而农垦在农业技术进步中的引领作用的发挥,对于我国粮食安全和农业竞争力的提升,都具有决定性

的作用。我国在农业全产业链上的竞争力如何，很大程度上取决于我国在农业技术进步和农业技术应用推广方面的成效。以奶业为例，我国是牛奶生产大国，但是长期以来外国配方奶在我国奶业市场占据优势地位，在一二线城市乳品市场上外国品牌的市场占有率达到 80% 以上，其主要原因在于我国奶业全产业链的科技水平和奶业生产组织方式与外国奶业同行相比存在较大差距。全球奶业科技进步不仅体现在养殖环节的智能化数据监控（对苜蓿和青贮玉米等饲料种植与采购环节、防疫环节和养殖环境进行全方位监控）和乳产品加工科技创新，而且还涉及冷链物流体系的全方位完善、优质奶源基地建设以及龙头奶业企业与科研机构和其他新型农业经营主体的对接机制，这里面既有养殖、种植、加工、物流技术的创新，又有组织和管理层面的创新，从而体现为全方位的广义上的农业科技进步。只有加大科技投入，在奶业全产业链上进行深度的技术创新与组织管理创新，才能提升中国奶业在全球农产品市场中的竞争力。近年来，我国农垦奶业企业在技术创新和组织管理创新方面步伐加快，成效显著，科技进步在奶业中的贡献率逐年提升，极大地改变了本土奶业企业在我国奶业市场上的被动局面。

未来推动我国农垦体系科技进步，要从以下几个方面着手。

首先，要从思想认识层面解决问题，农垦管理部门和农垦企业要深刻认识到科技创新在农垦发展和中国农业发展中的重要地位，全面认识习近平同志所说的"藏粮于技"的深刻用意。在谋划农垦企业发展和垦区产业布局时要将科技进步和技术推广问题放在突出位置，从顶层设计层面加大垦区发展的科技引领力度，加大农垦企业技术进步的资金投入和对技术创新人员的激励。农业技术进步往往具有高投入的特点，需要比较长时间的持续的巨额投资，如果没有顶层设计者从战略高度对科技进步重要性的深刻认识，是不可能在农业技术进步方面有所作为的。比如在农机领域，我国农业的现代化和机械化是大势所趋，农业生产加工的各产业链对农机的需求非常旺盛，但是如果没有长期的持续资金投入，没有长期的农机领域的科技创新，要想在农机领域占据优势竞争地位是不可能的。笔者在黑龙江农垦考察农机中心的时候，看到那些由全球著名农机企业如约翰迪尔等生产的大型农机，既感到震撼，也深感我国在农机行业的巨大差距。现在农机领域已经开始结合现代信息技术，由原来的单纯的农业机械化向智能化系统转型，农机领域的科技进步与大数据、云计算、物联网等新技术密切结合，形成新一代的智能农机系统，市场需求极为旺盛。我国农垦体系应该积极响应现代农业发展给农机领域带来的巨大需求，加大在农机领域的前瞻性布局，加大资金投入和人才投入的力度，力争在农机领域的全球竞争中占据一席之地，降低对约翰迪尔等跨国巨型企业产品的依赖度，打造中国自己的农机品牌，要主要依靠自主农机品牌来实现中国的农业机械化，农垦在这方面要担当重任，当然也会有巨大的商业回报。农机领域如此，在其他农业技术领域也是如此，要深刻认识技术进步的重要意义，要以科技谋农垦发展。

其次，要建立有利于科技进步和技术创新的激励机制，以更市场化的体制机制支撑和鼓励农业科技人员的技术创新。要从完善和改革技术管理体制和技术人员收入分配制度入手，使技术人员能够获得更大的内在激励从事农业技术革新。农垦企业在股权设计和薪酬设计中要更多考虑到技术入股和技术创新收益，给科技创新者更多的倾斜政策。要使科技人员在科技成果转化中获得更多的收益，带动科研成果的落地，不要使大量科研成果仅仅停留在实验室，停留在获得各种科技奖项的层面上，而要实实在在通过科技成果转化带动农垦产业的转型，推动农垦科技进步贡献率的提升。如何激励农业科技人员把自己的科研成果应用于农垦的农业生产实践，是一个需要系统考虑的重大问题。要加大农垦体系科技人才的培养力度，加大农垦科研机构的资金支持力度，推动农垦企业的转型发展。

再次，要建立多元主体参与的新型科技创新体系，以利益连结为纽带，以科技创新优势互补为导向，以促进垦区农业技术进步为目标，构建农垦体系的科技进步共同体。这个科技进步共同体要将农垦科技管理部门、农垦所属高等院校、农垦企业所在地的地方高等院校、国家级科研单位、农垦企业技术创新机构等的科研力量进行整合，通过科研资源的整合提高农垦科技进步的效率。"政府—农垦企业—农垦研究机构—大学"之间形成一种互相促进、互相融汇的优势互补关系，将政府在平台建设中的优势、农垦企业的科技成果转化优势、农垦研究机构和大学的科技研究优势结合起来。

复次，在推动我国农垦体系科技进步的过程中，农业科技推广体系的建立和完善是非常重要的一环。要建立市场机制和农垦管理机构相结合的农业技术推广体制。黑龙江农垦北安管理局在农业技术推广方面探索构建了一种功能综合性（将种子站、植保站、土肥站、气象站、信息中心和畜牧、林业、农机、水利技术推广站整合为一体）、系统网络化（在农业科技试验示范基地基础上构建"专家—农技人员—科技示范户"网络体系）、职责明确化（明确农业技术推广员的包区联户工作职责并与服务单位签订技术服务合同以明确权利义务关系）、服务信息化（建立农业信息化服务平台进行在线技术服务）、组织体系多元化（构建包括农业生产经营组织、农业科研教学单位、群众性科技组织等在内的多元化农技推广组织体系）的农业技术推广体系，有效推动了科研部门的农业技术进步与基层的农业技术推广之间的对接与融合，改变了以往农业技术进步领域"重科研轻推广"的格局，为农业科技创新成果转化为实际的生产力奠定了基础。

最后，农垦体系要以建立现代农业产业园区为核心驱动力，以建设智慧农场为突破点，推动农垦体系技术进步和技术推广，将各种农业技术创新成果更好更快地整合应用到一线农业生产实践。习总书记视察过的黑龙江农垦七星农场在打造垦区"智慧农业"示范产业园区方面探索出了自己的模式，该农场利用物联网技术对水文条件、土壤质量、光照、降雨量等信息进行自动监测和数据采集，形成自然环境、生产种植、资源资产、业务管理四大方面的农业大数据，并基于大数据分析指导农业生产，从而实现了整个农业管理的信息化并带动了农垦企业的整体技术创新和技术推广。

随着我国经济发展水平和综合国力的不断提升以及市场机制的不断完善，中国农业技术进步必将迎来一个井喷式的高速发展时期，我国农业的科技进步贡献率将极大提升，农业生产全过程必将发生极为深刻的变迁，一个集约化、标准化、智能化的新农业时代正在到来。在这个过程中，我国农垦体系具有举足轻重的作用，未来中国要依托农垦体系的体制优势和规模优势，加速推动中国的农业科技进步和科技转化，为中国农业的高质量发展和国家农业安全提供战略支撑。

第八章
两类工业赶超与后发大国技术进步路径选择

本章发表于《经济研究参考》2019年第16期,作者:王曙光、徐余江。

本章在工业史视角下，对新中国工业赶超历程和技术进步路径演化的三个阶段进行了系统回顾，并将中国工业赶超嵌入到特定制度背景、经济体制与市场环境中，创新性提出"两类工业赶超"假说，深入阐释了"两类工业赶超"内涵与分析框架。基于这一假说，本章系统分析了从第一类工业赶超向第二类工业赶超过渡的动因、机制与历史经验，并结合中美贸易摩擦背景，提出了后发大国工业赶超和技术进步的新型举国体制与可行路径。

一、引言

中华人民共和国成立以来，工业化成就令世人瞩目，中国工业总产值、高科技产业产值等各项指标均实现了较大提升，是世界上为数不多的具有齐全工业门类和完整工业体系的国家。同时，我们也应看到，我国部分工业领域的核心技术及关键部件与世界先进水平依然存在较大差距，部分产业依然处于价值链低端，尤其是在逆全球化趋势及中美贸易摩擦背景下，中国工业中的传统产业与新兴产业均面临前所未有的挑战。回顾新中国工业发展历程，工业赶超的关键是技术进步，而技术进步是一个动态演化的过程，持续的技术进步有助于国家工业赶超与国家经济发展，而假若未能把握技术变革的战略机遇期，则会丧失产业变革的主动权，并由此引发经济衰退。

关于中国工业赶超的技术进步，现有研究更多地从适宜技术或技术选择角度切入，就此分析国家适宜技术的后发优势或者技术选择的比较优势；也有学者将技术进步和产业结构变迁从要素生产率中分解出来，实证度量技术进步与产业结构变迁对中国经济增长的贡献。但中国工业化进程不仅涉及技术进步的水平提升及对经济增长的贡献，还涉及工业化过程中技术进步路径的选择问题，后者是考察后发大国工业赶超历史经验与启示的核心所在。中国工业赶超与技术进步路径选择的学术研究，不仅着眼于技术进步所导致的工业成就和经济贡献，更重要的是着眼于赶超历程所折射出的特殊的经济逻辑和影响机制，从而形成对既有经典工业化理论和技术进步理论及其政策框架的拓展。从技术进步路径的选择角度切入，探究后发大国如何构建工业赶超的技术体系，剖析工业化发展阶段、经济体制等多种因素的差异如何影响技术进步的路径选择，既具有重要的理论意义，同时对制定未来的工业化战略与经济发展战略亦具有重大的现实意义。

本文对新中国 70 年工业赶超历程和技术进步路径演化的三个阶段进行了系统回顾，并将中国工业赶超嵌入到特定制度背景、经济体制与市场环境中，创新性提出"两类工业赶超"假说，深入阐释了"两类工业赶超"内涵与分析框架，系统分析从第一类工业赶超向第二类工业赶超过渡的动因、机制与历史经验，并结合中美贸易摩擦背景，提出了后发大国工业技术进步的总体策略与可行路径。本文最后对新型举国体制下工业技术进步路径选择的政策框架与需要防范的实践误区进行详细说明。

二、中国工业赶超技术进步路径演化及总体表现

从新中国建立至今，中国工业赶超技术进步路径大致经历了三个阶段：1949年至1980年代初为第一阶段，这一时期中国工业赶超技术进步路径可以称之为独立自主、自力更生的举国体制阶段，这一阶段可视为中国工业发展奠定基础的阶段，确立了较为齐全的工业门类和工业体系。1980年代初至2000年为第二阶段，这一时期中国工业赶超技术进步路径可以称之为市场导向、资本深化的技术引进阶段，这一阶段可视为中国工业总量快速增长的阶段，通过技术引进迅速改变国内落后产业现状，纳入全球产业分工体系，共享全球经济发展红利。从2000年开始至今，这一时期中国工业赶超技术进步路径可以称之为迭代升级、独立可控的自主创新阶段，这一阶段可视为中国工业质量效益提升发展的阶段，强调自主创新，建设创新型国家，注重核心技术与关键材料的掌握，提升中国工业发展的经济效益。

1.独立自主、自力更生的举国体制阶段（1949~1980年代初）：奠定工业基础体系

1956年党的八大提出"使我们的国家由落后的农业国变为先进的工业国"的战略目标，整个国家的战略重心就是要以举国之力发展重工业。新中国肇始，工业基础薄弱、结构失衡，工业生产效率低下，同时还面临西方国家经济封锁，缺乏可靠的外部援助与技术支持，工业发展主要依靠国内资源和技术力量。"一五"

计划的圆满完成为新中国工业发展奠定了基础。尽管早期工业项目得到了苏联援助,这一援助对新中国的早期工业化意义重大,但随着1957年中苏关系恶化,工业项目合作也全面停止。这一时期中国工业发展主要依靠独立自主、自力更生的工业化和技术进步战略,靠自我研制、自我建设,逐步建立和发展起独立而完整的工业和国民经济体系,初步改变了中国的落后面貌。

至改革开放前,全国工业总产值由1949年140亿元增加到1978年1607亿元[①];1965年,我国就已经初步建成了具有相当规模和一定技术水平的工业体系;1966年,中国工业产值占比首次超过农业,标志着中国工业化进展的重要突破。这一时期,我国主要机器设备的自给率达到90%以上,在机械产业、石油化工等领域产品性能和质量接近或达到世界先进水平,建成能源、钢铁等一系列大型工业基地,能够自力更生地生产汽车、火车、轮船、飞机,造出了"两弹一星"。

在这一时期,受限于封锁的外部环境,中国工业未能纳入全球分工与合作体系,未能分享全球经济发展与技术进步带来的红利,基本上在封闭经济下进行工业赶超和技术进步。

2.市场导向、资本深化的技术引进阶段(1980年代初~2000年):工业总量的快速增长

十一届三中全会提出中国工业经济发展的总体战略是"在自力更生的基础上积极发展同世界各国平等互利的经济合作,努力

---

① 文中数据除注明引用出处外均来源中国统计年鉴、中国科技统计年鉴,或经整理而得。

采用世界先进技术和先进设备"。在改革开放后一段比较长的历史时期，这一政策在执行中演化为对外开放条件下的技术引进为主的技术进步战略，独立自主自力更生的基础在一定程度上有所削弱和忽视。这一时期，中国制定了短期内缩小生产力和技术上差距的产业政策，国家层面最为关注的是引进拥有巨大生产能力、技术上先进的设备，并能在短期内投产，而如何通过技术引进提高国内研究开发和制造能力则是第二位的问题。中国通过开放国内市场引入外资发展国内产业，意在采取"市场换技术"的策略渐进提升产业核心竞争力。1980年代初至2000年左右长达二十多年的时间里，在上述策略引导下，尽管中国经济持续发展，但在此背景下发展的驱动因素仍然是劳动密集型产业以及资本投入带来的规模扩张。这一阶段技术引进以关键成套设备引进为主，技术许可、技术咨询服务、合作生产引进为辅，对外引进合同金额和数量由1979年的24.85亿美元、95项上升到1999年的171.62亿美元、6678项。

关键成套设备的引进大大提高了工业生产率，工业产值由1979年1786.5亿元增加到1999年126111亿元，对中国工业化发展起到了重要推动作用。技术引进的初衷是可以消化吸收国外的先进技术与服务，十二大报告提出，"要积极引进一些适合我国情况的先进技术，特别是有助于企业技术改造的先进技术，努力加以消化和发展"。在实际中，技术引进消化吸收成果并未达到预期，很多设备引进时技术就已经相对落后，或者引进设备无法正常使用，还出现了当国内技术与设备落后之后需要二次引进的状态；另一方面技术引进消化吸收的配套资金也不足，难以支撑技术引进消化吸收工作。由此，在实现工业经济增长方式由粗放型向集约型的根本转变方面进展迟缓。技术引进导致国内技术项目发展受抑制，引发多数国产项目下马，对民族工业发展产生了重要深远影响。市场开放并未能够换来核心技术，国家层面逐渐意识到，自主研制与核心技术的掌握才是工业赶超和技术进步的关键，也是决定国家和企业未来发展的关键，以引进设备为主的技术进步路线的历史局限性逐渐凸显出来。

3.迭代升级、独立可控的自主创新阶段（2000年至今）：工业质量效益的有力提升

从2000年至今，这一时期中国工业赶超技术进步路径可以称之为迭代升级、独立可控的自主创新阶段。从2000年开始，中国工业技术进步路径开始出现了大幅度调整，提出走新型工业化道路，强调自主创新，以技术进步推动经济增长，国家层面提出要"加强创新型国家建设"。中国启动了大型客机研制计划，对芯片产业给予支持，国产汽车、手机等产业发展迅猛，从之前较为粗放的设备引进为主转变为强调自主创新。中国开始意识到，后发大国在发展中逐渐强大之后若在工业领域的核心技术方面不能自给自足，将会在技术进步中受制于人，就会被西方技术先进国家"卡脖子"。因此必须加大自主创新的力度，需要通过技术创新提高工业的附加值，使经济能够可持续发展。

近20年以来，国家在自主创新和科技进步方面加大了力度，我国科研经费投入持续加大，投入金额占GDP比例由2000年1%升高至2017年的2.13%，研发投入强度进入中等发达国家行列，

与世界先进国家相比还存在一定差距。中国实施自主创新战略后，对外技术引进费用占研发费用比重持续降低，对外技术依存度呈现大幅下降趋势；购买国内技术经费支出则呈现大幅上升趋势，从 2000 年的 19.6 亿元增加到 2017 年的 200.9 亿元，增幅超过 10 倍；国内技术采购比例也逐年上升，从 2000 年的 8.7% 上升到 2017 年的 33.47%；2014 年中国工业化综合指数为 83.69。这一时期，中国在科技研发投入、知识产权数量、高科技产业主营业务收入、新技术产品开发、科技人才培养制度等方面均取得了较大突破，民族品牌、民族工业发展迅速，千亿美元级公司占全球比重持续升高。

4. 中国工业技术进步的总体表现

改革开放以来，我国把科学技术作为实现国家现代化的核心工作来抓，1978 年全国科学大会提出"现代化的关键是科学技术现代化"，重申了"科学技术是生产力"这一马克思主义基本观点，1999 年提出科教兴国战略，2012 年提出建立创新型国家，中国的科技创新进入了崭新的历史阶段（见表 8.1）。新中国成立以来，工业技术进步经历了一个不断演进和深化的过程。1949 年至 1978 年，中国工业技术进步较为平稳，在这个过程中建立了较为齐全的工业门类，技术自主可控，产业链也较为齐全，但总体上技术先进性与世界同类产品还存在一定差距。改革开放以来一直到 2000 年，这个阶段中国工业技术进步整体进展处于徘徊状态，相关研究测算显示，1978 年我国的 TFP 为 1，此后一直处于低迷徘徊状态，直到 2000 年才又重新回到 1，从区间上看只有1990~1993年、1998~2000年分别有较为显著的技术进步。这也说明改革开放以来，我国技术进步对经济增长的贡献率仍然较低，落后于要素投入的贡献率。从2000年开始，中国工业技术进步出现持续上扬的表现，技术进步对经济增长的贡献率不断提升。目前，中国在信息通信、高端装备、基础材料、航空航天、生物医药等关键领域和关键产业依然存在短板，与先进水平差距很大，存在受制于人的情况。例如信息领域芯片主要依赖进口，为第一大宗进口商品；在高端装备领域95%以上依赖进口；在工业基础材料方面，130多种关键基础材料，32%在我国仍为空白、52%依赖进口，由此严重制约了我国产业转型升级、经济高质量发展。

表8.1 历届科技创新大会国家政策变迁

年份	名称	观点及意义
1978年	全国科学大会	明确指出"现代化的关键是科学技术现代化"，重申了"科学技术是生产力"这一马克思主义基本观点。澄清长期束缚科学技术发展的重大理论是非问题。
1995年	全国科学技术大会	全面落实"科技是第一生产力"的思想，投身于实施科教兴国战略的伟大事业，加速全社会的科技进步，为胜利实现我国现代化建设的第二步和第三步战略目标而努力奋斗。
1999年	全国技术创新大会	全面实施科教兴国战略，大力推动科技进步，加强科技创新。努力在科技进步与创新上取得突破性进展，赋予全面推进建设有中国特色社会主义事业以更大的动力。
2006年	全国科学技术大会	新世纪召开的第一次全国科技大会，全面贯彻落实科学发展观，加强自主创新、建设创新型国家。
2012年	全国科技创新大会	加快国家创新体系和创新型国家建设、推动科技事业又好又快发展。要加大科技投入，发挥政府在科技发展中的引导作用，加快形成多元化、多层次、多渠道的科技投入体系。

续表

年份	名称	观点及意义
2016年	全国科技创新大会	坚持自主创新、重点跨越、支撑发展、引领未来的指导方针,全面落实国家中长期科学和技术发展规划纲要,以提高自主创新能力为核心,以促进科技与经济社会发展紧密结合为重点,加快建设国家创新体系,为全面建成小康社会进而建设世界科技强国奠定坚实基础。

资料来源:根据历届国家科技创新大会内容整理而得。

三、中国工业化"两类工业赶超"假说

工业赶超是指后发国家在工业领域由较低水平的阶段向较高水平的阶段动态发展、不断接近的过程中对先进工业化国家的追赶。实际上,新中国的70年,一直处于这种工业赶超状态之中。在工业赶超过程中,中国面临着制度背景、经济体制、市场环境等因素的变化,因此在每一个工业赶超的具体阶段,国家都要采取与当时的制度背景、经济体制和市场环境相适应的工业赶超战略,以期获得最佳的工业赶超绩效。由这一指导思想出发,本文创新性地提出了"两类工业赶超"的概念。

1."两类工业赶超"的出发点:"后发大国"工业化的特殊性

中国工业化的特殊性在于中国是一个"后发大国"。"后发"是指中国在开始工业化之时,世界上已经有诸多国家完成了工业化过程。"后发"意味着有先进工业化国家的成功经验可以借鉴

与模仿，但是由于各国的实际情况存在较大的差异，中国的工业赶超过程必然要结合中国的特质进行。"后发"也就意味着中国工业所处的技术阶段、支撑工业化的制度体系、企业创新能力处于相对落后状态。新中国成立之前，中国在近代化过程中已经进行过两次工业化尝试（晚清的洋务运动与民国时期的工业化尝试），均未能够成功；新中国成立之后的工业化赶超必须汲取历史教训，探寻新的工业化路径。同时，新中国的技术赶超还受到西方的封锁禁运带来的独特的外部环境制约，为中国的技术进步带来严重阻碍。

作为大国，中国面临着地缘政治以及其人口、面积、资源、国家安全与发展等诸多因素影响，国家建立较为齐全的工业化体系诉求比起小国而言更加迫切。作为大国，要求中国工业化必须建立较为齐全的工业体系，要掌握核心技术，要提升关键工业原材料的供给能力，因此中国作为一个大国的工业化对工业产业结构的完备性、自主配套能力和自我创新能力等提出了更高的要求。中国作为"后发大国"工业化的特殊性正在于此。

2. "两类工业赶超"假说的内涵与分析框架

从 1949 年至 1978 年，中国工业化发展面临外部技术封锁，国家执行计划经济体制，国有企业是国家工业化的主导性力量，这一阶段处于第一类工业赶超时期。这一时期，整个国家处于外部封锁的国际政治环境，国家内部以计划经济体制为主要运行方式，国有企业是工业化赶超的执行主体。改革开放后我国所处的国际环境发生了深刻变化，国家经济体制也由计划经济向市场经济转变，民营企业也在发展壮大，国有企业以构建现代企业制度作为改革目标。这一阶段国家处于第二类工业赶超时期，即整个国家处于全球开放的国际政治环境，国家内部以市场经济体制为主要运行方式，国有企业与民营企业混合发展以实现工业赶超。两类工业赶超的特征差异具体见表 8.2。

表 8.2 "两类工业赶超"特征比较

特征	第一类赶超	第二类赶超
国家目标	从农业大国向工业大国转变，实现重工业优先发展	发展经济、改善民生，市场化改革
外部环境	巴黎统筹委员会成员国的外部封锁禁运，封闭条件	逐渐开放，融入世界贸易组织及产业分工
资源禀赋	资本稀缺，人力资本极差	资本稀缺性降低，人力资本提升
经济体制	计划经济体制	市场经济体制
政府与企业关系	国家对企业进行行政指令式管理	企业实行现代企业制度，实现法人治理
执行主体	国有企业为主体	国有企业和民营企业组成的混合所有制经济主体
生产物品属性	产品性质，计划生产	商品性质，注重利润
要素供给	要素供给无限弹性	根据市场原则决定要素的供给

"两类工业赶超"所考察的核心因素涉及八方面内容，即国家目标、国家所处的国际环境、资源禀赋、所执行的经济体制、政府与企业关系、执行主体、生产物品属性、要素供给。把握新中国工业化及技术进步路径选择的历史脉络的前提，是深刻理解两类工业赶超的内涵以及理解该假说所考察的核心因素之间的关系。第一类工业赶超阶段，中国面临外部封锁，国家战略是优先发展重工业，执行社会主义计划经济体制，政府与企业之间是行政式关系，国有企业所生产的物品属性是产品，注重其使用价值

的实现。因此在第一类工业赶超中，国有企业的利润动机不强，国家主要通过计划手段调整生产要素的配置，企业仅仅是被动地执行国家的指令性计划。在第一类工业赶超中，国家的最高战略目标是在资源紧缺和人力资本极差的状况下迅速建立完整的工业体系，以实现国家工业的独立自主。在第二类工业赶超阶段，中国处于开放的外部环境，国家战略重点是发展经济、改善民生，国家执行社会主义市场经济体制，政府与企业之间的关系发生了深刻变化，企业成为自主经营自负盈亏的市场经济主体；企业生产物品属性是商品，国家不再买单，需要通过市场化竞争获得利润，企业的利润动机增强；以市场化核算体系来衡量企业时，企业需要考虑市场环境下的生存与发展，往往以利润最大化作为决策依据，更多地通过技术引进或者从事代理等方式获取利润，其商业战略与国家战略不一定相吻合，因此关乎国家战略安全的核心技术和关键部件自主研制缺乏从国家层面对接至企业层面的保障机制。

"两类工业赶超"之间的过渡，即由第一类工业赶超过渡到第二类工业赶超，其背后是工业技术进步路径的变迁，在第一类工业赶超阶段，技术进步路径主要是独立自主、自力更生的方式开展的；而在第二类工业赶超阶段，技术进步路径经历了由大规模技术引进向自主创新为主转变的过程。中国工业技术进步路径出现过渡及转向，背后的动因是新中国建国之时与改革开放后影响工业赶超技术进步的诸因素发生了深刻变化。

从第一类工业赶超向第二类工业赶超过渡的关键是经济体制转变及其连带引发的企业经营环境的改变，即由计划经济向市场经济转变过程中，技术进步路径的支撑条件与制度保障发生了深刻变化。洞察这一变化，对我国未来的工业赶超与技术进步具有重要的指导意义。

四、中美贸易摩擦背景下中国工业赶超技术进步的路径选择

美国公布的"301报告"中明确提出遏制中国下一代信息技术、新材料等产业发展。中国科技产业发展面临前所未有的挑战，以往可以通过技术引进获取的技术或软硬件，现在面临着封锁；而在新兴产业技术方面，也面临着挑战。在这种背景下，中国工业发展的技术进步路径选择显得尤为重要。

表8.3　美国"301报告"中涉及中国相关产业

"301报告"涉及产业	中国战略性新兴产业政策	中国制造2025政策
信息技术	3.2章节部分	3.6.1章节部分
高端装备制造	3.4章节部分	3.6.3章节部分 3.6.4章节部分
新材料	3.6章节部分	3.6.9章节部分
生物技术	3.3章节部分	3.6.10章节部分
新能源汽车	3.7章节部分	3.6.6章节部分
新能源工业	3.5章节部分	3.6.7章节部分

1.中国工业赶超技术进步路径受产业的技术特性、发展阶段、技术差距等因素影响，应构建多元化的技术进步路径

中国工业产业门类齐全，但总体技术水平与世界先进水平存

在一定差距。新一轮技术革命以大数据、人工智能、物联网等技术群落为主体，全球产业面临数字化转型等趋势。传统产业与新兴产业均面临数字技术深度融合等现实挑战，其技术进步路径是原有生产方式与新技术范式的融合过程，这一轮技术变革将改变世界范围内的生产投资格局，科研、生产、产业组织和分工、投资、贸易等均将围绕新的技术体系和生产要素进行重构。在此背景下，不同的产业面临的市场化、技术壁垒等约束也各不相同，产业发展均应根据自身特点找到相应的技术进步路径。与世界先进技术差距较大时，为了较快地缩小差距，往往选择技术引进的方式，有助于较快提高生产效率；当技术差距较小时，技术引进或技术模仿带来的技术进步效果往往有限，此时已经具有一定的产业基础，通过自主研发有助于发挥自身创新优势，以提升竞争力。因此要结合每一个产业发展的阶段，衡量技术差距，进而研判采取的技术进步路径，尤其涉及国家安全战略的关键领域更应谨慎。例如有些领域可以选择从技术引进、模仿创新到自主创新的渐进式路径，而有些领域则需要抓紧技术群落更替的机遇，主动探索技术突破方式，从而实现技术的自主可控与自主创新。中国工业技术进步的多元路径可参照竞争优势理论下的"技术赶超论"，将比较优势动态化，进而转化为竞争优势。

2.中国工业赶超技术进步路径还要考虑区域间技术扩散与区域间技术协同创新

近些年中国西部省份在新技术、新产业发展方面值得关注。例如某些西部省份大数据产业、电子产业发展迅猛，这些区域的技术进步并未完全遵循传统的"比较优势理论"或"竞争优势理论"规律，而是呈现出新时代中国工业技术进步路径的新特征，即以国家战略和区域发展战略转型为先导，以区域制度创新为基础，汇聚技术、人才、资本等要素，实现技术的跨越式发展。中国正在进入区域发展再平衡、产业布局优化、产业链集聚、去中心化发展的新阶段，这一阶段的技术进步路径要考虑区域差异及区域之间的协同创新。技术模仿或技术扩散在国家之间与国家内部各区域之间的模式差异很大，技术模仿或技术扩散在一国区域之间进行则是新时代中国技术进步特有的路径选择。一国后发区域与较发达区域之间开展技术协作与创新协同，这是技术进步在区域之间的协同。区域之间协同创新在技术扩散或技术模仿上也遵循"梯度格局"，中国应该充分利用后发区域的优势，通过区域发展战略的调整和国家层面的制度支撑，鼓励技术先进区域向后发区域进行有效的技术扩散和技术协同创新，从而实现更大规模的技术进步，推动欠发达地区（技术输入地）的技术实现跨越式发展，同时实现技术输出地的产业转型与结构优化。

3. 中国工业赶超技术进步路径应是自主创新和技术引进之间相互促进、动态演化、交叠提升的过程

回顾中国工业发展史，考察中国高铁、中国核电、下一代信息技术等新兴产业崛起的历史进程可以发现，中国工业技术进步经历了一个循序渐进、动态演化、交叠提升的过程。中国的高铁技术经历了探索性试验、技术模仿、形成正向设计能力、掌握完全自主知识产权的技术能力提升过程，前后经历数十年探索与赶

超；中国的下一代信息技术的发展也历经了几代人的努力，技术进步路径从时间维度上来说，应该是循序渐进动态演化的过程。中国的第三代核反应堆华龙一号和 CAP1400 是自主设计与技术引进的共同推动下发展起来的。循序渐进动态演化方式就是要将自主创新与技术引进有机结合起来，既要有鼓励自主创新的体制机制，也要有技术引进过程中对先进技术的消化吸收能力，上述两种方式不应被割裂开来，而是要充分融合起来。

综上，中国工业赶超技术进步路径选择应纳入国家治理现代化与国家科技创新体系构建的历史进程中。国家治理现代化的关键是构建法治化市场化环境，国家科技创新体系构建的关键是要形成各创新主体的激励机制，本质上就是要探索形成新时代国家科技进步的新型举国体制。

五、新型举国体制下工业技术进步的政策框架与需要防范的实践误区

计划经济下的举国体制在国家目标、资源配置机制、要素动员的动力机制、产业结构等多方面具有显著时代特征，而现行条件下，我们则面临举国体制的转型，也就是要构建新型举国体制，这也是近期国家层面在科技创新方面提出的重要信号。由第一类工业赶超向第二类工业赶超的过渡，其关键是新型举国体制的探索与构建，在宏观层面应构建法治化市场化的制度环境，进一步完善国家科技创新体系；微观层面应培育全球核心竞争力微观主

体，多种所有制企业优势互补混合发展。在上述政策框架下，才有助于推动自主创新、协同创新、开放创新，形成有利于技术进步的生态环境。

1. 宏观层面：构建法治化市场化的制度环境，完善国家科技创新体系

在工业赶超和技术进步过程中，要注重我国区域经济与产业结构发展的实际以及资源禀赋状况，探索自己的工业赶超和技术进步路线。21世纪初，全国推动重工业化，期待由此实现钢铁、汽车、煤炭等产业集聚发展，但实际上并未能够提升在关键领域的技术进步或者核心技术掌握。从先行工业化国家发展历史来分析，其涉及的主要内容、驱动因素、主导产业、增长理论均不相同（见表8.4），中国工业化发展既要参照经典增长理论，借鉴先行工业化国家的经验，更要在尊重中国国情的前提下，探索自己的工业技术进步的路径与模式。近年来，中国在人工智能、生物医药等领域重点发力，但前景依然不够明朗，新的经济增长模式还未完全形成，因此需要长期潜心技术攻关与市场培育，并在国家层面探索有利于工业赶超和技术创新的体制机制，才有机会实现新领域突破与引领。

表8.4　先行工业化国家经济增长阶段及增长理论

时间	增长阶段	主要内容	驱动因素	主导产业	增长理论
1770年以前	起飞前阶段	自然资源开发	更多自然资源投入	农业	"马尔萨斯"陷阱
约1770~1870年	早期经济阶段	大机器工业	资本积累	重工业	哈罗德-罗马增长模型

续表

时间	增长阶段	主要内容	驱动因素	主导产业	增长理论
约1870~1970年	现代经济增长	效率提高	技术进步	与服务业一体化的制造业及农业	索洛的新古典增长模型
1970年以后	信息时代	信息技术改造国民经济	信息化	渗透到各个产业的信息通信产业	新增长理论的内生增长模型

要构建有利于科技创新的制度环境，避免"市场换技术"实践误区。现在科技创新难以推动产业发展，其根源在于技术进步带来的产业发展在制度环境不利的条件下难以持续。构建有利于科技创新的制度环境，这个制度环境包括社会、经济、政治、法律、人文等各个层面，涉及到国家治理现代化和国家运行体制的深刻转型。今天我们倡导注重自主创新，并不是要重新回到改革开放前那个"封闭"的时代的独立自主自力更生，而是面向全球市场的自主创新，是市场化体制下的自主创新，是进步引进与吸收创新有机融合的自主创新，要对以往的单纯依靠技术引进尤其是引进设备的方式进行全面的反省。要创造有利于自主创新的整个国家体制，在法治建设、教育创新体制、人文环境构建、行政管理体制创新等方面进行彻底的改革与创新，为自主创新提供更好的制度空间。

注重产业结构均衡发展，避免技术进步受阻。技术进步对经济增长的作用是通过结构关联效应实现的。如果产业结构不合理，结构关联将发生扭曲，从而技术创新扩散受阻，不能充分发挥应有的作用。中国未来经济发展要注重发展高附加值的服务业，但是工业领域的技术进步同样重要。中国经济发展成就既有技术进步的成绩,也有产业结构变迁的功劳。产业结构变迁与技术进步在经济增长不同阶段因市场化程度而贡献率不同,市场化程度提高,产业结构变迁对经济增长的贡献会逐渐让位于技术进步。但目前国内市场化程度依然存在进步空间,产业结构均衡发展有利于技术进步力量对经济贡献发挥。

2.微观层面:培育具有全球核心竞争力微观主体与协同创新共同体,多种所有制企业优势互补混合发展

重塑工业企业核心竞争力,避免陷入产业链价值"洼地"。工业赶超与技术进步的微观主体不仅仅是企业,也有高校、科研机构以及为技术进步服务的其他微观主体,要以企业等微观主体为核心构建有利于技术进步的生态圈,促进上下游产业链的高效协同,形成有利于不同微观主体之间竞争合作的产业链与协同创新共同体。未来中国工业企业要在全球产业链格局中占据有利地位,就必须着力提升企业的核心竞争力,而核心竞争力提升的关键在技术创新,微观层面主要涉及研发费用的投入、人力资本投入、技术创新的激励机制、技术创新的协同机制等。

在新型举国体制中,要让重国有企业民营企业的优势互补,避免"所有制歧视"的认知误区。在第二类工业赶超下,赶超主体发生了深刻变化,不仅有国有企业还有民营企业,混合所有制经济有利于不同所有制企业的优势互补。例如国有企业掌握某一核心技术,但以核心技术为配套的外部协作往往需要民营企业支撑;或民营企业掌握某一核心技术,但在外部市场与前期基础研究方面需要国有企业支撑,以减轻资本投入风险以及市场风险。

目前国有企业与民营企业在产业链上下游合作密切，逐渐形成从产业链的协作向价值链的升级趋势。但企业总是趋利的，我们也看到很多企业在某一领域赚到快钱就转向了，国家应该在制度层面引导企业专注于主业，专注于长期的技术进步和创新，以实现我国工业企业的持续发展与在核心领域的技术领先。

本章参考文献

[1] 林毅夫，张鹏飞.适宜技术、经济选择与发展中国家的经济发展.经济学（季刊），2006（4）

[2] 金碚.全球竞争新格局与中国产业发展趋势.中国工业经济，2012（5）

[3] 刘伟，张辉.中国经济增长中的产业结构变迁和技术进步.经济研究，2008（11）

[4] 《中国共产党中央委员会向第八次全国代表大会的政治报告》，中国共产党新闻网

[5] 汪海波等.新中国工业经济史（第三版）.北京：经济管理出版社，2017

[6] 《1978年中国共产党第十一届中央委员会第三次全体会议公报》，中国共产党新闻网

[7] 陈晓东.改革开放40年技术引进对产业升级创新的历史变迁.南京社会科学，2019（1）

[8] 《中国共产党第十二次全国代表大会关于十一届中央委员会报告的决议》，中国共产党新闻网

[9] 《国家中长期科学和技术发展规划纲要（2006-2020）》，中国政府网

[10] 陈勇，唐朱昌.中国工业的技术选择与进步：1985-2003.经济研究，2006（9）

[11] 强化科技国家队政治担当 在关键创新领域自警自强——访全国人大代表、中国科学院院长白春礼.旗帜，2019（4）

[12] 《国务院关于加快培育和发展战略性新兴产业的决定》，中国政府网

[13] 《国务院关于印发〈中国制造2025〉的通知》，中国政府网

[14] 贺俊，吕铁，黄阳华，江鸿.技术赶超的激励结构与能力积累：中国高铁经验及

其政策启示.管理世界,2018(10)

[15] 王曙光,王丹莉.科技进步的举国体制及其转型:新中国工业史的启示.经济研究参考,2018(8)

[16] 《习近平会见探月工程嫦娥四号任务参研参试人员代表》,中国政府网

[17] 吴敬琏.中国应该走一条什么样的工业化道路.管理世界,2006(8)

第九章
混合所有制视角下的国有股权、党组织和公司治理

本章发表于《改革》2019年第7期,作者:王曙光、冯璐、徐余江。

混合所有制改革的重要目标之一是提高国有企业公司治理水平。党组织参与公司治理作为具有中国特色的国有企业公司治理制度，可以视作混合所有制改革中控制国有企业市场化进程、形成多元均衡的公司治理、提升国有企业决策效率和运行绩效的重要机制。本文以2013年以来国有股权变动的国有上市公司为样本，将国有股权与党组织治理同时纳入公司治理框架下进行探讨，结论表明：①国有股权占比与公司治理指数呈U型关系，私营化或国有化程度较深的企业均可达到较高的公司治理水平。②党组织治理与国有股权改革存在交互效应，党委会的制度安排可影响国有股变动对公司治理的作用效果。③党组织治理并不会因国有股权的增减持而被同等幅度地增强或削弱，可通过科学合理的制度设计和灵活权变来提升国有股变动对公司治理的正向影响。本文研究对解答"中国式公司治理何以可能"这一问题进行了有益探索，对未来优化党组织参与公司治理的机制设计以提升国有企业绩效，有一定的理论和实践意义。

一、引言：混合所有制改革与构建中国式公司治理

构建中国特色现代国有企业制度是习近平新时代中国特色社会主义思想体系中的重要组成部分，也是实现我国国有企业健康持续发展的重要制度保障。十八大以来，构建中国特色现代国有企业制度沿着产权（所有制）和公司治理两个相辅相成的路径展开。首先，在产权（所有制）层面，十八大之后积极稳健推动国有企业的混合所有制改革，并将混合所有制改革作为推动国有企业产权多元化、促进非公有制企业和国有企业互补互融的重要途径。2013年11月，十八届三中全会通过的《中共中央关于全面深化改革若干重大问题的决定》中指出，"积极发展混合所有制经济。允许更多国有经济和其他所有制经济发展成为混合所有制经济。鼓励非公有制企业参与国有企业改革，鼓励发展非公有资本控股的混合所有制企业"。2016年底召开的中央经济会议进一步指出，"混合所有制改革是国企改革的重要突破口"。2017年10月，习近平同志所作的党的十九大报告指出，"深化国有

企业改革，发展混合所有制经济。改革国有资本授权经营体制，加快国有经济布局优化、结构调整、战略性重组。"

其次，在公司治理层面，构建中国特色国有企业的公司治理始终是现代国有企业制度的重要命题，而正确处理党组织和公司治理的关系成为该命题的核心。2015年9月中共中央《关于在深化国有企业改革中坚持党的领导加强党的建设的若干意见》中指出，"坚持党的建设与国有企业改革同步谋划，充分发挥党组领导核心作用……把加强党的领导和完善公司治理统一起来，明确国有企业党组织在公司法人治理结构中的法定地位"。2016年10月，习近平在国有企业党建工作会议上强调，"坚持党对国有企业的领导是重大政治原则，必须一以贯之；建立现代企业制度是国有企业改革的方向，也必须一以贯之。中国特色现代国有企业制度，'特'就特在把党的领导融入公司治理各环节，把企业党组织内嵌到公司治理结构之中，明确和落实党组织在公司法人治理结构中的法定地位，做到组织落实、干部到位、职责明确、监督严格"，"建设中国特色现代国有企业制度，要立足我国国情，不要生搬硬套外国的做法"，这一思想，成为构建"中国式公司治理"的指导思想。2017年将国有企业基层党组织的五项基本职责写入《中国共产党章程》，指出保证监督党和国家的方针、政策在本企业的贯彻执行，参与企业重大问题决策等。近年来央企和地方国企混合所有制改革和党组织融入公司治理的成功实践证明，构建中国特色公司治理对我国国有企业经营机制创新、增强体制机制活力起到关键作用。

从学术文献梳理的角度来看，近年来混合所有制企业股权结构变动、党组织治理与公司治理之间的关系，成为学术界的讨论热点。在混合所有制改革过程中,如何将党组织治理有机地、合理地嵌入公司治理当中,以正确、有效地发挥激励和约束作用?同时在混合所有制下,国有股权结构的变动(增持或减持)在何种程度上会影响公司治理绩效?而进一步,不同的国有股权结构又应该对应选择何种党组织治理模式,即党组织如何随国有股权变动而适时调整,以形成两者的科学合理的搭配关系,从而对公司治理产生正向的耦合促进作用?解答上述问题,不仅对完善中国特色的公司治理理论、解答"中国式公司治理何以可能"等命题提供了理论依据,也对实践中继续健康推进国有企业改革、构建中国特色国有企业公司治理具有一定的指导意义,将对我国混合所有制改革前景与路径选择、对我国国有企业治理产生深远影响。

本文首次从党组织治理的视角,探讨混合所有制改革对公司治理水平的影响,将党组织和国有股权变动两变量同时纳入微观层面的国有企业公司治理分析框架中,系统探讨了三者间的因果关系及作用机制。将党组织治理、党委会制度设计等问题置于国有企业的国有股权变动这一动态路径下探讨,使得党组织有机融入国有企业公司治理的制度设计更具相机抉择的权变意识,为实践中不同类型国有企业在构建"中国式公司治理"过程中的模式探索提供了理论支持。

二、以往文献研究与本文假设

本文从股权结构、党组织和公司治理这三个维度,探索建构

"中国式公司治理"的理论和实践可行性,在对以往文献进行梳理的基础上,提出三大假设。

1.股权结构与公司治理——最优国有股权比例存在吗

股权结构一直是影响企业公司治理水平的重要因素之一,由于其灵活多变的设计,使"最优股权结构论"成为最富争议的命题之一。部分学者将股权结构纳入公司治理分析框架,探讨了产权与治理机制、产权与公司价值的关系。Vishny认为产权多元化在一定程度上有助于公司治理水平及经营效率的提升,并提出一套适用于混合所有制企业的高效公司治理机制;Gomes和Novaes证明了企业最优股权结构存在的可能,最优股权结构有利于股东之间制衡机制发挥作用进而减少委托—代理引发的道德风险;白重恩等将股权结构等影响公司治理的诸多因素拟合成G指标来考量上市公司的治理水平;徐二明和张晗提出应减少上市公司中的国有股比例,增加机构投资者,以提升企业公司治理水平与经营效率。很多学者针对不同行业和不同企业特性,对股权结构和公司治理水平展开讨论。施东晖等认为中国上市公司的治理水平总体来看普遍不高,股权结构可以显著影响公司治理水平。其中,在异质性上,政府控股型公司的治理水平最高,国有资产管理机构控股的公司,其治理水平要高于国有法人控股的公司;徐向艺等认为国有股比例与公司治理水平的关系跟行业竞争性有关,比如行业竞争环境强的上市公司,股权分散型优于国有控股型,国有控股型优于法人控股型;行业竞争环境弱的上市公司,法人控股型结构优于国有控股型,国有控股型优于股权分散型。

直到现在，企业内部国有股权增持好还是减持好，实践中存在巨大争议。国有企业的混合所有制改革，其目的不是为了单纯的"为混而混"，而是引入竞争机制和治理结构更为灵活的民营经济，使其与国有经济取长补短，互利共生，是根据国有企业原所处行业及公司特性进行的有目的、有针对地"混"。显然，混合所有制改革本身极具"权变"特色：部分国有企业所处行业具有天然垄断性（比如能源开采、交通运输等），或者具有较大的正外部性，经营目标非单一追逐盈利，使得众多民营企业因不愿承担前期较高的投入成本或事后风险而不愿参与，即便参与其中也是为了股权分红和自谋利益。那么，处于这些行业的国有企业，很可能就不适合进行大规模的国有股权减持。如果单纯地降低国有股权比例，很可能会造成股权结构过于分散、决策效率低下、所有者缺位及"内部人控制"更加严重等问题。相反，提高国有股权比例、提高决策效率、加强企业执行力可能更适合这类企业。而对于那些处于竞争性行业的国有企业，很可能存在着治理模式相对落后、决策机制冗繁、激励约束机制匮乏等问题。值得注意的是，随着中国长期改革红利的释放和对民营经济的支持，这些竞争性行业中已经催生出一批具有灵活治理模式、经验成熟的优秀民营企业。国有企业需要"敞开怀抱"，鼓励私营股权的加入，虚心学习，利益共享。因此，这类国有企业很可能更适合让出国有股权，积极引入私营资本，才能提高其治理水平。根据以上分析，本文提出假设1：

H1：国有企业的国有股权变动与公司治理指数呈现U型关系，即国有股权的增加或者降低，均有可能提高公司治理水平。

2.党组织嵌入国有企业公司治理的绩效

学术界关于企业党组织参与公司治理这一问题展开了诸多研究。一部分学者认为党组织参与公司治理具有积极意义：郑志刚指出，党组织参与治理有助于抑制大股东掠夺而提升企业绩效；马连福、王元芳等对党组织"双向进入、交叉任职"的治理模式展开了深入讨论，并就党组织治理对公司治理水平的影响进行了实证研究，认为党委会"双向进入"程度与公司治理水平呈倒"U"型关系，党委副书记兼任董事长、监事长或总经理可以有助于提高企业的公司治理水平，而董事长担任党委书记不利于公司治理水平的提高；刘纪鹏认为，把党组织领导内容蕴含于现代公司董事会之中，通过国资委行使股东权利，以董事会法定地位之名行使党领导的法律地位之实，既可保留大公司的组织结构优势，又能发挥党对国有企业的监督管理职能。关于党委功能融入公司治理的具体方式和途径，Porta 等的研究认为，党组织参与公司治理对企业发展存在负面影响，党组织相对于管理者的权力会因发生更多的政治成本从而降低企业绩效。

从文献可以看出，党组织治理在不同的市场转轨时期、针对不同所有权性质的企业以及面对不同的治理问题，介入程度和模式均有所不同。俄罗斯私有化进程的例子可以给我们一些启示：倚重国有经济发展的赶超型国家，每一次市场化转轨和国有企业改革都是巨大的挑战。当下，中国的国有企业混合所有制改革又是一次深化国有企业市场转轨、加速国有企业制度完善、释放改革红利的历史机遇，经过了长期相对"保守"的渐进式改革后，深水区改革需尤为谨慎。保证中国共产党对国有资本的一定控制，完善以"党组织治理"为中国国家特性的国有企业公司治理模式，对改革而言至关重要，这是关乎国计民生的大事。实践中，党组织可视作控制、监督国有企业市场化进程的一个良好替代机制。党组织治理被提到"前置决策"的高度（如图9.1中①过程所示），于董事会之前参与公司重大决策，监督党和国家的方针、政策在本企业的贯彻执行，对于国有企业股权变更、处置资产等问题，党组织被赋予重大权利。虽然"交叉任职、双向进入"方式仍然是现在党委会介入公司治理的主要模式，但与前人观点不同，本文认为党组织建设在当下的深化改革阶段，其对公司治理的意义已经在一定程度超越了过去渐进式改革时期充分尊重企业决策自主权的历史阶段，"交叉任职"这一模式（公司董事长兼任党委书记；董事长、监事长或总经理兼任党委副书记）下，党委书记和党委副书记应被赋予更大的重大事项决策权，党委会可以有效约束内部人的机会主义行为，杜绝内部人掏空利益行为，极大降低企业的代理成本，对提高公司治理水平有提升作用。根据以上分析，本文提出第二个假设：

H2：党组织有机嵌入国有企业公司治理有助于提高公司治理水平，党委书记和党委副书记的交叉任职有益于公司治理。

3.混合所有制改革中将党组织嵌入国有企业公司治理的具体机制

以往文献多是从企业股权结构与公司治理的关系，或者党组织治理与公司治理的关系这两个各自独立的维度分别开展研究，目前尚无文献将上述两个变量同时纳入公司治理分析框架里进行交互研究，但如何在混合所有制改革中完善党组织治理、有效降低内部人机会主义行为、防止国有资产流失，却对当下阶段的国有企业改革意义重大。

国有企业党组织参与治理的过程是国有企业内部权力要素、价值取向、组织内在关系的深化、调整与完善过程。党组织与公司治理结构的融合会对国有企业的决策机制、组织架构、治理效率以及经营效率等产生重大影响,这些影响必然会作用到混合所有制改革中,与国有股权的变动产生交互作用。当国有股权减持时,经理人很可能出现以逐利为导向的短视化行为,此时应保持党组织的约束和监督,谨防国有资产流失,并在企业内部注意发挥民主机制,保证国有企业进一步市场化进程中的平稳过渡,杜绝可能出现的不稳定因素;反过来,对于那些国有股增持的国有企业,党组织应特别注意用人机制和激励约束机制,注意因所有者缺位带来的委托代理成本过高问题,谨防内部人机会主义行为。基于上述分析,本文提出假设3:

H3:党组织治理与国有股权变动存在交互效应,党组织治理可影响国有股权变动对公司治理水平的作用效果。

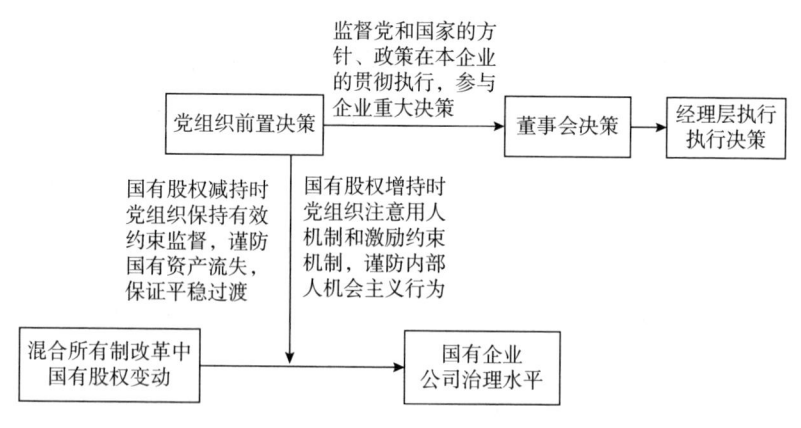

图 9.1 党组织参与混合所有制改革和公司治理的逻辑图

三、研究设计

1.样本选择与数据来源

本文试图探究 2013 年 11 月十八届三中全会以后，新一轮国有企业混合所有制改革的广泛影响①，从而选取 2013 年至 2016 年国泰安数据库中沪深两市全体 A 股上市公司为初始样本，并作以下筛选：首先，选择实际控制人为国有企业、国有机构、开发区或事业单位的上市公司共 972 家；其次，剔除企业流通股中国有股股数在 2013～2016 四年连续为 0 的企业，剔除金融企业以及在国泰安数据库及锐思数据库中对财务指标及公司治理数据披露不全的公司，得到 429 家上市公司；最后，我们查找了上述 429 家企业年报中关于"董事长、总经理、监事长的主要工作经历及兼职情况"的披露情况，对于年报中未披露该信息的企业，进一步通过电话、邮件方式联系公司秘书询问"党委书记是否兼任董事长"和"党委副书记是否兼任董事长、总经理或监事长"这一信息，最终得到 424 家上市公司样本，获得 5088 个观测值。

2.变量说明

（1）公司治理水平

为检验前文假说，本文因变量设置为公司治理指数（Score）

---

① 十八届三中全会审议通过了《中共中央关于全面深化改革若干重大问题的决定》，《决定》指出，"要积极发展混合所有制经济"，明确定位"国有资本、集体资本、非公有资本等交叉持股、相互融合的混合所有制经济，是基本经济制度的重要实现形式"，深入推进混合所有制经济的健康发展。

这一拟合指标。参照白重恩、刘俏等和马连福、王元芳等的做法，因本文研究内容不考虑诸如企业控制权市场、法制基础和中小投资者权益保护及产品市场的竞争程度等的外部机制，因此仅考虑反映内部机制的三个主要方面——股权结构治理水平、董事会治理水平及高管薪酬治理水平。我们最终选取第一大股东持股比例（Top1）、第二至第十大股东股权集中度（Top2-10）、公司前五位大股东持股比例的平方和（Herfindahl5）、公司前十大股东持股比例的平方和（Herfindal10）、董事长与CEO是否由一人兼任（Dual）、独立董事比例（Indepratio）、高管人员持股比例（Mhold）共7个变量进行主成分提取，拟合为一个公司治理指数的综合指标。该指数越高，说明其公司治理水平越高，反之亦然。

（2）国有企业混改程度

本文试图用国有股比例的变化来度量国企混改程度。考虑到锐思数据库仅披露流通股中的国有股数量，我们取公司前十大股东中国股东持有股份比例之和来近似替代，进而用国有企业本季度与上季度的该比例之和作差，得到混改变量（Reform）。本文在数据库中搜集了上述424家上市公司2013年第四季度至2016年第四季度共13个季度前十大股东中国有股占比的季度数据，相邻季度作差得到12个季度的混改环比增量，以此刻画国有上市公司混改的方向和程度。若此变量为负，则国有股占比环比降低；反之，则占比升高；若为0，则本季度较上季度没有发生混改。

（3）党组织参与公司治理程度

现有文献对党组织参与公司治理的度量方法主要有两种：一是由Opper等以及Chang and Wong提出的问卷调查方法。此方式通过设计量表构建多维指标，度量党组织在诸如召开股东大会、董事会人才选拔、董事会议程设计等重大决策中对公司治理的干预力度，以此判断党委会相对于股东大会和董事会的权力指数。二是由马连福等提出的"双向进入"和"交叉任职"度量方法。其中，"双向进入"指标度量董事会、监事会、高管层与党委会人数的重合比例；"交叉任职"指标描述党委书记是否为公司董事长以及党委副书记是否为董事长、监事会主席或总经理。Chang and Wong 的方法需要对大量公司发放问卷并进行内部深度调研，数据搜集成本高，且往往掺杂被调查者的主观认知偏误，这会对数据的后期处理工作及实证结果造成一定干扰。对比来看，马连福、王元芳等的方法更简洁客观地反映了党组织对于公司重大决策的影响程度，更易获取，避免了主观偏误。因此，我们参考后者对"交叉任职"的度量方法，以"党委书记是否为董事长（Party1）"和"党委副书记是否为董事长、监事会主席或总经理（Party2）"两个指标度量党组织对公司重大决策的影响力。这主要出于以下两方面的考虑：一是党委任职情况并非上市公司年报中强制披露信息，往往披露不全，我们在手工整理年报中有关董事长、监事长及公司高管工作经历与兼职信息时，获取的党委会双向进入比例情况往往低于我们电邮公司秘书得到的重叠任职比例，然而，我们可获取的公司秘书反馈信息十分有限，得到的样本便极为有限。对比之下，有关党委书记及副书记"交叉任职"的信息准确性较高，个别披露不详的企业可通过联系公司秘书亦可以得到准确回复。其二是考虑实际情形。相较于党委会其他成员，作为党组领导的党委书记和副书记往往拥有更高决策权，且其决策具有一定导向性，尤其对于那些实际控制人是国有企业、中央政府以及地方政府的企业。董事长、监事会主席和总经理是公司治理的核心决策、监督及执行层，选择党委书记和副书记是否兼任以上三者，很大程度上反映了党组织参与重大决策、参与公司治理的能力。

（4）其他控制变量

参考郝阳、龚六堂和马连福、王元芳等的做法，本文控制了以下企业特征变量：公司规模（Size）、总资产收益率（Roa）、资产负债率（Lev）、总资产增长率（Growth）。我们设置了年度虚拟变量（Year）控制年份对因变量的影响，设置行业虚拟变量（Industry）控制行业的影响。各变量的具体描述见表9.1。

3.模型构建

根据前文提出的三个假设，本文构建模型的思路如下：首先，在 Matlab（2014b）中拟合国有股比例改革变量（Reform）与公司治理指数（Score）之间的关系，看国有股改革如何作用于公司治理水平，推断函数形式；在此基础上，加入国有股改革变量（Reform）与党委会"交叉任职"虚拟变量（Party）的交叉项，静态上检验党组织治理如何影响国有股改革作用于公司治理水平的效果，动态上由"边际"概念探究党组织治理在国有股改革下的权变。图9.2为Matlab（2014b）中拟合得到的改革变量（Reform）与公司治理指数（Score）的曲线，二者呈现出较强的正U型关系。由此，本文建立如下回归方程来检验前文三个假设：

$$Score_{i,t} = \alpha_i + \beta_1 Reform + \beta_2 Reform_{i,t}^2 + \beta_k Controls_{i,t} + \varepsilon_{i,t} \quad (1)$$

$$Score_{i,t} = \alpha_i + \beta_2 party1_{i,t}^2 + \beta_3 party2_{i,t} + \beta_k Controls_{i,t} + \varepsilon_{i,t} \quad (2)$$

第九章 混合所有制视角下的国有股权、党组织和公司治理 | 217

$$\begin{aligned} Score_{it} = & \alpha_i + \beta_1 Reform_{it} + \beta_2 Reform_{it}^2 + \beta_3 party1_{it} + \beta_4 party2_{it} \\ & + \beta_5 Reform_{it} * party1_{it} + \beta_6 Reform_{it} * party2_{it} \\ & + \beta_k Controls_{it} + \varepsilon_{it} \end{aligned} \quad (3)$$

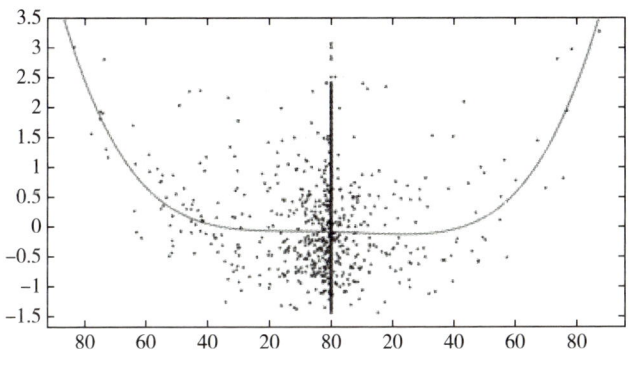

图9.2 改革增量与公司治理指数关系拟合图

注：数据来源于锐思数据库，曲线拟合在 Matlab（2014b）中完成。

表9.1 变量名称、含义及计算方法

变量类型	变量名称及代码		变量含义及计算方法
因变量	公司治理指数	Score	选取第一大股东持股比例、2~10大股东的股权集中度、独立董事比例、Herfendahl5指数、Herfendahl10指数、高管持股比例、董事长和总经理是否兼为一人等7各指标进行主成分析拟合
自变量	国有股比例改革	Reform	取相邻两季度公司所持国有股所占公司总股本比例，作差并标准化
	党委会交叉任职	Party1	虚拟变量：党委书记若兼任董事长，Reform=1；不为一人，Reform=0
		Party2	虚拟变量：党委副书记若兼任董事长、监事长或总经理中任意一职，Party1=1；若均不兼任，Party1=0
控制变量	公司特征变量	Size	公司规模 = 公司公司年末总资产取对数
		Roa	总资产收益率 = 年末净利润 /（年初总资产 + 年末总资产）/2

变量类型	变量名称及代码		变量含义及计算方法
控制变量	公司特征变量	Lev	资产负债率=负债/（年初总资产+年末总资产）/2
	公司特征变量	Growth	总资产增长率=（年末总资产－年初总资产）/年初总资产
	控制年份	Year	年度虚拟变量
	控制行业	Industry	行业虚拟变量：行业划分标准根据中国证监会（2001年版）《上市公司行业分类指引》制定的标准，共分为22个行业子类

数据来源：国泰安数据库和锐思数据库；上市公司年报、网站。

四、实证结果与分析

1.公司治理指数的拟合

参照白重恩等的做法，将前文中选取的7个变量进行主成分分析，提取四个公因子，拟合成公司治理指数，最终累计贡献率达0.8803，具体拟合结果见表9.2。

表9.2 公司治理指数拟合

因素	因子载荷矩阵				累计贡献率
	Cp1	Cp2	Cp3	Cp4	
$Top1$	0.5688	0.0685	0.0016	−0.0344	
$Top2\text{-}10$	−0.002	−0.6454	−0.0437	0.2827	
$Herfindahl5$	0.5756	0.0275	−0.003	−0.0193	0.8803
$Herfindahl10$	0.5755	0.0271	−0.0031	−0.0191	
$Dual$	−0.0122	−0.0164	−0.9811	−0.1585	

续表

	因子载荷矩阵				累计贡献率
Indepratio	−0.0192	0.5426	0.1201	0.8117	0.8803
Mhold	−0.1155	0.5316	−0.1453	−0.4838	
贡献率	0.4256	0.1698	0.1433	0.1416	

数据来源：国泰安数据库。

2.描述性结果分析

表9.3的PanelA列示了所有变量2013年12月31日~2016年12月31日的描述性统计结果。总体来看，公司治理拟合指数（Score）为0.012，相比马连福、王元芳等在2008~2012年的统计结果（−0.015），可见近几年中国上市公司治理水平有较为显著的提升，最大值和最小值分别为3.299和−1.446，差距仍然较大。国有股比例改革变量（Reform）（以百分比计）均值为−0.536%，说明近四年来实际控制人为国有机构的上市公司在平均意义上进行了一定程度的混改，微观个体的国有股发生了一定程度减持，国有股比例有所降低。但个体差异显著——国有股最大减持比例为83.382%，最大增持比例为87.456%，这意味着部分上市公司由国有改为近民营，或由国有改为近独资。党委会设置在交叉任职方面，党委书记兼董事长的企业占比为53.7%，达到半数以上；党委副书记兼任董事长、监事长或总经理的企业占比为39.8%，接近四成。这意味着国有上市公司中党委会交叉任职的现象非常普遍，党组织在人事安排上给予公司决策及监督层较高的信任度。

PanelB列示了按照年度统计的国有股比例改革的减持组、持平组及增持组中各变量数据变动。总体来看，与国有股改革持平组和增持组相比较，国有股减持组（以下称之为混改组）的公司治理指数拟合值最高。其混改幅度在2015年最大，达17.56%，2014和2016年分别为12.66%和12.8%，但样本个体之间差异较大，标准差均在15以上；国有股增持组的改革幅度逐年增大，三年间增持比例分别为14.09%、15.99%和17.55%，个体差异也逐步增大，标准差由15.35增至22.18。值得注意的是，党组织参与公司治理程度的两个指标（书记和副书记的交叉任职情况）呈现出"增减高，持平低"的特点，即在混改组和国有股增持组中，党委会交叉任职比例相对高于国有股未改革的持平组。这意味着党组织对于国有股增减持的"改革组"上市公司的公司治理参与程度更高。

PanelC列示了党委会交叉任职变量在不同组中的均值、中位数和差异性T检验。具体来说，公司治理指数在持平组中的均值最低，为-0.002，混改组和增持组分别为0.018和0.008，三组之间差异并没有通过t检验；党委书记兼任董事长的企业在混改组和增持组中占比分别为56.3%和50.7%，均高于持平组的33.7%；副书记的交叉任职占比分别为46%和40.6%，也高于持平组的35.9%，以上两组度量党组织参与公司治理程度的变量在"混改组&持平组"和"增持组&持平组"下均通过了均值t检验，这意味着相较于持平组，国有股混改组和增持组的党委书记和副书记的交叉任职比例更高，党组织对公司决策、执行及监督等公司治理活动的参与度更高。

表 9.3　描述性统计

PanelA 所有变量的描述性统计

变量	平均值	最大值	最小值	中位数	标准差	观测量
Score	0.012	3.299	−1.446	−0.139	0.781	5088
Reform（%）	−0.536	87.456	−83.682	0	8.238	5088
Party1	0.537	1	0	1	0.498	5088
Party2	0.398	1	0	0	0.489	5088
Size	22.775	27.398	19.058	22.652	1.397	5088
Roa	1.581	724.93	−87.391	1.035	14.825	5088
Growth	72.031	62796.47	−89.242	7.368	1542.072	5088
Lev	53.361	1038.048	0.4379	53.089	30.078	5088

PanelB 分组描述性统计
a. 国有股减持组（Reform<0）

年份		2014			2015			2016	
变量	平均值	中位数	标准差	平均值	中位数	标准差	平均值	中位数	标准差
Score	0.057	−0.812	0.786	0.632	−0.042	0.824	−0.086	−0.252	−0.685
Reform	−12.659	−5.556	16.914	−17.556	−8.143	20.753	−12.800	−6.935	15.085
Party1	0.606	1	0.490	0.564	1	0.498	0.508	1	0.502
Party2	0.440	0	0.498	0.383	0	0.487	0.443	0	0.598
Size	22.944	22.813	1.611	22.995	22.912	1.382	23.226	23.285	1.341
Roa	2.227	1.574	3.237	1.333	1.062	3.084	1.812	1.149	3.619

续表

a. 国有股减持组（Reform<0）

年份		2014			2015			2016	
变量	平均值	中位数	标准差	平均值	中位数	标准差	平均值	中位数	标准差
Growth	444.058	10.615	4986.846	10.036	200.803		22.261	7.308	84.276
Lev	53.727	53.750	20.711	54.088	54.088		52.599	56.007	20.881
N		450			449			422	

b. 国有股持平组（reform=0）

年份		2014			2015			2016	
变量	平均值	中位数	标准差	平均值	中位数	标准差	平均值	中位数	标准差
Score	-0.013	-0.075	0.803	-0.160	0.763		-0.055	-0.202	0.763
Reform				0					
Party1	0.505	1	0.499	1	0.498		0.445	1	0.498
Party2	0.382	0	0.489	0	0.491		0.348	0	0.489
Size	22.746	22.463	1.376	22.617	1.389		22.907	22.780	1.402
Roa	1.011	1.069	26.878	-0.870	4.472		1.188	0.989	3.873
Growth	33.686	7.403	1649.287	5.906	349.741		72.495	7.311	1647.254
Lev	52.642	54.870	41.034	52.590	231.56		52.923	52.417	28.152
N		1065			1975			1014	

c. 国有股增持组（reform>0）

改革组		2014			2015			2016	
变量	平均值	中位数	标准差	平均值	中位数	标准差	平均值	中位数	标准差
Score	-0.451	-0.003	0.938	-0.100	-0.271	0.827	-0.045	-0.111	0.777

续表

c. 国有股增持组（reform>0）

	减持组	持平组	增持组	减持组	持平组	增持组	混改组 & 持平组	增持组 & 持平组	混改组 & 增持组
Reform	14.092	7.954	15.354	15.985	9.490	17.612	17.55	6.454	22.185
Party1	0.543	1	0.501	0.545	1	0.501	0.503	0	0.497
Party2	0.410	0	0.485	0.396	0	0.479	0.402	0	0.481
Size	22.688	22.561	22.907	22.907	22.734	1.440	22.8489	22.830	1.046
Roa	1.829	1.579	1.270	1.188	1.185	3.282	2.604	2.002	2.598
Growth	45.374	17.742	93.877	72.495	25.205	1256.189	121.976	18.289	372.273
Lev	53.192	52.481	17.442	52.923	51.875	19.778	49.691	47.782	19.152
N	1022	281	612	272		260			

注：其中，Roa、Size、Growth 及 Lev 的公司特征变量波动较大，故对样本进行 1% 缩尾处理（winsorize）

Panel C 党委会交叉任职变量的分组 T 检验

	均值			中位数			T 检验（P 值）		
主要变量	减持组	持平组	增持组	减持组	持平组	增持组	混改组 & 持平组	增持组 & 持平组	混改组 & 增持组
Score	0.018	−0.002	0.008	−0.127	−0.138	−0.187	0.613	0.847	0.888
Party1	0.563	0.337	0.507	1	1	1	0.092**	0.071*	0.109
Party2	0.460	0.359	0.406	1	1	1	0.078*	0.085*	0.292
N	1022	3454	612	1022	3454	612	—	—	—

注：减持组、持平组及增持组分别以 reform<0，reform=0 及 reform>0 划分

3.模型的回归结果分析

模型的回归结果就前文中的三个假设给出了系统性回答（见表9.4）。由 Hausman 检验结果 127.49 可知，应拒绝随机效应模型，故本文采用固定效应模型，以控制样本中不易观测到的因素。表9.4 中的（1）-（3）列为回归结果。第（1）列显示，国有股改革变量的二次项和一次项均在1%水平上显著为正，这一结果支持了U型假设一，即U型两端的国有股改革（增持和减持）幅度较大的企业，公司治理水平较高。处于U型底部的未发生国有股比例调整的企业，公司治理水平较低。该实证结果支持了此轮混改的积极成效，并证明了较大幅度的国有股改革，可显著提升治理水平，完善公司治理结构。同时，这一结果意味着国有股改革中，无论方向为增持还是减持，只要改革需要改、改得适度，则均可提升企业的公司治理水平；混改的推行，也不必拘泥于参改企业必遵循国有股比例降低这一惯例，我们的实证结果证明，在一定程度上，民营化程度和国有化程度较高的企业，均可能成为极富活力的经济个体。

表9.4 国有股改革、党组织治理与公司治理指数回归结果

Model	（1）	（2）	（3）	（4）	（5）	（6）
	固定效应模型			PSM 稳健性检验		
$Reform$	0.034***		0.034***	0.034***		0.030*
	（8.58）		（5.86）	（2.50）		（2.48）
$Reform^2$	0.006***		0.005***	0.007***		0.007**
	（9.79）		（8.61）	（3.35）		（2.96）
$Party1$		0.148*	0.144*		0.101*	0.087*

续表

Model	（1）	（2）	（3）	（4）	（5）	（6）
	固定效应模型			PSM 稳健性检验		
		（2.12）	（2.25）		（2.12）	（2.25）
Party2		0.219**	0.219***		0.181*	0.191*
		（3.18）	（3.46）		（2.26）	（2.51）
Reform*Party1			−0.023**			−0.016
			（−2.83）			（−1.46）
Reform*Party2			0.027***			0.013*
			（3.37）			（2.43）
Size	−0.019	−0.036**	−0.023*	0.081***	0.054*	0.072**
	（−1.77）	（−3.25）	（−2.13）	（3.73）	（2.43）	（−2.13）
Roa	0.016**	0.020***	0.016**	0.0445**	0.048**	0.043**
	（3.03）	（3.80）	（2.95）	（2.75）	（3.08）	（2.64）
Growth	−0.007	0.001	−0.006	−0.005	−0.004	−0.004
	（−1.66）	（0.02）	（−1.48）	（−0.55）	（−0.44）	（−0.36）
Lev	0.016**	0.015**	0.016**	0.091**	0.108**	0.084*
	（3.11）	（2.92）	（3.02）	（2.23）	（2.65）	（2.04）
年度变量	控制			控制		
行业变量	控制			控制		
常数项	0.492	0.649*	0.354	−1.862***	−1.371**	−1.771***
	（1.74）	（2.57）	（1.44）	（−3.74）	（−2.71）	（−3.56）
R^2	0.638	0.591	0.645	0.612	0.673	0.627
N	4920	4920	4920	1197	1197	1197

注：括号内为 t 值，"*、** 和 ***"分别代表 10%、5% 和 1% 的显著性水平。

模型（2）只加入了党委会书记和副书记"交叉任职"的两个变量，用来检验前文假设二。这一设计旨在对比模型（2）和（3）中加入交叉项后，各变量正负及显著性的变化。但单从回归方程（2）的结果来看，也有不少启发意义。党委书记兼任董事长（Party1）、党委副书记兼任董事长、监事长或总经理（Party2）与公司治理指数分别在10%水平和5%水平上显著正相关，这说明党委会可以通过党委书记和副书记的制度设计影响企业的重大决策并改善公司治理水平。这与马连福的结论有所不同。本文认为，这首先归因于党委会可以有效约束内部人的机会主义行为，极大降低企业的代理成本。实际上，党的人事任免权是国有企业内部人控制的最重要的平衡力量，党组织通过解职、降职等方式惩戒性地剥夺与某一职位相关的租金，以此对董事长及经理层人员形成严重而有效的制衡。其次，近几年来国企纷纷新建或修订有关重大问题决策机制的制度规定，从制度层面将党组研讨作为董事会、经理层决策重大问题的前置程序。这一制度是将党组织治理融入其他公司治理的有益探索，它明确了党组织在企业决策、执行、监督各环节的权责和工作方式，与其他治理主体形成有效制衡，可降低重大决策失误的概率，避免国有资产流失，提升治理水平。

模型（3）在模型（1）和（2）的基础上加入了改革变量和党委会任职变量的交叉项，值得注意的是，第一个关于党委书记兼任董事长与改革变量的交叉项，回归结果显示在5%水平上显著为负（−0.023），第二个关于党委副书记兼任董事长、监事长或总经理与改革变量的交叉项，在1%水平上显著为正（0.027），与模型（1）（2）中的改革及党委任职变量均为正这一结果有所不同。

第一个交叉项系数显著为负，意味着因党委书记兼任董事长这一设计的存在，当国有股改革改为减持时，可有利于公司治理水平的提高；反之，国有股改革改为增持时，则不利于公司治理水平的提高。这说明对于那些董事长本来就兼任党委书记的企业来讲，适当分散国有股权、降低国有股占比，有利于构建更成熟、更制衡的内部治理结构。董事长与党委书记的兼职制度，使党组织的治理效力并不会因国有股比例的下降而被削弱，反而可改善公司治理水平。同理，第二个交叉项系数显著为正，意味着因党委副书记兼任董事长、监事长或总经理这一设计的存在，国有股改革改为减持时，并不利于公司治理水平的提高；反之，国有股改革改为增持时，则有利于与公司治理水平的提高。这说明对于那些国有股权比较集中、国有股比例相对较高的国有企业来讲，党委副书记担任董事长、监事长或总经理这一制度设计，对改善公司治理更有益。这一回归结果肯定了第三个假设。党委会制度设计或可影响国有股改革对公司治理的作用效果，党组织治理与国有股改革存在联合效应。

下面从边际概念探讨国有股比例动态变化时，党委会如何进行制度设计以最大化提升公司治理水平。回归模型的交叉项中，项意为党委书记兼任董事长（Party1）对公司治理指数（Score）的边际影响，变量 Reform 可直接作用于使书记兼职（party1）对公司治理的边际影响放大，可见国有股改革的增持或减持幅度越大，党委书记或副书记的兼职制度对公司治理的作用效果越显著。值得注意的是，由于两交叉项符号相异，那么对于同一家进行国有股改革的企业来说，书记兼职和副书记兼职的制度设计对于公司治理的作用方向恰好相反，最终的作用方向及效果，第一取决于回归系数绝对值的大小，第二取决于书记和副书记兼职发挥效力的强弱。由于回归结果（3）中，交叉项系数的绝对值相近，这启发我们可以通过党委会的制度设计来调节混改对于公司治理的影响——对于国有股减持企业，可适度加强党委书记兼董事长的领导，适度控制副书记交叉任职的权利；对于国有股增持企业，可适度控制党委书记兼董事长的部分权利，适当增加党委副书记兼职的权限及决策权。从以上论述可知，党委会的设置对公司治理水平的影响强度随着国有股改革增持和减持的幅度及方向动态变化，国有股权的增减持幅度并不必然导致党组织治理效果同样的增减持幅度。可以通过党委会合理的制度设计调节国有股增减持对公司治理水平的影响，科学合理地发挥混合所有制改革的最大效力，并保障公司治理的有效性（如图9.3）。

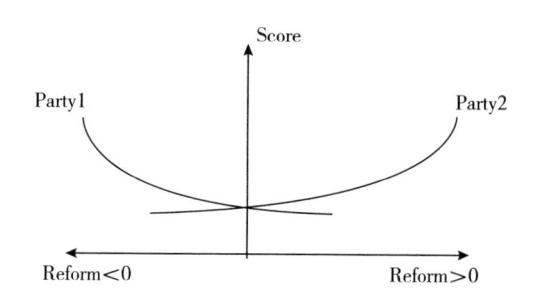

图9.3 党组织任职、国有股增减持与公司治理指数

4.稳健性检验

（1）样本的自选择问题

由于企业是否发生国有股增减持变动并非完全随机现象，往往伴随着样本的自选择问题，加之样本仅选取了424个，故考虑

使用倾向得分匹配法（PSM），克服样本的自选择问题，检验结果是否满足上文回归结论。

首先，根据国有股改革变量（reform）为负和为非负，将样本分为混改组和对照组；其次，我们将混改组的reform赋值为1，对照组的reform赋值为0，从对照组中挑选出589个观测值与混改组的614个观测值相匹配；进而，我们对两组数据进行差异性检验，发现ATT（处理组的处理结果与假设其未处理的结果的差）数值为0.045，即假设混改组没有进行改革，那么其公司治理指数将比进行改革降低0.045，该结论在1%的水平上显著为正，通过了t检验，该结论支持了前文假设，并无实质性差异（见表9.5）。

表9.5　　PSM方法下的混改组与对照组差异

混改组	对照组	ATT	标准差	t值
614	589	0.045	0.006	7.056

注：匹配方法为实际最近邻匹配法。

进一步地，我们将混改组的614个观测值与对照组的589个匹配值组成无自选择偏误的回归样本，进行面板回归，最终得到如表9.4中（4）－（6）列的回归结果，可见并无实质性差异。

（2）其他稳健性检验

第一部分替换变量。我们查找了RESSET数据库，将主要解释变量Reform替换为424家样本企业流通股中的国有股与总股数之比；将被解释变量公司治理指数替换为白重恩等中所用的独立董事比例、高管人员持股数量、第一大股东持股量、第二至第十人股东股权集中度以及CEO是否兼任董事会主席或副主席五项指标主成分分析拟合值，发现回归结果无实质性差异。第二部分，考虑到党委会参与程度与公司治理指数可能存在内生性，我们使用了滞后一期的公司治理指标加入模型重新进行检验。总体而言，稳健性检验结果与前面的研究结论没有实质性差异。限于篇幅，上述稳健性检验未报告结果。第三部分，增加控制变量。我们在回归模型中增加 Z 指数（Z）、每年董事会召开次数（meeting）、董事会持股比例（board）、董事会规模（board）以及公司上市年限（pubyear），发现对回归结果没有太大影响。

五、结论和政策建议

基于对"中国式公司治理何以可能"这一重大问题的回应，本文在混合所有制改革的大背景下，对股权结构变动、党组织治理与国有企业公司治理效率三者之间的关系进行了实证研究，获得了三个有较强实践意义的结论：第一，国有企业的股权结构变动与国企公司治理之间呈现明显的 U 型关系。第二，党组织治理在国有企业公司治理中扮演着重要角色并显著影响公司治理绩效。第三，在混合所有制改革过程中，国有股权结构设计和公司治理结构设计应根据企业的不同性质采取多元化差异化的灵活权变，以实现最优的公司治理绩效。

这三个结论，对于我国混合所有制改革中回答"中国式治理何以可能"这一问题提供了有力的理论支撑，其政策含义及其对建立中国特色现代企业制度的指导意义在于：

第一，股权结构与国企公司治理之间的 U 型关系意味着，国企在混合所有制改革进程中存在着双向的股权变动可能，混改中国有股比例的上升和国有股比例的下降都可以达到改善国企公司治理的效应，换句话说，无论国有股增持还是减持，在一定的股权结构变动的区间内，均有可能提高国有企业的公司治理绩效。这一结论对我国国有企业的混合所有制改革具有重要的理论意义和实践意义。长期以来，我国国有企业在进行产权变革的过程中倾向于一边倒的减持策略，而实践证明减持或者增持要因企制宜，因地制宜，不同的国有企业在股权结构的变动中要根据实践情况进行权衡，针对不同情况采取更多的民营化或国有化的相机抉择的策略选择。

第二，如何将党组织有机地嵌入国有企业的公司治理结构当中？在实践中，既要高度重视党组织治理在公司治理中的积极作用的发挥，又要根据不同企业的情况灵活调整党组织参与公司治理的方式和机制。国有企业党组织结构中的党委书记和副书记与公司治理结构中的董事长、监事长或总经理这两种不同的组织结构安排是极为灵活的，有着很大的探索和调适空间，交叉任职的方式和机制取决于国有企业自身所面临的经营状况、公司治理的历史路径传统以及股权结构状况。在实践中，交叉任职的结构保障了国有企业中股权结构变动和党组织参与公司治理之间的联动效应，也就是说，在国有股减持和国有股增持这两种不同的股权变动和混改方向中，党组织参与公司治理的方式呈现明显的差异，而这种差异化交叉任职的机制有利于公司改善治理绩效。具体来说，假如国有企业面临较为显著的国有股比例下降的状况，则国有企业中党委书记与董事长的交叉任职有利于改善公司治理；而当国有企业面临较为显著的国有股比例上升的情况，则国有企业中党委副书记兼任董事长或监事长的交叉任职对国有企业的公司治理绩效提升更为有利。这一实证结果蕴含着丰富的实践和政策意义，这也就意味着国有企业在创建"中国式公司治理"的过程中，要根据股权结构的演变路径灵活地安排公司治理框架，当国有股减持有可能对国有企业战略方向产生消极影响时应加强党组织参与公司治理的力度，而当国有股增持有可能对国有企业运营效率产生消极影响时应适度调整党组织参与公司治理的力度，从而形成党组织与公司治理之间的一种良性互动格局。

第三，在混合所有制改革过程中，地方政府在国有股权结构设计和公司治理结构设计方面高度尊重企业的自主选择，在混合所有制改革的步骤和推进方式上高度尊重企业的差异化。政府应该着力去做的是为国有企业的股权结构变动和公司治理结构变动提供良好的外部法律条件和政策环境，鼓励国有企业股权的充分多元化和治理结构的科学化，从而形成不同股权相互尊重相互促进、不同治理结构相互配合相互制衡的共治共生的局面。党组织前置决策功能与党组织在公司治理中的交叉任职采取灵活的手段，政府应鼓励国有企业进行有针对性的探索，鼓励国有企业提高党组织在前置决策中的战略前瞻与科学可持续，同时鼓励国有企业在国有股权变动中尊重其他的股权主体，形成民主协商和制度制衡的中国式公司治理格局。在这个过程中，政府法治环境的供给、股权交易机制的科学设计、对不同产权的尊重，构成"中国式公司治理"的最强大保障。

总之，要充分尊重中国国有企业改革的创新性实践，科学设计中国国企改革中公司治理和产权安排的最优结构，在改革的动态过程中不断探索具有中国特色的公司治理模式，将为全球公司治理理论的拓展提供有益的借鉴。

本章参考文献

[1] 习近平.习近平谈治国理政（第二卷）.北京：外文出版社，2017

[2] 王曙光等.产权、治理与国有企业改革.北京：企业管理出版社，2018

[3] R.W.Vishny and Shleifer, A. 1997, "A Survey of Corporate Governance" [J]. *Journal of Finance*, Vol.6, No.1: 737-783

[4] Gomes, A. and W.Novaes, 2001, "Sharing of Control as a Coporate Governance Mechanism" [D], Working paper of University of Pennsylvania

[5] 白重恩，刘俏，陆洲，宋敏，张俊喜.中国上市公司治理结构的实证研究.经济研究，2005（02）

[6] 徐二明，张晗.中国上市公司国有股权对创新战略选择和绩效的影响研究.管理学报，2011，8（02）

[7] 施东晖，司徒大年.中国上市公司治理水平及对绩效影响的经验研究.世界经济，2004（05）

[8] 徐向艺，王俊䪨.股权结构与公司治理绩效实证分析.中国工业经济，2005（06）

[9] 郑志刚.中国公司治理现实困境解读：一个逻辑分析框架.证券市场导报，2018（01）

[10] 马连福，王元芳，沈小秀.中国国有企业党组织治理效应研究——基于"内部人控制"的视角.中国工业经济，2012（08）

[11] 刘纪鹏.党的领导与现代公司治理.经济，2015（21）

[12] La Porta, R., Lopez-de-Silanes, F. and Shleifer, A., "Corporate Ownership Around The World" [J]. *The Journal of Finance*, 1999, Vol. 54, No. 2, 471-517

[13] Opper, S., S. Wong & R. Y. Hu, 2002, "Party Power, Market and Private Power: Evidence on Chinese Communist Party Persistence in China's Listed

Companies" [J], *Research in Social Stratification and Mobility*, Vol.19, No.2: 105-138

[14] Chang, E.C. and S.Wong, 2004, "Political Control and Performance in China's Listed Firms" [J], *Journal of Comparative Economics*, Vol.32, No.617-636

[15] 郝阳, 龚六堂. 国有、民营混合参股与公司绩效改进. 经济研究, 2017, 52 (03)

第十章

技术进步与高新技术术产业发展：多向度分析与路径选择

本章发表于《中国特色社会主义研究》2018年第6期，作者：王曙光、王子宇。

当今高新技术产业正在进入高速发展的新时期,尤其是在信息技术、智能化、生物技术等领域生产效率不断提升,引导中国经济从"投资驱动型"向"技术驱动型"转变。尽管目前中国的高新技术产业已经具备较大规模,但在其实际发展过程中仍然存在着研发投入明显不足,缺乏关键技术支撑的问题,使得其在技术领域难以占据优势,在整体发展的层面上落后于发达国家。本章试图通过定量研究的方法,利用中国高新技术企业实证数据,从研发投入和人力资本两个角度探讨技术进步对于高新技术产业发展的影响。

一、引言：高新技术产业的内涵与影响因素

1.高新技术产业的内涵与特征

高新技术产业指的是以高新技术为基础，从事高新技术及其产品从研发到生产和服务的知识密集型，技术密集型产业（郑代良、钟书华，2010）。中国于1988年"火炬计划"中将高技术拓展为高技术和新技术，统称高新技术（High and New Technology）。根据国家统计局2000年的标准，结合经济与合作发展组织的划分方法，我国采用研发强度作为衡量指标，将研发（Research and Development，R&D）强度为制造业行业均值水平2~3倍以上的企业定义为高新技术产业，并且在2002年将核燃料加工、信息化学品制造业、医药制造业、航空航天器制造业、电子及通讯设备制造业、电子计算机及办公设备制造业、医疗设备及仪器仪表制造业、公共软件服务8个大类拟定为中国高新技

术产业（国家统计局，2002）。

与传统制造业相比，高新技术产业最大的区别在于其知识密集性和技术密集性。在高新技术产业产品的研发和生产过程中，企业对于研发的投入远远高于传统制造行业。研发经费的投入是评判高新技术行业的主要标准，除此以外，研发人员的比例、企业内高等学历员工比例和科研机构的数量等也是重要的考量指标。高壁垒，高投入，快速更新周期给高新技术产业带来了与传统产业相比更大的风险。同时，从国家的角度，高新技术产业的发展对于国家安全，国际地位和国际贸易都起到十分重要的保障作用。从企业的角度，高新技术的成功发展使得企业获得了市场上的垄断优势，并且在下一个迭代周期到来前获得足够的市场份额和利润保证。

2.高新技术产业的影响因素：一个文献综述

高新技术产业的绩效的影响因素主要包括研发投入、人力资本、资本结构等内部因素。一般的观点认为，高新技术企业研发投入的增加能够显著地提升企业绩效。Grossman 和 Helpman （1991）认为研发投入是稳定经济增长的核心要素，因为研发投入的增加促进了经济的创新量的增加。基于845家加拿大的制造类企业数据，Thornhill （2006）分析得出研发投入的增加能够促进企业层面的创新力，进而带来企业产出的增加。尤其是在高新技术产业，知识资产存量、创新能力和员工的技术能力水平都是提升企业绩效的核心要素。Nunes et al. （2012） 通过对两个样本中中小制造业企业（133个高新技术企业和330非高新技术产业）的分析，得出研发投入在高新技术企业和非高新技术企业中与企业绩效之间的关系。研究认为在研发强度较低时，研发强度限制了中小高新技术企业的增长；而在研发强度较高时，研发强度促进了中小高新技术企业的增长。国内的研究也有相似的发现，研发经费支出对于高新技术产业的成果转化有着重要的推动作用。胡义东等（2011）通过对1562家高新技术企业的实证数据研究，认为企业的研发投入和技术创新绩效之间存在正相关关系。

中国高新技术产业目前发展的过程中因为技术水平仍然较低,对于技术尤其是技术型劳动力的需求日益增加。周业安（2002）认为人力资本对于高新技术产业绩效的影响具有不确定性。李丽华等（2011）通过实证研究发现人力资本对于高新技术产业的绩效有着正向影响，尤其是员工平均教育水平，企业高层管理人员的报酬指标率与企业绩效有着显著的正相关关系。在财政方面，财政激励政策往往通过增加企业研发的投入来实现高新技术产业的产值增长。研发投入的增加可以带来高新技术产业链条上的其他诸如后端原材料工业等投入品部门带来回顾效应，以及前端服务业等新的产业部门的前瞻效应。对于其他经济部门的建设发展也有一定的旁侧效应（张同斌，高铁梅，2012）。资本结构对于绩效也有着很大程度的影响，Bouallegui（2006）通过对1998年到2002年间新上市的德国99家高新技术公司调查，发现公司规模的大小和利润率对于公司的资产负债率和绩效的影响：利润越高的高新技术公司资产负债率更低；规模较小的公司资产负债率也相对更低。

二、技术进步在我国高新技术产业中的比较

1.不同组织形式企业间的比较

高新技术的产业发展体现出中国整体产业结构的优化路径。21世纪以后，在中国高新技术产业领域，不同组织形式的企业市场中所占据的地位也在发生着改变。2005年中国高新技术产业的主营业收入中16.5%来自于港澳台资企业，46.0%来自于外资企业。而到了2016年内资企业对于主营业收入的贡献额已经从2005年的23.0%增长到了49.9%，而外资企业的主营业收入贡献额则下降到了23.0%（中国国家统计局，2017）。在中国高新技术产业发展过程中，前期依赖于外资企业的技术引进和支持，而在近十年间，中国本土的内资高新技术产业逐渐崛起，尤其是中小型的民营企业对整个高新技术产业的发展和技术进步转移发挥了重要的作用。中小高新技术企业的发展状况是产业内经济繁荣和就业率增加的关键影响因素（Nunes et al. 2012）。

在21世纪初期，通过技术转移，外资企业在对外投资的过程中向内资企业输入技术，从而实现共同的外部经济效益。在这个过程中，虽然内资企业在外资企业的挤压下面临来自市场的竞争，但同时也在外资企业的促进作用下提升了自身的技术，提高了生产效率。而随着内资企业自身的技术进步和再创新，伴随着政策和市场的优势，中国的内资企业也开始在高新技术产业领域占据了一席之地。例如在智能领域等方面，随着《中国制造

2025》的颁布，中国制造业也开始从原先的低成本、高产量的中低端制造业向高科技、高经济附加值的高端制造业转移。而在高新技术产业领域，如今中国的很多产品已经位居世界尖端，越来越多的中国企业开始走向世界，而这一切都与自身的技术进步和科技创新密不可分。

2.不同地区内企业间的比较

如同中国各省份之间经济发展的差异，高新技术产业在不同省份之间的发展也存在较大的差异性。2005年，中国中部地区和西部地区省份的主营业务收入为2848.6亿元，而同年广东省的主营业务收入为10428.6亿元，是所有中部和西部省份总和的3.66倍（中国国家统计局，2017）。地区发展的不平衡性一定程度上制约了省份之间的技术流通和共同发展。但是随着高新技术产业的不断发展，如今地区和省域发展的不均衡性正在逐渐缩小。尤其是中西部省份在2008年之后迅速崛起。近三年间，中部地区省份的年平均主营业务收入增长率超过20%。西部地区省份的年平均主营业务收入增长率超过15%。虽然不同省份地区之间的主营业务收入差距依然存在，但是在逐年缩小。一方面，这来源于中国整体高新技术产业发展的布局和政策支持。另一方面，源自中部和西部地区不同的高新技术发展战略转移和技术进步。

高新技术产业的省域之间的产出差异很大程度上源于技术水平上的差异。以内资企业为例，2005年，东部省份的R&D内部经费支出为1538978万元，占全国的73.3%，有效发明专利数为 3814 件，占全国的 80% 以上，研究机构个数 645 个，占全国的 55.2%。从研发人员数量的层面看，2005 年东部省份的研发机构人员数量为 66824 人，占全国的 60.9%（中国国家统计局，2017）。而对比中西部地区，从研发投入和技术水平的角度看都明显落后于东部地区。每个省份之间技术水平的巨大差距也和其高新技术产业的发展水平和产出差异相吻合。而且技术水平和产出之间存在一定的相互影响。产出越高的省份，越容易扩大高新技术产业的整体规模，从而通过规模效应进一步吸引人才的引进和研发的投入，从而进一步扩大技术进步优势。产业集聚的形成也有利于区域内的技术转移和人才流动，推动创新型要素的产生与发展。

虽然如今省域之间的产出差距正在逐渐缩小。但是从技术水平的角度来看，差距依然巨大。从 R&D 内部经费支出来看，东部省份一直保持着全国最高的份额。2013 年到 2016 年，东部省份 R&D 内部经费支出占全国的比例分别为 70.8%，71.6%，74.1%，73.5%，不降反升。东部省份有效专利发明数占全国的比例也从 2013 年的 83.6% 一路上升到 2016 年的 85.0%，科研机构数量也是如此。2013 年东部省份的科研机构数量占全国的 68%（中国国家统计局，2014），2016 年已经增长到 71.1%（中国国家统计局，2017）。东部省份在原有高新技术产业发展优势的基础上，不断地扩大自己的技术优势。这种优势更体现在东部省份和中西部省份之间利用自身条件进行的内部工业产业结构的变化。

三、技术进步对于高新技术产业绩效的影响

在影响企业绩效的诸多因素中,企业内部的技术进步程度对于高新技术产业绩效影响至关重要。一般来说,发达国家与发展中国家间的技术发展路径并不完全相同。对于处在技术领先的发达国家而言,一般遵循研发活动—技术设计—产品生产的过程。而对于缺乏核心技术的发展中国家,除了自主研发之外,在发展初期还可以通过技术引进来提升自身的技术竞争能力。在我国高新技术发展的初期,在大多数的领域,主要都是依靠引进外资的技术来实现技术进步。但是随着我国自主研发能力的不断提升,如今依靠自身创新实现技术进步已逐渐成为高新技术各个行业内发展的主要方向。以电子及通信设备制造业为例,从20世纪90年代开始,我国电子及通信设备制造的发展速度就超过国民经济发展速度,一批电子通信产品向全世界出口。但是也不得不承认和美国等发达国家存在较大的技术鸿沟。而随着一批国有手机电脑厂家的崛起,如今我国已经通过自主创新逐渐缩小与发达国家在芯片半导体等方面的差距。中国的手机制造凭借自己的科技也越来越多的占领国际市场。在集成电路等领域的科技水平已经居于世界前列,而这很大程度上源于自主创新。

在技术进步中,研发投入和人力资本是其中两个最主要的影响因素。因为高新技术产业本身的知识和技术密集型特点,区别于传统的制造业,高新技术行业的发展往往更加依赖于技术和人力。企业的研发能力直接关联到企业技术进步的程度,而企业研

发能力的主要影响因素则来源于企业内部的研发硬实力（研发投入的多少）以及软实力（人力资本的强弱）两个方面。除此以外，政策的支持程度、产业结构等因素对于高新技术的技术进步也有着不同程度的影响，这里暂时并不纳入模型中，或者通过分类的方式分别探讨。

1. 数据的获取及选择

本文中的研究数据来源于 Wind 万得数据库。上市企业板块，因为 2017 年的企业年报缺失值较多，故选用截至 2016 年年底在 A 股上市的所有中国高新技术企业进行数据分析。在全部 3505 个样本数据中，筛选出高新技术产业企业共计 844 个样本，剔除 2016 年 ST 类（因为财务状况或者其他状况出现异常的上市公司股票）上市公司，删除样本中资料不全的上市公司，最终得到样本数据 802 个。

在所有 802 个样本中，中央国有企业和地方国有企业总共有 119 个，占样本数量的 14.8%；民营企业总共有 508 个，占样本数量的 63.3%，反映出目前高新技术产业领域国有企业慢慢退出，而越来越多的中小型民营企业开始进入的市场趋势。公众企业和集体企业数量有 41 个，外资企业有 25 个，以及部分类别缺失，在此并不作为主要的研究重点（Wind, 2018）。

2. 变量的选择

本文旨在分析高新技术产业研发投入以及人力资本情况对于企业绩效的影响程度。传统制造业的经济价值更多地体现在其低风险性和高回报率上。而对于高新技术企业而言，企业的高风险性和高成长性使得企业的绩效更多地体现在投资回报和资产负债上。因此在探讨企业的绩效中，选取了资产报酬率、资产负债率、总资产周转率、净资产收益率等指标进行衡量，并进行横向的比较分析。在企业研发投入中，选取了企业在2016年的研发支出总额占营业收入比例作为解释变量；在企业人力资本中，选取了企业内部的人员构成情况作为解释变量，其中包括企业内研发人员比例，本科及以上高等学历的人数比例等。并且考虑到不同企业体量的差距，引入企业资产总额和企业上市时间作为解释控制变量。同时根据企业本身的组织形式，将企业分为国有企业、民营企业、集体公众企业、外资企业和其他五大类；根据企业的行业类别，将企业分为医疗保障，信息技术和电信服务三大类，作为控制变量。

1. 解释变量

（1）企业研发投入

考虑到企业所属的不同行业，不同体量之间的差异性，选取研发支出总额与当年营业总支出的比例作为企业研发投入的衡量变量。整体上看，中国高新技术产业的企业研发投入并不算很高，近半数的企业研发投入不足5%。而从企业组织形式的角度来看，国有企业的平均支出比例为6.45%，民营企业的平均支出比例在7.72%（Wind，2018）。

（2）企业人力资本

选用企业内技术员工占比和企业员工本科以上学历占比两个变量作为解释变量。同样的，不同企业之间的人力资本差异也较大。对比来看，在企业内部普遍情况下本科以上学历人数比技术员工数量要更多。不同企业之间的人力资本差异较大，但是引入行业类别，在不同的行业类别间并没有显著的差异性存在。从企业组织形式的角度来看，和研发投入类似的发现是，在两个人力资本的指标上，民营企业都比国有企业的比例要高。从企业资产的角度来看，企业资产量越小的公司其技术员工和本科以上员工的人力资本更强。一个可能的解释是，越小体量的公司，其内部结构和行政往往更加简单，所需要的支撑部门往往更小。

2. 被解释变量

关于企业绩效的测量，目前在学术界并没有公认的定义和计算方法。往往更倾向从企业的每股指标，盈利能力，收益质量，资本结构，偿债能力，以及营运能力等多个维度综合地分析企业的绩效指标情况。考虑到不同行业企业间不同的负债率等情况，最终选用了资产报酬率，资产负债率，总资产周转率，净资产收益率等指标作为被解释变量的衡量指标，并进行横向的比较。

总体上来看，不同组织形式的企业在不同的绩效指标上的差异性较大。主要来源于其本身对于绩效的目标并不完全相同。不同于民营企业，国有企业的绩效不仅仅体现在经济数据中，更多地体现在其政治目标和国家安全的维度上。相比较于民营企业，国有企业的投资力度更大，研发投入也更强。尽管其资产负债率相对较高，净资产收益率相对较低，但是也不能够忽略其在国家高新技术战略中扮演的重要作用。而相对应的，因为数据本身主要来源于医疗保障和信息技术两个子行业领域，在这两个子行业领域中,不同的绩效指标并没有体现出很大的差异性。因此,在之后探究研发投入和人力资本对于高新技术企业的绩效影响中,将企业的组织形式和行业类别也作为控制变量纳入其中。

3.企业绩效与研发强度和人力资本的回归性分析

(1) 总体企业绩效与技术进步的回归分析

在确定解释变量,和被解释变量后,引入总体的回归方程。从企业资产报酬率等绩效指标维度,将研发支出与营业总支出比例,研发员工比例,本科以上学历员工比例作为解释变量进行多元回归。将ln(资产总计),企业上市时间,组织形式,行业类别等纳入控制变量进行考量。在回归方程中考虑可能存在的平方相关关系,同时在多元回归中剔除自变量多重线性的问题。

考虑如下的多元回归模型:

$y = B_0+B_1x_1+B_2x_2+ B_2x_2 \cdots +B_7x_7+E$

y: 资产报酬率,资产负债率,总资产周转率,净资产收益率

x_1: 研发投入占比

x_2: 研发人员占比

x_3: 高等学历人员占比

x_4: 企业资产规模

x_5: 企业上市时间

x_6: 企业组织形式(国有企业:$x_6=1$;民营企业:$x_6=2$; 集体公众企业: $x_6=3$;外资企业: $x_6=4$)

x_7: 企业行业类别(医疗保障行业:$x_7=1$; 信息技术行业:$x_7=2$; 电信服务行业:$x_7=3$)

从企业绩效和研发强度，人力资本的回归分析模型一结果中，在不同的绩效指标的线性回归下，F 的检验值显著性均小于 .05，表明模型的判定系数有统计上的显著意义。在模型一中，包含所有的样本变量，在不对企业组织形式、企业行业做出分类的情况下，企业绩效与企业的研发强度，人力资本中的本科生以上教育程度员工比例回归系数的显著性均小于 .05，具有着统计学意义上的相关性。在排除共线性问题之后，模型一中的结果显示，对于高新技术产业，研发投入的增加与企业绩效的提升有着显著的正相关关系，企业内部本科以上教育程度的员工比例越高，企业也会有更高的绩效。而企业内部研发人员比例则没有体现出相关性。而在不同绩效指标之间，绩效指标与解释变量之间的相关性并没有大的改变。

表 10.1 不同绩效指标下企业绩效与技术进步的回归系数

模型	绩效指标	资产报酬率	资产负债率	总资产周转率	净资产收益率
1	研发投入占比（%）	.151*** (4.024)	.357*** (3.759)	.020*** (6.550)	.260*** (4.357)
	研发人员占比（%）	.018 (1.460)	.001 (0.033)	.002 (1.510)	.024 (1.202)
	高等学历占比（%）	.029** (2.436)	.071** (2.320)	.002* (1.774)	.035* (1.807)
	ln（资产总计）	0.936*** (4.185)	6.369*** (11.221)	−.024 (−1.334)	.303 (.847)
	上市时间	0.310*** (9.244)	0.470*** (5.522)	0.014*** (5.158)	0.592*** (11.078)

注：因变量：资产报酬率(%)，资产负债率(%)，总资产周转率，净资产收益率(%)；预测变量：（常量），研发投入占比(%)，研发人员占比(%)，高等学历占比(%)，ln（资产总计），上市时间；括号内为 t 值，***、**、* 分别表示在 1%、5%、10% 的显著水平下显著。

（2）引入企业组织形式的差异

在模型一的基础之上，根据企业的组织形式进行分类的进一步分析。我们选用资产报酬率作为被解释变量。将所有的国有企业进行回归分析后发现，F 的检验值显著性为 .125，并不具备统计学意义上的显著性。一个主要的可能原因在于国有企业的有效样本数量只有 119 个，样本数量过小可能是导致统计学意义上不显著的主要原因。而对于所有民营企业的进一步回归分析可以发现，模型二中 F 的检验值为 7.075，显著性小于 .05，具有统计学上的显著意义。同所有企业的回归模型一样，研发强度和人力资本中的本科以上学历员工比例显现出了正的相关性，对比模型一而言，在民营企业之中，研发投入的增加对于企业绩效的促进作用更强。

表 10.2　　　　民营企业绩效与技术进步的回归系数

模型		非标准化系数 B	标准误差	标准系数	t	显著性	共线性统计量 容差	VIF
2	（常量）	27.787	6.256		4.442	.000		
	研发投入占比（%）	.228	.052	.233	4.395	.000	.689	1.451
	研发人员占比（%）	-.011	.017	-.039	-.627	.531	.509	1.963
	高等学历占比（%）	.049	.017	.185	2.815	.005	.448	2.234
	ln（资产总计）	-.937	.284	-.148	-3.295	.001	.963	1.039

注：因变量：资产报酬率（%）；预测变量：（常量），研发投入占比（%），研发人员占比（%），高等学历占比（%），ln（资产总计）。

（3）引入企业行业的差异

在模型一的基础上，选用资产报酬率作为被解释变量，根据企业的行业类别进行进一步的细分，可以发现无论是对于医疗保障行业，还是对于信息技术行业，F 的检验值显著性都小于 .05，具备统计学意义上的显著性。对比模型一中的结果，按照行业进行细分之后，主要的解释变量有效性都相吻合。对于医疗保障行业而言，研发投入的增加对于绩效的促进作用更强，而对于信息技术行业而言，研发投入的增加对于绩效的促进作用则要相对偏弱。在不同的行业中，研发投入的强度的作用性差别较大。而对于人力资本中的本科以上学历员工比例而言，在不同的行业中并没有显示出太大的差异。而研发人员比例继续显示出非相关性。

表 10.3　不同行业企业绩效与技术进步的回归系数

模型		医疗保障行业			信息技术行业		
		B	t	显著性	B	t	显著性
3	（常量）	43.175	5.196	.000	36.248	6.260	.000
	研发投入占比(%)	-.022	-.835	.404	.151	3.274	.001
	研发人员占比(%)	.242	3.182	.000	-.016	-.926	.355
	高等学历占比(%)	.054	2.195	.029	.044	2.603	.010
	ln（资产总计）	-1.634	-4.311	.000	-1.329	-5.074	.000

注：因变量：资产报酬率（%）；预测变量：（常量），研发投入占比（%），研发人员占比（%），高等学历占比（%），ln（资产总计）。

（4）引入企业绩效的差异

在根据行业、组织形式进行区分的基础上，希望纳入企业自身绩效的考量。在原样本数据中，按照企业的绩效进行降序排序，并按照四分法分成四个分组。以企业资产报酬率为例，根据企业资产报酬率从高到低，将前两百个企业分为 25% 绩效组，将第 201 到第 400 企业分为 25%~50% 绩效组，将第 401 到第 600 企业分为50%~75%绩效组,将剩下的202个企业分为75%~100%绩效组。根据绩效组别的不同,期望发现不同绩效的高新技术企业内部,研发强度和人力资本对于企业绩效的影响。

根据模型四的回归分析结果,在绩效最好的一组企业分组中,F的检验值为5.763,显著性水平小于.05,具备统计学意义上的显著性。对比模型一中的结果可以发现,从研发投入的角度来看,在绩效最好的两百个企业当中,研发投入对于企业绩效的回归系数比对于所有企业的回归分析结果中的更高。而回归系数随着企业绩效的改变也在发生着变化,在绩效前两百的高新技术产业中,研发投入强度与企业绩效之间的回归系数为0.301,在绩效第200至400的企业中,回归系数下降至0.169,在绩效第400至600的企业中,回归系数下降至0.137,在绩效最低的202个企业中,该系数下降至0.082,尽管在不同的分组中,研发强度与企业绩效之间都表现出了正向的相关性。但是显然,随着企业绩效的下降,研发投入强度给企业绩效带来的正向作用在不断被削弱。这也符合之前对于企业绩效的假设,即对于绩效较好的高新技术企业而言,因为其能够将更多的资本用于后期的研发投入,所以能够在企业内部产生积极的正向反馈机制。而因为高新技术产业本身具有投资的不确定性与风险性,对于一些刚刚起步或者绩效较差的企业而言,前期往往处于亏损的状态,而研发与产出之间的紧密联系容易使其踏入一个"缺少研发资金—研发能力不足—难以有盈收产出"的恶性的循环。所以对于高绩效的高新技术企业而言,研发投入的正向促进作用会更加明显。

而在根据绩效分组的子样本回归模型四中,研发人员比例仍然没有显示出相关性,而本科以上学历员工比例的相关性也消失了。可以认为人力资本对于企业绩效的影响和企业绩效本身的分层关系不大,而因为样本量的缩小,原先的显著性也减弱甚至消失。而这一发现在其他绩效指标中也有着完全相同的显现。

表 10.4 不同绩效企业绩效与技术进步的回归系数

模型	绩效指标	前 25%	25%~50%	50%~75%	末 25%
4	研发投入占比(%)	.301*** (2.839)	.169*** (3.434)	.137*** (3.535)	.082** (2.424)
	研发人员占比(%)	-.010 (-.331)	.003 (.197)	.018 (1.441)	.035** (2.102)
	高等学历占比(%)	.045* (1.815)	.007 (.560)	-.005 (-.441)	-.027* (-1.729)
	ln(资产总计)	-1.858*** (-4.330)	-.257 (-1.150)	-.135 (-.038)	.316 (1.314)

注:因变量:资产报酬率(%);预测变量:(常量),研发投入占比(%),研发人员占比(%),高等学历占比(%),ln(资产总计);括号内为t值,***,**,* 分别表示在1%,5%,10% 的显著水平下显著。

4.结论

结合四个模型的回归分析,从总体样本,按组织形式划分的样本,按行业划分的样本,以及按企业绩效划分的分样本几个不同的维度,将企业资产回报率、资产负债率、总资产周转率、净资产收益率作为被解释变量,将企业的研发投入强度,人力资本作为解释变量,可以发现如下几点:

①选用不同的绩效指标,高新技术企业研发投入强度对于企业的绩效有着显著的正相关性。研发投入强度与企业负债率也有显著正相关性。人力资本中,企业内本科以上学历的员工比例对

于企业绩效有着显著的正相关性,而企业内部研发人员比例没有对于企业绩效显示出相关性。

②研发投入强度对于企业绩效的影响随着企业的组织形式、行业类别和企业自身绩效的不同有着一定的差别。在不同的组织形式中,民营企业研发投入对于企业绩效的促进作用略高于国有企业;在不同的行业类别中,医疗保障行业中企业研发投入对于企业绩效的促进作用高于信息技术行业;而对于不同绩效的企业,绩效较好的企业,企业研发投入对于企业绩效的促进作用也较高,随着企业绩效的下降,这种促进作用也在逐渐下降。

③在不同的企业组织形式、行业类别和绩效的高新技术企业中,人力资本对于企业绩效的正向作用并没有随着类别的不同有着很大的改变。

在被解释变量绩效指标的选用中,着重选取能够代表企业成长和发展能力的指标进行衡量。回归分析中发现的企业绩效与企业研发投入之间的正相关关系并不能够直接说明两者之间的因果关系。在高新产业内部,研发投入与企业绩效本身就存在相互促进的关系。研发投入的增加在获得技术优势后势必会给企业带来更多的经济收益,而企业经济效率的提升也给进一步的企业研发投入提供了基础。

在中国高新技术产业发展中不断崛起的民营企业,因为其更加活跃的资本和更加多元化的组织框架结构,企业自身的研发力量是决定其绩效的关键性因素。尽管高新技术企业的研发投入具有高风险的特点,也需要较长的回馈期,但是前期的投入一旦成功,将会获得丰厚的社会和经济效益。而相比较民营企业,国有企业在高新技术产业的占有率正在逐步下降，新型的高新技术产业市场将更加具有竞争力和活力。同时，因为国有企业很多情况下承担着国民经济命脉的重任，其企业绩效也不仅仅是体现在资产报酬率上，企业的研发投入可能更多地用于一些关键技术的攻克等。而对于知识聚集性和技术聚集性的高新技术产业，无论是资本的投入还是人力资源，都会是企业在市场当中的竞争优势。作为企业最核心且独特的比较优势资源，高新技术人才是企业发展和绩效提升的关键性因素。在回归分析中，没有看到研发人员比例与企业绩效之间的显著相关性，可能来源于样本的偏差，样本容量的不足。另外一个可能的结论是人力资本投入成本对于企业绩效的影响可能具有一定的不确定性。而且相比较于直接的资本投入，人力资本带来的正向影响可能更具备滞后性。尽管如此，企业内部本科及以上高等学历的员工数量仍然显示出对于企业绩效显著的正向性影响。综上而言，在高新技术企业中，研发投入和人力资本都是影响企业绩效的关键性因素。

四、结论及总结

通过对中国高新技术产业从 2000 年到 2016 年的发展数据统计，以及不同组织形式、不同行业类别的比较分析，本章认为中国高新技术产业虽然规模较大，发展速度较快，但是研发投入不足，在国际社会上尚不具备技术上的比较优势。由此导致在全球高新技术产业链条上，中国企业往往处于低附加值的生产、装配和运输端。而为了改变这种现状和困境，使得中国高新技术产业能够向更好的方向发展，则需要通过技术进步的手段来提升中国产业的科技含量。如今，一批批的中国高新技术企业也正在崛起并走在世界前列，关于技术的争论也从来没有停止。如何通过自己的科技创新和技术进步占据产业链条的尖端，成为了中国高新技术产业发展的未来方向课题。而近期中美之间的贸易战更是给中国的高新技术产业发展和安全问题敲响了警钟。

本章定量实证分析认为，企业的研发投入和高新技术人才比例对于企业的绩效有着显著的正向关系。于是增大企业研发投入，引进高新技术人才成为了未来中国高新技术产业发展的必然方向。在研发投入方面，继续建立高新技术产业园区，促进产学研等高新技术产业内部知识转移和规模经济效应。在增大研发经费投入的同时，通过实验室、科研机构等实现科研成果的市场化转化。在人力资本方面，加大对高水平研发人员的激励，增加人才交流促进高新技术产业内部的人才流动，促进知识溢出效应的产生。从研发投入和人力资本两个方面，增强中国的自主创新能力，实现技术进步，促进高新技术产业内部的产业转型，向研发和服务层面转移，从而提升中国高新技术产业的国际竞争力。

高新技术产业的发展不仅仅对于企业而言能够使其占据更加优势的产业链条段，对于国家发展而言更具有战略意义。增大研发投入，吸引高新技术人才，培养自主创新能力，是中国高新技术产业未来的发展方向。为了提升中国高新技术企业的技术进步，则需要通过产业集聚的方式整合产业要素，通过产学研合作方式加强政府、企业和高校之间的合作交流，通过建立高新技术产业园区，加强金融支持，并在与世界发达先进国家的比较学习中确立自身的比较优势和发展战略。

本章参考文献

[1] 冯倬琳，赵文华.研究型大学在国家自主技术创新中的作用.清华大学教育研究 2007（2）

[2] 郭研，刘一博.高新技术企业研发投入与研发绩效的实证分析——来自中关村的证据.经济科学，2011（2）

[3] 胡义东，仲伟俊.高新技术企业技术创新绩效影响因素的实证研究.中国科技论坛，2011（4）

[4] 李丽华，高杰.人力资本对高技术企业绩效影响研究——基于上市公司面板数据.科技进步与对策，2011（22）

[5] 李潇.德国鲁尔区"多中心的结构紧凑"空间发展思路及启示.城市发展研究，2015（6）

[6] 梁莱歆，马如飞，田元飞.R&D 资金筹集来源与企业技术创新——基于我国大中型工业企业的实证研究.科学学与科学技术管理，2009（7）

[7] 梁莱歆，张永榜.我国高新技术企业 R&D 投入与绩效现状调查分析.研究与发展管理，2006（1）

[8] 穆荣平，赵兰香.产学研合作中若干问题思考.科技管理研究，1998（12）

[9] 申学武.高校产学研联合模式中存在的问题及最优化模式构想.科技进步与对策，2001（12）

[10] 田雪飞，罗利，宋绍峰.易逝性高新科技产品更新速度研究.科技进步与对策，2007（3）

[11] 王方.我国高新技术产业政策发展历程及趋势初探——基于 1949 年以来的高新技术产业政策研究.开发研究，2016（1）

[12] 王缉慈.创新的空间：企业集群与区域发展.北京：北京大学出版社，2001

[13] 王英俊，丁堃."官产学研"型虚拟研发组织的结构模式及管理对策.科学学与科学技术管理，2004（4）

[14] 韦伯.工业区位论.北京：商务印书馆，2010

[15] 谢园园，梅姝娥，仲伟俊.产学研合作行为及模式选择影响因素的实证研究.科学学与科学技术管理，2011（3）

[16] 曾国屏.深圳的产学研合作：历史经验与现状思考.科学与管理，2013（6）

[17] 张同斌，高铁梅.财税政策激励，高新技术产业发展与产业结构调整.经济研究，2012（5）

[18] 郑代良，钟书华.中国高新技术政策30年：政策文本分析的视角.科技进步与对策，2010（4）

[19] 中华人民共和国国家统计局.高技术产业统计分类目录（2002）

[20] 中华人民共和国国家统计局.中国统计年鉴（2017）

[21] 中华人民共和国国家统计局.中国高技术产业统计年鉴（2017）

[22] 周业安.人力资本，不确定性与高新技术企业的治理.中国工业经济，2002（10）

[23] Athreye, Suma. "Agglomeration and growth: a study of the Cambridge high-tech cluster." *Building High-Tech Clusters*, Cambridge University Press, Cambridge（2004）: 121-159.

[24] Barney, Jay. "Firm resources and sustained competitive advantage." *Journal of management* 17.1（1991）: 99-120.

[25] Beaver, Graham, and Christopher Prince. "Innovation, entrepreneurship and competitive advantage in the entrepreneurial venture." *Journal of Small Business and Enterprise Development* 9.1（2002）: 28-37.

[26] Bowie, Norman E. *University-Business Partnerships: An Assessment. Issues in Academic Ethics*. Rowman and Littlefield Publishers, Inc., 4720 Boston Way, Lanham, MD 20706（paperback, ISBN-0-8476-7897-0: $24.95; hardcover, ISBN-0-8476-7896-2: $64.50）., 1994.

[27] Bouallegui, Imen. "Capital structure determinants and the new High-Tech firms: The critical distinction between fixed and random effects through a static panel data investigation." (2006).

[28] Castells, Manuel. *Technopoles of the world: The making of 21st century industrial complexes*. Routledge, 2014.

[29] Coccia, Mario. "What is the optimal rate of R&D investment to maximize productivity growth?." *Technological Forecasting and Social Change* 76.3 (2009): 433-446.

[30] Freire-Seren, Maria Jesus. "R&D-expenditure in an endogenous growth model." *Journal of Economics* 74.1 (2001): 39-62.

[31] Glachant, Jérôme. "The level of R&D spending in the variety-based endogenous growth model." *Research in Economics* 55.3 (2001): 291-303.

[32] Grossman, Gene M., and Elhanan Helpman. *Innovation and growth in the global economy*. MIT press, 1993.

[33] National Science Board. Science and Engineering indicators. 2016

[34] Nunes, Paulo Maças, Zélia Serrasqueiro, and João Leitão. "Is there a linear relationship between R&D intensity and growth? Empirical evidence of non-high-tech vs. high-tech SMEs." *Research Policy* 41.1 (2012): 36-53.

[35] OECD Publishing. *OECD Science, Technology and Industry Outlook 2010*. OECD Pub., 2010.

[36] OECD Publishing. *OECD Science, Technology and Industry Outlook 1998*. OECD Pub., 1998.

[37] Thornhill, Stewart. "Knowledge, innovation and firm performance in high-and low-technology regimes." *Journal of business venturing* 21.5 (2006): 687-703.

第十一章
中国特色工业化进程与产业政策演进

本章发表于《经济研究参考》2019年第6期,作者:王曙光。

检视洋务运功以来尤其是新中国成立以来的中国特色工业化进程的核心视角是考察国家在工业化中的角色与作用机制。"后发大国"的禀赋条件决定了中国高度集权的重工业优先发展的工业化路径选择，这一体制选择为中国迅猛的工业化赶超和全面工业体系的建立奠定了基础，但也存在内在可持续性不足和微观主体活力不足的体制缺陷。改革开放后工业化投资主体和投资结构的深刻变化意味着国家在工业化中的角色所发生的深刻调整和市场化配置资源的历史趋势，映射出中国工业化阶段的内在演进规律。中国未来的产业政策应在总结历史教训并借鉴美日等国经验的基础上，构建一个建立在市场配置资源基本体制之上的有效、有限、有为、有序的政府行动体制，这是未来中国彻底完成工业化、实现国家现代化的保障和前提。

一、从洋务运动到 20 世纪 40 年代的中国工业化实践与工业化思想

1.洋务运动开启了中国工业化和现代化的历史进程

要研究中国的工业化道路，就要确定一个起点。我认为中国工业化实践的起点应该是洋务运动。1861 年 1 月，清政府主持洋务运动的中央机构——总理各国事务衙门设立，标志着洋务运动的开端。洋务运动开启了中国工业化的先声，是中国工业化进程的起点。从洋务运动开始，我国的工业体系逐渐开始由大机器工业取代传统的手工业，这是中国工业化开始的标志。洋务运动的直接目的是挽救中国的危亡。1840 年鸦片战争之后中国处于亡国灭种之危机，有识之士纷纷开始反思中国与西方的差距。当时很多人认为，中国跟西方的差距一方面在机械制造等器物层面，另外一方面更是在人文层面、社会层面，比如经济制度、法律制

度和社会制度。由早期的器物层面的反思再到后来的制度和文化层面的反思，中国人在自我文化反思方面经历了一个比较痛苦的过程。所以洋务运动的发生，是基于当时中国人对中西差距的比较全面的反思，这场学习西方的运动，给中国带来的影响是非常深刻的。从工业化的角度看，洋务运动第一次在中国建立了大机器工业，使中国的社会经济在新生产力的代表即大机器工业的引导下，进入了一个新的发展时期：工业化时期。洋务运动不仅是生产工具的变革，而且是大机器生产代替手工业生产的劳动组织的变革，是生产方式和生产关系的变革。更重要的是，洋务运动不仅引发了器物层面的改变，而且引发了中国在政治、法律、社会层面的深刻变化，尽管这种变化还不彻底，但是毕竟开启了中国的现代化，这个历史意义也要肯定。

当时一些中国的先进人物力主睁眼看世界，呼吁国人要突破天朝大国的狭隘眼界，要看到西方世界在工业发展和社会制度方面的长处。这里面有代表性的人物是林则徐、魏源、曾国藩、冯桂芬、李鸿章、盛宣怀等人。从19世纪中后期开始，中国知识分子对西方的观察和理解越来越深，尤其在洋务运动前后，流行着一个著名的口号"中体西用"。日本人在近代化之后也有类似的提法，比如"和魂洋才"，实际上是与"中体西用"一个思路。"中体西用"就是"中学为体，西学为用"。"中学"，即我国自己的文化传统，是"体"，是根本，而"西学"，即西方的技术器物之学，是"用"。近代以来，尤其是从20世纪二三十年代以来，"中体西用"被批判得很厉害，认为这个口号是一个落后的口号，甚至是一个反动的口号，是基于洋务运动前后国人对西方的肤浅的认识而提出来的错误的口号。但是今天我们看这个口号，就要更加客观一些，我们在150年后再来审视这个口号，就要看到这个口号的深刻性和超越历史的合理性。实际上"中体西用"是一个具有深刻思想的口号，在中国的现代化和工业化过程中，在中国面临国家转型的过程中，尤其是在西方强势文化的压迫下进行被迫转型的过程中，就是要把西方这些先进的自然科学和社会科学的成果拿过来为我所用，但是仍然要根据中国自己"主体性"的思想来采择，择其有益者而吸收之，择其糟粕者或其不适合中国者而抛弃之，这种态度恐怕是唯一正确的态度。所以我们要看到"中体西用"论的历史意义和思想价值。日本在近代化过程中提出"和魂洋才"，既大规模引进西方科学技术和社会制度，又比较好地保存了本民族的文化，这个历史经验值得我们来汲取。

2.近代重商主义思想和工业化思想的形成以及国家的工业化实践

19世纪末期中国知识分子对西方资本主义经济社会制度有了更深刻的理解，其中的先进者力倡发展资本主义工商业，要求发展资本主义工业化。近代重商主义思想应运而生。大家不要误解这个"重商主义"。"重商"并不是简单的重视商业和贸易，"商"包含着工商，包含着制造业，所以"重商主义"一词是重视工业和商业，重商主义实际是"工商并论"。甚至后来有些人提出来，重视工农商都是重商主义，发展农业也是重商主义的核心思想之一。当时重商主义的代表是王韬、薛福成、郑观应、张之洞等人。19世纪末20世纪初的以工立国与振兴实业思想更加清晰。康有为在1895年公车上书中提出变法、富国、养民的建议。在百日维新的奏折中,他提出把中国"定为工国"的主张,1898年他又提出"振兴实业"思想,第一次提出"实业"这个概念。张謇则提出"实业救国""棉铁主义"这两个口号,黄兴提出"实业为发展国力之母",1919年孙中山《实业计划》中提出"今日所谓实业者,实机器生产之事业而已"。

20世纪初的清朝末年,政府大力实施奖励实业政策。清政府提出"振兴实业,奖励工商"的施政纲领,奖励工业发明专利,鼓励投资于实业工矿,这些政策对中国工业化发展起到一定作用。

民国初期为鼓励发展实业,进行了比较全面的经济立法,为工业化提供了全面的立法保障。1912~1921年,中国形成了一个工业发展的小高潮,此时正是欧洲的第一次世界大战期间。1927~1936年是国民政府大力发展工商业的十年,在经济史上也被称为"黄金十年"。1933年国民政府颁布《实业四年计划》,决定以民族经济代替封建经济,建立现代式的国家。1935年政府发起国民经济建设运动。1936年颁布《重工业五年建设计划》,计划建立国营重工业工矿企业。当时的国民政府希望利用国家力量,甚至利用类似于计划经济的做法,来发展中国的重工业,实现中国的工业化,实际上当时苏联社会主义计划经济取得的成果给了国民政府很大的激励。我们要看到,中国重工业优先发展战略实际上在30年代就开始提出来并尝试了。但是当时国家主导的重工业优先发展战略之所以收效甚微,没有取得实质性进展,其根本原因在于当时的政治力量涣散无力,国家四分五裂,财政—行政—军事难以实现统一,国家动员能力和财政汲取能力低下,难以快速和有效地动员各种资源并快速达成政治共识[①]。

二、20世纪50~70年代社会主义工业化道路的形成

1. 国家集权的重工业优先发展战略的形成

新中国成立之后的社会主义工业化道路，用一句话来概括，就是"以国家高度集权为特征的重工业优先发展的工业化道路"。我们为什么会选择这样一条道路？我认为根本原因和内在原因是基于中国是一个"后发大国"这样一个基本国情："后发"意味着中国是一个追赶型的经济体，要在极短的时间内对发达的工业化经济体进行赶超；"大国"意味着中国是一个在全球和政治经济军事格局和大国博弈中占据重要地位的地缘大国，这种地缘大国的地位意味着中国必须在工业化过程中具备相当独立而强大的工业化组织能力、要素投入能力、工业技术创造能力和全面的工业体系建构能力。这两个特征决定了新中国必须采取独立自主的、国家集权的重工业优先发展的工业化战略。这个战略的形成当然也有外在影响因素，主要是苏联模式的影响和当时国际环境的影响。

1949年以后高度集中的计划经济体制下重工业优先发展的战略，并非单纯由社会主义意识形态所决定。作为一个工业化后发

---

① 维斯和霍布森在《国家与经济发展》一书中深入分析了欧洲崛起的过程中国家力量的不同所引起的国家发展的差异，指出英国的崛起得益于其强大的相对政治能力，尤其是国家动员能力、财政汲取能力和达成共识的能力。见维斯和霍布森：《国家与经济发展：一个比较及历史性的分析》，吉林出版集团2009年版，第48~53页。

国家，中国摆脱落后面貌的心态十分急迫。1951年2月，中共中央政治局扩大会议决定自1953年起实施第一个五年计划，并要求政务院着手进行编制计划的各项准备工作。1952年下半年，第一个五年计划的编制工作开始紧锣密鼓地进行。从着手编制新中国的第一个长期经济建设计划开始，优先发展重工业的指导思想就清晰地表现出来。经过了国民经济的恢复和近一年的酝酿，1953年9月，过渡时期总路线正式出台。同年，第一个五年建设计划启动。在1953年底毛泽东参与修改和编写的《关于党在过渡时期总路线的学习和宣传提纲》中，明确提出了"社会主义工业化"的概念，这一旨在向全党和全国人民解释和宣传中央新提出的总路线的文件强调，"发展国家的重工业，以建立国家工业化和国防现代化的基础"，是实现社会主义工业化的中心环节。

苏联经济的运行方式是新中国学习的第一个样板。即使不以在统计口径和指数计算上受到质疑的苏联官方数据为依据，按照格申克龙的估计，苏联机器、钢铁、煤炭、石油、电力五个处于核心地位的工业部门在1928~1937年近十年间的年平均增长率达到了17.8%，这种高速增长是在政府的强力推动下实现的。要使中国在几乎毫无积累的前提下启动工业化，并在相当短的时期内完成工业体系的初步构建，政府同样必须具有强大的调动和配置资源的能力[1]。苏联的社会主义成就在西方世界也引起了很大的震动，20世纪四五十年代以来，英、法、德、美等国都

---

[1] [美]亚历山大·格申克龙：《经济落后的历史透视》，商务印书馆2009年版，第295页。

不同程度地开始了国有化运动,一些重要的重工业部门和战略部门都收为国有。

2.计划经济时期的工业投资结构与重工业优先的"自强化机制"

第一个五年计划的制订与实施在苏联的直接帮助和参与下进行。1953年5月15日,中苏两国在莫斯科签订了《关于苏维埃社会主义共和国联盟政府援助中华人民共和国中央人民政府发展中国国民经济的协定》,规定苏联将在1959年前帮助中国新建和改进141个建设项目,加上1954年10月12日由于《关于苏联政府帮助中华人民共和国政府新建15项工业企业和扩大原有协定的141项企业设备的供应范围的议定书》的签订而增加的15个项目,合计156项。这156个项目主要集中在煤炭部(27个)、电力部(26个)、重工部(27个,其中黑色冶金7个、有色冶金13个、化学工业7个)、一机部(29个)、二机部(42个)五个部门,此外,石油部有2个,轻工部有3个。这些项目的设计和实施,直接推动了新中国产业结构的快速调整[①]。

与轻工业不同,重工业是资本密集型产业,需要大量的资金投入。统一财经工作的完成,使政府特别是中央政府掌握了巨大的财政资源,这使巨额的建设投资成为可能。1952年1月,政务院财政经济委员会公布了《基本建设工作暂行办法》,从此固定资产建设项目的决策权被集中在中央政府手中。尽管在整个计

---

① 陈夕总主编、董志凯执行主编:《中国共产党与156项工程》,中共党史出版社2015年版,第10~12页。

划经济时期，中国的政府投资体制不乏放权与集权的调整，但这种改变调整的只是权利在中央与地方不同层级政府之间的分配，而政府在全社会固定资产投资中的主体地位并没有变化。

从投资结构来看，在整个计划经济时期，对于农业为主的第一产业的基本建设投资都是最低的，大部分均在4%以下，而以工业为主的第二产业则是基本建设投资的重点，1980年以前的五个五年计划中，对第二产业的基本建设投资占全部投资的比重最高时达到61.7%，基本上一直保持在50%以上。在对工业的投资中，对于轻工业的基本建设投资虽然整体上略高于农业，但一直未超出7%；对重工业的投资占全部基本建设投资的比重在"一五"时期为36.2%，这是改革开放前几个五年计划中这一比重最低的一个时期，其余时期均在45%以上。

如果我们观察重工业优先增长与其财政贡献增长之间的关系，就会发现一个两者相互促进的机制，我称之为"自强化机制"。计划经济时期对工业尤其是重工业部门的支持为政府财政带来丰厚的回报。从投资效果来看，根据当时的一机部的调查，"一五"时期的大中型项目，建成后平均三年半就可以收回投资。国民收入的快速增长主要由工业部门支撑。跟用于工业的支出占财政总支出的比重相比，工业部门提供的财政收入在政府财政收入总额中所占的比重要高得多，工业产值的迅速增长为国家财政收入提供了新的可靠的来源保证。由此，在政府投资与产业结构之间形成了一个自我循环增强的机制：政府的投资促成了工业的起步和发展，也为政府财政自身的运转创造了新的财源，而财政支出的（重）工业化倾向又依靠工业所提供的收入不断得以维系。这种不断自我循环增强机制的一个最直接的后果是在很短的时间里，推动了中国产业结构的大幅度转变，初步建立了相对完整的工业体系，如果依靠经济的自然演进，这一过程很难迅速实现。

这就形成了一个自强化机制：重工业优先增长了，而重工业带来的回报又很高，税收贡献特别大，国家的财政收入严重依赖于重工业，因此在国家往外拨钱的时候，也自然多拨一点给重工业，因为收入的大头来自于重工业，重工业比轻工业和农业来钱快。所以我们看到，重工业部门给政府财政带来丰厚的回报，税收贡献很大，因此就形成了重工业部门增长和财政收入之间双向的互相促进和自我循环，这就是双向自增强机制。因此，这个自增强机制实际上是优先发展重工业的内在机理，不是说政府一厢情愿要发展重工业，而是因为重工业挣钱快，回报高。

高度集权的计划经济体制是新中国重工业优先发展战略的体制基础，这一体制为我国快速的经济赶超、工业基础的迅速建立、全面的工业门类的建立做出了历史性贡献，是新中国70年以来创造"中国经济奇迹"的重要根源，也是理解"中国模式"的基础。但是，高度集权的工业化体制也有其弊端。在复杂的国际背景中启动工业化进程的新中国，采取了一种最直接的国家集权的干预方式，由政府控制几乎全部生产领域投资的力度、方向和规模，但问题在于政府的强行干预减弱了产业之间原本可能具有的联系，抑制了微观主体的活力，经济运行缺少其内生的、可持续的增长动力，体制的僵化与结构的失衡随之而来。

三、改革开放后至 21 世纪初期的工业化模式与国家介入模式的转变

1.国家控制型工业化模式的悄然转型

1979 年 8 月,国务院批转由国家计委、国家建委和财政部共同提出的《关于基本建设投资试行贷款办法的报告》以及《基本建设贷款试行条例》,这标志着"拨改贷"试点工作的开始。按照《报告》的要求,政府开始在部分地方(北京、上海、广东三个省市)、部分行业(轻工、纺织、旅游等)中选择部分项目的投资进行由政府拨款改为银行贷款的尝试,"拨改贷"的目标很明确,要"在国家统一计划的前提下,扩大企业的经济自主权,把投资效果的好坏同企业和职工的经济利益直接联系起来"。这一举措意味着企业要以经济规则,而不单纯是政府指令来规范自身的行为。

国家财政投资的下降标志着国家控制型工业化模式的悄然转型。1985 年是一个特殊时点,和 1984 年相比,1985 年全社会固定资产投资资金来源中的"国家预算内资金"和"国内贷款"两个构成要素所占的比重同时发生了较大的改变,前者所占比重下降了 7 个百分点,由 23% 降至 16%,后者所占比重则上升了 6 个百分点,由 14.1% 升至 20.1%。投资主体的变化则表现在两个方面:一是对原有投资主体的调整和改变,二是新的投资主体的培育。20 世纪 80 年代中后期,对国有企业的改革拉开帷幕。1984 年通过的《中共中央关于经济体制改革的决定》中强调,

增强企业的活力，特别是增强全民所有制的大、中型企业的活力，是以城市为重点的整个经济体制改革的中心环节。为了增强国有企业活力，中央相继推出一系列措施，在权、责、利方面赋予国有企业以更多的经营自主权。1988年7月，国务院发布《关于印发投资管理体制近期改革方案的通知》。《通知》中所提及的《国家计划委员会关于投资管理体制的近期改革方案》，不论从宏观层面还是微观层面，都对固定资产投资资金的使用方式提出了新的要求。从微观层面，《方案》提出"扩大企业的投资决策权"，企业有权自主地筹措资金和物资、有权自主地选定投资方式和建设方案、有权自主地支配应得的投资收益。

随着社会主义市场经济体制改革目标的确立，国有企业改革的步伐在20世纪90年代中后期不断加快。这使得国有企业逐步成长为新的投资主体，它们已经不再是计划经济时期完全传递政府意志而无自主生产决策权力的经济组织。20世纪90年代，国家投资在国有经济固定资产投资资金来源中的比重整体上已经不足10个百分点，出资比重的大幅度下降本身也说明了政府在固定资产投资中所扮演的角色的转变。同一时期，新的投资主体也慢慢成长起来，集体、个体、私营、外资及其他经济发挥着日益重要的作用。2004年7月，国务院颁布《关于投资体制改革的决定》，这是一个内容涉及投资体制改革方方面面的《决定》。《决定》不仅强调要落实企业的投资自主权，还对政府投资的范围作出界定，从这时起，政府的投资开始越来越多地向公共基础设施建设和具有公益性的领域倾斜。

改革开放后，政府投资实现了深刻的转型。政府投资规模的相对缩小本身就是政府投资转型的重要表现之一。实际上从20世纪90年代开始，国家预算内资金占全社会固定资产投资资金来源的比重已经很小，1997年的亚洲金融危机和2008年的国际金融危机之后，国家投资在国有经济乃至全社会固定资产投资资金来源中所占的比重都出现了短暂的回升，这与政府执行积极的财政政策有关，但并未改变政府投资整体下降的趋势。与此同时，投资主体开始由单一走向多元化，国有经济在全社会各种经济形式投资中所占的比重不断下降。

2.工业化道路选择和国家角色转变的根本原因是工业化阶段的变化

在新中国成立至今七十年的历史当中，从投资的视角来看，不同时期的政府行为发生了巨大的变化。政府投资的相对规模由最初占全社会固定资产投资的90%以上，下降到了如今的不足5%。投资的方向也明显转变，改革开放以前，政府投资是全社会固定资产投资的绝对主体，为了快速推进工业化，以工业为核心的第二产业成为政府投资的重中之重，构建完整的工业体系的基础性工作由政府投资完成。而改革开放以后，投资主体逐步走向多元化，与之相伴随，政府投资对产业结构的影响也由直接转为间接。国有经济固定资产投资的重点在20世纪90年代由第二产业快速转向了第三产业，21世纪以来这一投资倾向表现得更为突出。进入21世纪以来，政府投资在更多地向具有基础性和公益性的行业和领域倾斜。改革开放后的政府投资与计划经济时期的另一个显著区别在于，政府投资所进入的行业大都不再是排他性的，即使是在当下政府投资相对集中的领域。

所有这些变化，实际上都是由工业化阶段所决定的，在工业化初期和工业化加速时期，工业化的主导力量是国家，国家在全社会固定资产投资中占有绝对的优势地位，同时国家投资的主要投向是第二产业尤其是重工业，这是工业化初期阶段和加速阶段必然产生的现象，是历史的要求。而到了工业化基本完成、大规模工业化阶段已经基本过去之后，国家逐渐从集权模式中退出，国家在全社会固定资产投资中的比重微乎其微，而社会其他投资主体则占据优势地位，投资主体逐渐实现多元化，这表明国家集权式的重工业优先发展战略已经完成了其历史使命而发生了深刻的转型，整个社会的投资主体结构、投资的投向结构等都发生了深刻的变化。在新的工业化基本完成的时期，政府投资的投向主要是在公共基础设施等涉及公共品供给的领域，这一变化本身意味着整个国家的发展重点发生了根本的变化。国家作为投资主体的不断退出，意味着其他主体尤其是非国有部门的迅猛发展，意味着在资源配置中市场功能的逐步强化。

四、工业化进程中的产业政策：争议与变革趋势

1.产业政策的争议是国家和市场的关系

近年来，由于经济结构的深刻变化和国家角色的转变，导致我国的产业政策形态也随之必然发生变化。我们的国家正处于一

个决定性的转型时期,产业政策关乎政府功能的转型,关系着国家与市场之间的关系的变化,关系到我国工业化进程中动力机制的转换。

在关于产业政策的争论中,一派认为中国现在仍然需要很好的产业政策来支撑和引导经济的发展,这派意见从历史和国际角度证明产业政策对经济发展是有作用的,主张应该把两个"有"结合起来。第一个"有"是"有效的市场",第二个"有"是"有为的政府",这两个应该兼容。一方面我们要发挥市场在资源配置当中的主导性、基础性的作用,另外一方面,尤其在中国这样的环境和历史情境下,我们不可能排除掉政府在经济发展过程当中所起到的巨大作用,因而这派学者主张一个有为的政府。这里的"有为",不是"乱为"和盲目的作为,"有为"是正确地作为,不是乱为,也不是不为,而是适当的作为。另一派的观点认为历史上所有的产业政策,包括全球其他国家的乃至中国的,几乎都是不成功的,因此产业政策应该被彻底抛弃,这是该派学者基于他们对市场的研究,基于他们对经济微观主体的独立性和企业家精神的研究和尊重,从自由主义经济学角度和发挥市场主体性作用角度来讲产业政策是无效的。

产业政策之争深刻地反映了中国当下在经济发展过程中两种不同的思潮,两种完全不同的方略。在中国目前的经济状态下产生这样的交锋,不是偶然的,而是必然的,他们代表了两种不同的改革思路,对未来中国的走向影响深远。一种认为政府应该在经济发展过程当中起到积极的作用(但是也不否认市场的基础性作用),另一种认为政府的干预主义行为会起到负面的作用(无论其初衷如何），中国的市场化还远远不够，未来的大趋势还是应该加强市场化改革。

这两种观点交锋的关键点，在于双方持有对于政府和信息的不同假定，其争论的核心是如何处理政府与市场的关系，如何对政府有一个正确的定位。无论是美国还是中国，彻底抛弃产业政策是不现实的，主张完全废弃产业政策的观点是矫枉过正。问题是何种产业政策是有效的？在不同经济发展阶段，产业政策有何不同？这些东西需要仔细梳理和思辨，不要过于武断而简单地下结论。

2.中国产业政策的历史趋势：效率与公平

中国的产业政策从1949年到现在，走过了漫长的过程。50年代初，中国确立了社会主义计划经济体制，到1978年之后，慢慢转向社会主义市场经济体制，但是执行产业政策这样一条基本道路没有发生太大的变化。在这个过程当中，中国因为执行了成功的产业政策而实现了经济的腾飞，包括1978年之前创造了经济的奇迹，年均增长超过了9%，为中华民族的伟大复兴奠定了物质基础。新中国在前三十年建立了比较完善的工业体系，实现了重工业化和经济赶超；在改革开放之后，中国又执行了很好的产业政策，实现了经济的超高速增长，国民财富巨量增加。这些成就必须客观肯定，不应刻意抹煞。

最近一些年以来，中国产业政策方面应该说也有若干问题需要检讨。在产业政策的制定和执行过程中，我们都存在很多问题，很多产业政策执行效果不佳，甚至出现很多浪费和失效的情况。

政府对认为重点的产业进行扶持，甚至对特定企业、特定技术、特定产品做选择性的扶持，行政干预的色彩比较浓厚，值得进一步检讨和全面的反思。强大的政府行为一方面使得产业调整速度非常迅猛，但是另一方面政府这种非常直接的、行政化的方法，也带来一些弊端。这种选择性产业政策以挑选赢家、扭曲价格等途径主导资源配置，政府驾驭了市场，甚至替代了市场，因此要抛弃选择性产业政策，执行功能性的产业政策。所谓功能性产业政策，就是市场友好型的产业政策，要弥补市场的不足，扩展市场作用范围并在公共领域补充市场的不足，让市场机制充分发挥其决定性作用。十八届三中全会说了两句话，"要让市场机制在资源配置中起到基础性作用，让政府在资源配置当中起到更好的作用"，我们不是要取消政府的作用，而是要发挥更好的作用。

2015年10月12日《中共中央国务院关于推进价格机制改革的若干意见》里面有很重要的一个提法，就是"要求加快建立竞争政策与产业政策、投资政策的协调机制，逐步确立竞争政策的基础性地位"。2016年6月国务院下发《关于在市场体系建设中建立公平竞争审查制度的意见》，要求在新制订的政策和新建立的制度中，先要进行公平竞争审查，那些妨碍公平竞争的制度和政策就要进行修改。这两个文件释放出什么信号呢？我认为释放出政府的产业政策应该是以促进竞争为基本目标这一明晰信号，政府行为和产业政策要增进竞争，而不是削弱竞争，要对妨碍竞争的政策和制度进行反思和梳理。这对中国未来的产业政策导向有重要的指导意义。

我们可以对以上的讨论做一个小结：随着中国工业化阶段的不断演变，产业政策的形态必然发生变化，政府介入经济的方式和工业化路径必然发生深刻的变化。一个建立在市场配置资源基本体制之上的有效、有限、有为、有序的政府行动体制，是未来中国彻底完成工业化、实现国家现代化的保障和前提。

第十二章

产权—市场结构、技术进步与国企改革：基于企业和行业视角

本章发表于《中国特色社会主义研究》，2019年第2期，作者：王曙光、王琼慧。

产权结构和市场竞争结构是影响产业转型升级和技术进步的重要维度，本文在系统探讨两者对创新效率的影响机制的基础上，通过实证研究得出结论：从产权结构角度看，当前国有企业的研发效率高于外资、民营等其他类企业；且无论是对国有企业还是非国有企业而言，前十大股东中国有性质股份的过度增加会抑制企业研发效率；股权集中度与企业研发效率具有显著的正相关关系；从行业的市场竞争结构看，行业集中度高、大型企业份额高有助于提升行业整体的研发效率；而国有及国有控股企业比例过高，会在一定程度上抑制该产业的创新效率。未来应继续发挥国有企业在技术创新中的引领和带动作用，在大中型国企内适度引进民营资本战略投资者以推动微观意义上的混合所有制改革，并鼓励行业层面的宏观意义上的混合所有制改革以优化市场竞争结构，适度推动大型企业发展与股权适度集中。

一、引言：产权结构、市场竞争结构与技术进步

中国经济进入新常态后增速放缓，经济增长模式逐步从单纯追求速度过渡到注重经济增长的效益和质量，供给侧结构性改革、产业转型升级特别是制造业升级成为在新经济增长模式下化解过剩产能的必然选择。十九大报告首次指出"我国经济已由高速增长阶段转向高质量发展阶段"，2018、2019 年"两会"更是将高质量发展提到了前所未有的战略高度。从宏观层面而言，高质量发展的要义在于通过升级传统产业、扶持战略新兴产业的成长，实现产业结构的优化转型。而从微观层面而言，企业也需要通过产权改革和企业运行机制的完善，以推动技术创新和提高企业运行效率，尤其是国有企业作为重要的市场参与主体，更需要通过自身的产权改革和运行机制完善来满足高质量发展的要求，并在战略新兴产业的培植和发展中发挥积极的引领作用。

在高质量发展的大背景下，如何最大程度地挖掘国有企业作

为微观个体在企业创新和产业创新活动中的积极作用,进而引领宏观层面上的产业转型升级?更具体地来说,国有企业尤其是大型国有企业如何构建适应于技术创新和效率增进的产权结构?在社会主义市场经济体制中,在行业层面,何种市场竞争结构最有利于技术创新和产业转型升级,是否存在一个最优的国有产权比例以使市场竞争效率达到最优并最有利于整个行业的技术进步?这些问题的回答,对于我国未来的高质量发展和技术进步,对于国有企业改革与发展,都具有极为重要的战略意义。本文试图从微观的企业产权结构和宏观的市场竞争结构两个视角入手,对这两个变量对技术进步和产业转型的影响进行理论和实证研究。

近年来国内对产权结构与技术创新的研究已经积累了一定的成果,但基本都集中于股权性质方面。实际上,产权结构分为股权性质和股权集中度两个方面。就股权性质而言,国内学者对国有企业相比于其他类型的企业在研发效率上的差异进行了充分的研究。部分研究结果表明国有企业的研发效率显著低于其他类别的企业(周立群等,2009;肖兴志等,2011;徐梓睿等,2013),其中原因可能在于国有企业经营管理机制存在弊端,缺乏对企业创新的激励。而部分研究结果则支持国有企业研发效率更高的结论,如杨德伟(2011)实证分析得出民营产权和外资持股不利于企业技术创新,且股权集中度与技术创新效率存在倒U型关系;王森(2014)表明企业研发效率和行业的市场集中度及企业规模呈正相关关系,同时国有企业的研发效率相对更高。另有学者细分行业比较了国有企业与其他类型的企业在创新效率上的差异,程贵孙等(2013)表明国有企业在新一代信息技术产业、生物行业、新材料行业中效率高于民营企业，而在节能环保、新能源和新能源汽车行业的效率低于民营企业。

相比于股权性质对创新效率的研究，研究者对股权集中度对研发效率的影响关注较少，实证回归的结论分别支持股权结构与研发效率的正相关和负相关关系。蔡逸轩等（2012）通过高新技术上市公司的数据研究表明股权集中度与研发支出具有显著的正相关关系。杨风等（2016）表明股权集中度与一个企业的研发投资显著负相关，这种关系在制造业中体现得更加明显。大多数研究者在分析股权集中度对创新绩效的影响时考虑了诸如行业、企业性质和市场结构等因素。李婧等（2012）认为股权集中度对创新绩效的影响因企业所有制性质的不同而不同，国有企业中股权集中度与企业创新投入显著正相关。丁亚峰等（2015）认为垄断市场中股权集中度、研发人力成本和资金的投入都有利于创新绩效的提升；但竞争性的市场结构下，创新绩效只与研发资金的投入显著正相关，而与股权集中度和研发人力成本的投入没有显著关系。

市场结构和技术创新方面的研究也提供了很多有启发意义的成果。市场结构不仅反映在以市场集中度体现的垄断、竞争性市场的划分中，也包括产业中国有经济和非国有经济的份额。刘伟（2010）表明高技术行业技术创新能力与企业规模显著正向相关，市场竞争有利于促进技术创新能力。竞争性寡头主导、大中小企业共存是促进创新提升的理想市场结构。白俊红（2011）发现企业规模和市场竞争对创新效率有显著的线性正向影响，国有和三资企业的比重则会抑制创新效率。陈林等（2011）认为在国有企业比重高的产业中创新与市场结构呈显著的倒 U 型，而在国有经济比重较小的自由产业则不存在该倒 U 型曲线关系。寇宗来等（2013）认为企业规模和市场集中度与研发强度存在倒 U 型关系，在一定范围内，规模增长和竞争加剧有利于创新。胡雅蓓等（2015）表明相比于占领市场为目的的创新活动，市场规模对创新效率的正向影响在降低成本的创新活动中更加显著，适度竞争的市场对创新活动最为有利。李光瑜等（2016）证明企业规模与创新产出呈现倒 U 型关系，市场集中度与创新产出正相关。综上，尽管学界对于市场结构和创新效率之间的相关关系仍存在争论，技术创新决定于竞争程度、企业规模和垄断力量等三个因素已经得到了学者的普遍认同。

二、产权结构和市场结构影响创新效率的内在机制探讨

1. 技术创新概念的厘清

自熊彼特在 20 世纪初首次提出创新理论以来，全球关于创新的研究层出不穷，在技术创新方面的探讨尤其集中。我国 1999 年颁布的《关于加强技术创新、发展高科技、实现产业化的决定》对技术创新作出了明确的定义："企业应用创新的知识和新技术、新工艺，采用新的生产方式和经营管理模式，提高产品质量，开发生产新的产品，提供新的服务，占据市场并实现市场价值。"[①]

[①] 中华人民共和国科技部网站www.most.gov.cn/gxjscykfq/wj/200203/t20020315_9009.htm。

技术创新具有创造性、高收益性、高风险性、扩散性和系统性五大特征，其中技术创新的风险包括技术风险和市场风险两种。企业推动技术创新的动力来源有科技推动、社会需求拉动、供给和需求双重作用三种模式。科技推动即供给方面的推动，这种观点认为科学研究和由此产生的技术发明推动企业开展技术创新，但一般意义上的科技创新仅仅在外在环境上为企业提供了开展创新活动的便利。社会需求拉动模式则更加强调社会对企业提供产品和服务的新需求给企业带来的创新和变革的压力，创新会带来企业对生产资源的重新配置和利用，各类要素的生产效率也相应地发生变化。但这种模式仍然是企业对外在社会需求的被动性适应。推拉双动的模式采取则采取了折衷的意见，强调科技推动和需求拉动两种作用力的复杂影响。

2.企业创新和产业创新：两种创新效率的区分

在探讨传导机制前，应当先对企业创新和产业创新两种创新效率加以区分。企业创新是指以企业为单位，利用开发新产品、采用新生产方法、开辟新市场、获取新的原材料供应、实行新的企业组织模式的方式获得在市场竞争中的优势地位和超额利润。企业层面的创新包括技术创新和制度创新两个维度。制度创新是指通过企业组织方式和管理制度的调整，降低企业内外部的交易成本，帮助企业提高盈利能力，减少资源的不必要损失。这种创新的投入和成果都难以量化，因而本文对企业层面创新效率的探讨主要是指技术创新方面。技术创新是指通过新技术和新生产要素的开发，提高原先产品的生产效率或创造新产品的行为，使企业主要的生产结构、产品结构发生变革。企业技术创新的主要目标是提升自身市场地位、取得长期获利的能力，体现在财务指标上就是企业的盈利数据—净利润水平。基于数据可得性限制，研究产权结构时选择企业盈利能力作为体现创新绩效的变量。

产业层面的创新则是企业群体创新活动的集合。相比于企业创新，产业创新的系统性特点更强，不仅包含全部企业共同依赖的基础技术，也包含企业各自特色的技术。从创新活动的流程上来讲，产业创新活动也多出了产业化的过程，也即在行业范围内应用新技术并形成新的增长点。产业技术的创新往往带动产业整体的结构变迁甚至和其他产业的融合发展。实证回归市场结构影响创新效率时，选择专利申请数和新产品销售收入作为创新产出计算创新效率。

3.影响创新效率的传导机制分析

（1）产权结构影响创新效率的机制分析

产权结构主要是通过对公司内部治理机制的作用影响企业创新活动的开展，对创新效率的影响路径有创新战略的决策、创新资源的配置和创新成果的评价三个方面。

创新战略决策：创新活动往往涉及成本高昂的前期投入、较长期限的研发过程、相当概率的研发失败的风险，作为代理人的经营者处于规避风险、追求短期经济效益的考虑，制定创新战略时更加偏向保守的决策。对股东而言，创新活动的投入与其追求公司价值最大化的目标一致。股权集中度更高，可以更好地防止内部人控制，有效监督经营者做出有利于公司长远发展的创新决策。从股权性质上看,一方面,若实际控制人为国有主体的国有或国有控股公司,制定创新决策时除了具有决策效率高的优势外,也会更多地将国家层面的产业政策纳入考虑,落实国家对于创新和重点技术的导向。同时,国有企业背后有国家提供担保和研发资金支持,因而对研发风险的容忍度更高。但国有股的股东目前还存在所有者缺位,行政干预复杂的劣势,国有股东出于政绩考察的压力,可能会使其在面临失败风险较高的创新项目时趋向保守。从股权集中度方面考虑,股权集中度越高,实现股东利润最大化的目标越容易实现,从而企业更有可能做出有利于其长远发展的创新决策。

创新资源配置:创新资源配置是完成关于创新活动、创新战略的决策后,向具体的创新项目配置人力、物力资源的过程。与制定战略决策不同,具体执行项目时,若股权集中度过高,企业的经营人员就会缺乏足够的自由度灵活配置资源。如招聘研发人员、购买研发设备的具体决策通常要求经理人员根据市场情况、研发人才的需求迅速作出响应和决策,股权过于集中、企业所有者对日常经营的监督和干预过度通常会延长决策作出的时间,降低配置资源的效率。若为国有性质的企业,则其获得的政策支持和创新资源支持更加有利于企业按照创新活动的需求及时配置资源。国有企业作为国家性质的平台,可以吸引优秀的科研人才加入研发项目,获得更优的人力资本。

创新结果评价:创新活动的顺利开展离不开对于创新成果的评价和反馈,并进而调整创新决策的过程。对仅仅持有公司股份的股东而言,只能从公司财务数据反映的盈利情况、产品销售情况获得关于公司研发活动的绩效情况,对研发活动开展过程中的新问题和新机会却知之甚少。此时若股权集中度较高，使得大股东可以安排代表进入董事会参与决策，成为内部管理层，则可以掌握更多关于研发项目开展的细节信息，进而对研发创新活动进行更加科学合理的评价。而股权分散的情况下，创新活动详细的项目信息很有可能只被内部经营人员获得，不利于股东参与创新活动的调整过程。

（2）市场结构影响创新效率的机制分析

经济学领域关于技术创新与市场结构关系存在着著名的熊彼特—阿罗争论。"熊彼特假说"认为：①垄断有利于创新的实现；②规模大的企业比规模小的企业具有更强的创新动力。具有垄断势力的大企业能够从创新活动中获得更多的利润作为回报，因而会积极地将留存利润用于创新研发活动。熊彼特认为，基于技术创新高风险、高投入的特征，在完全竞争的市场中，小企业支付庞大的研发费用压力更大，因而很难在技术上获得突破。而阿罗通过创新激励模型的构建证明，竞争厂商从事研发的动力高于垄断厂商，这是因为垄断厂商通过创新获得的超额利润仅仅是作为此前垄断利润的替代，而竞争厂商的创新活动一旦成功就会获得从无到有的超额利润。垄断不仅造成了静态的福利损失，还可能延缓技术进步。不同于熊彼特和阿罗的理论，曼斯菲尔德在1968年提出的倒U型假说认为，无论是垄断还是竞争对创新效率的促进均存在阈值，市场结构、企业规模与创新效率间不存在完全正相关的关系。中等竞争程度的市场结构最有利于创新，就企业规模而言，当企业规模超过一定值后，企业规模和创新效率不再存在显著的正相关关系，且该值随产业的不同而不同（关于熊彼特—

阿罗争论以及曼斯菲尔德观点,参见:Mansfield,1968)。曼斯菲尔德的观点提示我们,可能在市场竞争结构中存在一个最优的企业规模阈值,在这一阈值内企业适度规模会促进企业研发效率提升,而超越这一阈值则可能造成对企业创新的抑制。

三、企业层面的产权结构与创新效率的实证研究

本文主要关注中国制造 2025 相关行业的高质量发展问题,选择的中国制造样本包含 Wind 数据库"工业 4.0"和"高端装备制造"概念下的共 99 家 A 股上市公司。本文选择 2014 ~ 2016 年的研发投入及经营表现等财务数据,因部分企业上市年份晚于 2014 年,故删去其中数据不足的样本,故最终的中国制造样本中包含 285 个样本点。

1.变量定义

被解释变量:选择总营业收入作为因变量。企业的研发效率最直接地体现在企业拥有的专利、新产品等自主创新成果上,但该类变量目前无法准确量化进行实证研究。现实中,企业开展研发活动,投入研发资金的重要目标是通过新产品、新技术提高经营效率,从而获得更高的市场份额和现金流入。而营业收入可以有效地反映企业当年的经营成果及市场占有情况,故以营业收入作为反映当年研发成果的代理变量。

解释变量:本部分实证分析的目的在于验证不同产权结构的

公司研发效率的差异，而产权结构包括实际控制人类别、不同性质的股东占比份额和股权集中度三个方面的内容。本文选择state变量作为区分国有/非国有的虚拟变量，实际控制人代表国有经济则为1，其他类的实际控制人state变量取值0。此外，选择前十大股东中国有股东的占比份额statecap来表示国有资本在公司经营中的话语权。反映股权集中度的指标为股东的H指数，即前十大股东持股比例的平方和owncon，该值越大表示股权集中度越高。本文使用研发投入research和以上三个变量的交叉变量作为三个关键的解释变量。

控制变量：首先，引入国有/非国有企业虚拟变量state、前十大股东中国有股东的比例statecap，其他影响公司营业收入的一般性变量均作为模型的控制变量引入，包括总资产totalasset、作为营业外收入的政府补助govgrant、研发投入research、表示时间效应的年份变量year2014和year2015。

2.模型设定

初步回归后显示，年份变量year2014、year2015系数不显著，故排除年份虚拟变量。

3.实证结果及分析

表12.1 产权结构与研发效率回归结果——以中国制造行业为例

Profit	Coef.	Robust Std Err.	t	p>|t|
researchstate	0.5556	0.5257	1.06	0.291
Researchstatecap	−0.0285***	0.0062	−4.36	0.000

续表

Profit	Coef.	Robust Std Err.	t	p>|t|
researchowncon	4.8285***	1.0306	4.69	0.000
research	1.3928***	0.4158	3.35	0.001
state	−109.3336	207.3573	−0.53	0.598
statecap	−8.1045	5.9888	−1.35	0.177
statecap2	0.1459**	0.0607	2.41	0.017
owncon	−1098.493***	346.906	−3.17	0.002
totalasset	−0.0008	0.0056	−0.14	0.893
em	−44.22***	10.4826	−4.22	0.000
govgrant	−4.0527**	1.7606	−2.30	0.022
Constant	350.3478***	89.4745	3.92	0.000

R-squared=0.8317
Obsearvations=282
*** $p<0.01$, ** $p<0.05$, * $p<0.1$

从微观层面分析，企业个体的研发活动整体而言是有效的，研发投入能够有效地转化为技术创新的成果并促进企业经营绩效的提高。相比于传统制造业，"中国制造"概念下的制造行业的技术更新换代速度更快，技术变革能够带来的成本降低和收入提升也更加显著。传统制造业中，企业改善经营成果的方式主要是通过投入更多资产和劳动力提高产能，因而对研发活动的重视和资金投入相对较少。中国制造的概念则更多地强调企业的自主创新和对核心技术的掌握，从生产要素来看，制造业逐步从劳动密集、资本密集向信息密集模式过渡；从生产方式来看，制造业经历了手工化到机械化再到智能化的变迁；从市场需求来看，制造业面对多元需求，不仅应实现大批量生产更应满足多品种生产的要求（卢锐等，2017）。以上的变迁反映了对企业技术迭代和技术应用能力更高的要求，以新产品和新生产工艺开发为主的创新成为中国制造的核心。产业政策方面，中国制造概念下的高新技术企业获得了更多的政策倾斜，政府通过包括税收优惠和直接补贴等方式推动企业进行自主研发和技术引进。目前来看，企业的研发活动开展得卓有成效，对经营绩效的改善起到了一定作用。除此之外，应当从长远的角度评价研发成果，致力于掌握关键产业的核心技术，构建完善的创新研发体系。

从企业所有权性质的角度分析，国有企业的研发效率更高，但国有性质股权比例的增加却对创新效率产生了抑制作用。国有/非国有企业的划分主要依据 Wind 数据库中给出的实际控制人信息，国有性质股权的比例是指前十大股东有国有股东的持股比例总和。国有性质的企业整体研发效率较高的原因在于，首先，国有性质的身份本身就是企业的一种资源，能够为国有企业在技术引进和技术应用上提供便利，国有企业的研发平台更容易汇聚优秀的研发人员和先进的研发设备，同样的研发投入能更有效地转换为创新成果。其次，相比于民营和外资企业，国有企业的体量更大，研发投入和风险承担能力更高，同时也能在多个研究项目间产生协同效应，提高研发成功的概率，小企业则只能集中有限的资源专攻部分研究项目。对国有和非国有的企业而言，国有股份的份额提高对企业的研发效率反而会产生抑制作用，这与上一条结果之间并不矛盾。仅有国有股份比例的提升不足以使得企业获得以上两种优势，而更加可能出现的情况是国有股份比例增加带来的所有者者缺位、决策治理机制低效、行政干预增加等负面影响。因而最理想的股权结构应当是国有股份占据相对控股地位即可，在此基础上，适当引入民营和外资产权并增加其在经营、研发决策中的话语权。

四、行业层面的市场结构与创新效率的实证研究

在宏观层面上研究市场结构和产业整体的创新效率之间的关系时，本文选择了制造业门类中的高新技术产业，产业划分依据为《中国高技术产业统计年鉴》，包括医药制造业、航空航天器制造、电子通信设备制造、电子计算机及办公设备制造和医疗设备及仪器仪表制造业五大行业的17个子行业。其中，因广播电视设备制造数据缺失较多，仅保留其余16个子行业的数据。相关数据的时间范围为1995～2016年共21年352个数据。

1.变量定义

被解释变量：本部分实证分析的目标是验证市场结构不同所导致的产业作为一个整体的研发效率差异。因而被解释变量为产业整体的研发效率。本文使用数据包络分析方法（DEA）中的BCC产出导向的模型，将某个子行业在某一年份的样本点作为决策单元，计算得出该产业当年的研发效率，数值越高表明该样本点对应的研发效率越高。其中，投入变量为R&D活动人员折合全时当量和R&D经费内部支出分别作为研发过程中人力和财力两方面的投入；产出变量为当年专利申请数和新产品销售收入分别代表研发的直接成果和对企业经营绩效的影响。

解释变量：本文关注的市场竞争结构包括两方面，其一，市场的集中度如何即大型企业在行业整体中占据的份额如何；其二，国有及国有控股企业的份额大小。本文直接使用《中国高技术产业统计年鉴》中分别按照企业规模、企业所有权性质统计的数据。整个行业及某类企业的主营业务收入总和能很好地反映行业或企业个体面临的市场需求，因而分别计算某一产业的大型企业和国有及国有控股企业在产业总营业收入的份额反映产业内的市场结构情况。

控制变量：除市场结构外，其他影响产业研发效率的一般性变量均作为模型的控制变量引入。如产业总营业收入代表的市场需求情况，子行业虚拟变量代表的不同子行业之间可能存在的差异。

2. 模型设定

经初步回归得出，三个系数均不显著，表明研发效率不存在产业间的差异，故最终的回归模型中未包括表示行业的虚拟变量。

3. 实证结果及分析

表 12.2　　市场竞争结构与创新效率回归结果

Innoeff	Coef.	Robust Std Err.	t	p>|t|
bigcompany	0.3934***	0.0492	8.00	0.000
state	−0.301***	0.0508	−5.93	0.000
lnincome	0.0626***	0.0089	7.01	0.000
Constant	−0.1998***	0.6706	−2.98	0.003

R−squared=0.5540
Obsearvations=352

*** p<0.01，** p<0.05，* p<0.1

回归结果基本支持了熊彼特假说,即大企业的存在和一定程度的垄断有利于产业技术创新活力的形成。大型企业能够投入巨额资本和优秀的研发人员开展基础性的创新活动,而几乎没有小企业同时具备以上上两种资源;再者,企业自身体量较大使得企业更能承受研发一旦失败造成的损失;另外,大企业的多样化经营使得企业可以有效分散单个研发项目的风险。与此同时,如果大企业具备一定的垄断势力能够控制市场,那么企业应用创新成果后能够获得利润的空间和持续时间都大幅增加。在这样的情况下,一定范围内的市场集中和大企业垄断的形成可以促进产业整体的创新活力提升。

宏观层面上,随着国有经济成分占产业整体份额的提高,以专利成果和新产品销售收入为代表的创新成果将会受到抑制。一个产业中国有经济成分很高,意味着该产业受到的国家管控和行政干预较多,更加可能的情形是政府主导产业发展。一般而言,政府主导的产业政策在产业成长初期具有很好的培育作用,能够使得多种生产资源(从业人员、金融资本、项目审批、研发支持等)向该产业倾斜,发挥集中力量的优势。然而,产业发展的后期,应当逐步转变为市场主导—政府参与的模式,才能给予企业更多的自由度和自主性研发新一代技术。

五、主要结论和政策建议

本文主要从产权结构和市场结构两方面实证分析了高技术制造业的研发效率,主要结论如下:第一,从产权结构视角,在企业微观层面上，国有企业的研发效率高于外资、民营等其他类企业。第二，对国有/非国有企业而言，国有性质股份的增加会对企业研发效率造成一定的消极影响。第三，股权集中度与企业研发效率具有显著的正相关关系。第四，行业集中度高、大型企业份额高有助于提升行业整体的研发效率。第五，一个产业中，国有及国有控股企业比例过高，会对该产业的创新效率造成一定的消极影响。其中前三个结论基于微观企业视角对产权结构与创新绩效关系的实证研究，后两个结论基于对整个市场的竞争结构与创新绩效关系的实证研究。

对高技术产业而言，创新不仅是企业作为微观主体分开进行的研发活动，更是作为一个整体的产业层面的技术创新和核心竞争力的培育。创新活动的开展离不开高效的公司治理和研发部门的配合，更有赖于产业总体的研发氛围和体系构建。因此，本文从企业和产业两个层面提出有针对性的政策建议。

1.企业层面

第一，适度引进民营股份为代表的战略投资者，推动微观意义上的混合所有制改革，适度提高股权集中度；改革薪酬体制，为研发人员提供合理的报酬。结论第二点指出，无论是国有还是非国有企业，国有性质的股份增加均会对企业的创新效率产生抑制。针对国有企业，结合国有企业混合所有制改革的战略背景，应当在保持国有主体相对控股的前提下，支持在大型国有企业中引入民营、外资性质的所有者，使得企业产权结构更趋向合理化，提高其他类别股权所有者的话语权。也就是要适度推动微观意义上的混合所有制改革，优化国有企业的产权结构，尤其是要在大型国企内适度引入民营战略投资者（王曙光、徐余江，2016）。在产权结构改善的基础上，注重公司法人治理机制的完善：明确国有企业内部责权利的归属，形成项目问责机制，减少国有资源的浪费和损失；改革用人和薪酬制度，特别是通过提高研发人员和专业技术人员的待遇，增强对其开展研发活动的激励。对民营企业而言，股权多元化已基本实现，未来的产权改革应着力于提高股权集中度、改善公司的治理结构和提升决策效率方面。相当一部分民营企业前十大股东持股份额分散，且持股比例总和较低，缺乏具有拍板决定公司事务的大股东，在进行公司事务的决策时，往往耗时过久、效率低下。而技术创新和研发活动具有一定的时效性特征，如集成电路芯片的集成度每18个月就会提升一级，技术以很短的周期更新换代，决策的低效率极有可能使企业错失把握新技术的机会。

第二，发挥国有企业在中国制造产业中技术创新的引领作用。结论第一点表明，国有企业的研发效率在平均意义上而言高于其他类别的企业。国有企业作为国有经济的代表，在国民经济中发挥着主导作用。"国有经济在关系国民经济命脉的重要行业而不是在所有领域占支配地位。"国有经济在这些重点领域中有的发挥支撑作用，有的发挥引导作用，有的发挥带动作用。新兴制造业作为涉及未来相当长一段时间内经济发展水平的支柱产业，其产业内的国有企业应当更多地发挥支撑和引导作用。按照国有企业改革战略和国有资本布局的要求，国有资本要从"那些充分竞争、产能过剩的产业"逐步退出，转而投向"制约经济社会发展的公共品、科技创新和能引领未来的战略性新兴产业"。新兴产业和高技术产业在资本和技术门槛上有较高的要求,且研发成果具有不确定性,国有资本应当率先进入此类产业探路,并带动民间投资。国有企业自身可以汇聚优秀的研发资源,同时也可以与高校、研究所之间开展密切的创新合作。此外,国有企业开展的研发项目获得成果后能更快地投入生产中实现应用。因此,对国有企业的绩效考察应当从长期盈利能力和产业战略支持的角度出发,考评国有企业绩效时如果仅仅依赖当年绩效指标,企业就会缺乏创新投入的动力。

2. 行业层面

第一,适度培育大型企业,增强研发实力。结论第四点表明,行业中大型企业的份额越高,产业整体的研发效率更高。大企业在技术创新方面具有如下的优势:规模巨大,资金实力雄厚,有能力承担研发活动的巨额投入和初期成本;大企业风险承担能力更高,且能通过多样化的经营模式分散不同类别产品研发活动的风险;大企业研发活动具有规模经济,且多元的研发活动可能产生一定的协同效应;大企业进行创新投入的动机更强,可以通过技术的革新保持自身的市场地位。因此,产业创新和技术进步离不开大企业的培育。一方面,应当通过多层次资本市场的构建,为大企业融资和获取金融资源提供更加便捷的支持。从现金流角度来看,研发活动具有高风险、高收益的特征,与风险资本的投资要求更加契合,因此可以适当引入风险资金为企业研发活动提供支持。另外,企业还可以通过并购整合实现规模的扩张和技术的引进，应通过金融资源的整合提供适当的并购资金和并购渠道。

培育大型企业除了扩张单个企业的规模之外，通过在企业间、企业与研究所和高校之间的技术合作研发也能起到类似的效果。大型企业特别是中央企业的技术研发不一定集中在企业内部，很多重要的科研项目也放在研究所或者其他企业开展。另外，应当鼓励企业间形成技术联盟，通过共建研发平台、共享研发资源的方式，开展技术创新方面的合作，发挥企业之间的协同作用，使得创新资源能够得到更高效和集约的利用。要鼓励大企业进行产业集聚，一个区域内的产业集聚有利于多种要素的整合，有利于企业和企业之间、企业和科研部门之间的要素最优配置，从而有利于技术创新和研发（王曙光、王子宇，2018）。

第二，大力引进行业内的民营主体，进行宏观意义上的混合所有制改革，优化市场竞争结构。结论第一点表明，按照产权性质划分，国有企业的研发效率高于其他类别的企业，应当肯定国有企业实体在研发活动和技术进步中的积极作用。但结论第五点又从另一个角度提出，一个产业整体中，国有企业的份额不宜过高。一个行业中的国有企业数量过高时，产业整体的研发效率反而不尽如人意。国有企业较多的产业意味着该产业受到来自政府的行政干预更多，企业灵活决策的自由度较低，且缺乏对市场规则足够的尊重。另外，不同国有企业背后的所有者都是同一主体，企业面临的市场竞争较少，对市场上的先进缺乏敏锐的感知，很难做到及时更新现有技术。

相比于国有企业，民营和外资企业拥有更加接近市场行为的经营模式。其他所有制的多元主体的加入，能够增加行业内的市场竞争，倒逼大型企业为维持现有的市场地位和利润水平积极投入研发资金，进而促进产业整体的技术进步。对应国有企业混合所有制改革中的增量改革，鼓励民营和其他所有制类型企业的发展。制定合理的外资准入门槛，通过外资企业的进入引进和学习先进技术。大力支持科技园模式，孵化中小型科技类企业，提供自由的环境供高素质人才、大学和研究机构与产业密切联系，加快创新成果的转化。

第三，优化创新环境，为企业创新提供更多的政策支持。首先是要加强专利和知识产权的保护。在缺乏专利和知识产权保护的环境中，企业的研发成果容易被窃取和模仿，本应属于创新企业的利润也将被大量的模仿者摊薄。应当建立专利和知识产权保护机制，增强企业的创新激励。其次是完善风险投资等金融服务体系。研发项目前期需要的高额投入除了政府补贴和企业留存收益外，需依托资本市场中获取金融支持。风险投资基金高风险、高收益的特征与创新研发项目的收益特征高度符合，风险投资基金通过向不同研发项目投资分散风险。此外，创业板市场也发挥着为创新企业上市、融资提供金融资源的作用。从金融支持的角度出发，应当加快构建多层次资本市场，为不同风险特征的企业或项目提供便捷的融资服务。再次，要发挥市场在配置资源中的决定性作用，配合政府的引导作用。高质量发展和中国制造2025战略的核心不再是资产、劳动力的集中投入，而是技术的创新。技术创新的主体是数量众多的企业，企业直接处在市场和应用技术的前沿，能更快地感知消费者需求的变迁和技术革新的诉求，相比之下，政府无法全面、及时地感知技术的变革。在新的产业背景下，政府应逐步将资源配置的主导作用交给市场，同时以产业政策发挥对市场的重要引导作用。遵循市场规则的自由竞争将为企业带来由外向内的压力，倒逼企业革新技术，以期获取高于市场平均收益的超额利润。最后，要尊重和培育企业家精神。企业是技术创新的执行主体，而企业的创新决策由企业家主导制定。企业家精神是企业技术进步内生机制中的重要一环，优秀的企业家能敏感地捕捉市场动态，洞察技术变革潮流。

本章参考文献

[1] Mansfield E. Industrial Research and Technological Innovation[M]. New York：W.W Norton，1968

[2] 白俊红.企业规模、市场结构与创新效率——来自高技术产业的经验证据.中国经济问题，2011（9）

[3] 蔡逸轩，雷韵文.股权结构、高管激励与研发投资.财会通讯，2012（6）

[4] 陈林，朱卫平.创新、市场结构与行政进入壁垒——基于中国工业企业数据的熊彼特假说验证.经济学，2011（1）

[5] 程贵孙，张雍，芮明杰.国有与民营企业发展战略新兴产业相对效率研究——基于2005-2011年上市公司数据的实证分析.当代财经，2013（10）

[6] 丁亚峰，杨陈.股权集中度、研发投入对创新绩效的影响——基于不同市场结构的比较研究.财会通讯，2015（21）

[7] 胡雅蓓，张为付.企业创新方式选择：市场结构与国际化——基于中国企业微观数据的Probit模型研究.国际贸易问题，2015（6）

[8] 寇宗来，高琼.市场结构、市场绩效与企业的创新行为——基于中国工业企业层面的面板数据分析.产业经济研究，2013（3）

[9] 李光瑜，史占中，赵子健.中国高技术产业创新影响因素的实证检验.经济与管

理研究，2016（12）

[10] 李婧，贺小刚.股权集中度与创新绩效——国有企业与家族企业的比较研究.商业经济与管理，2012（10）

[11] 刘伟.中国高技术产业的技术创新影响因素：基于面板数据模型的实证检验.经济数学的实践与认知，2010（11）

[12] 卢锐，赵佳宝等.面向中国制造2025的产业知识创新研究——结构、能力和发展.南京：东南大学出版社，2017

[13] 王森.战略新兴产业研发效率的实证研究——基于不同所有制企业的比较.生产力研究，2014（10）

[14] 王曙光，徐余江.混合所有制经济与深化国有企业改革.新视野，2016（3）

[15] 王曙光，王子宇.技术进步与高新技术产业发展：多向度分析与路径选择.中国特色社会主义研究，2018（6）

[16] 肖兴志，王建林.谁更适合发展战略性新兴产业——对国有企业与非国有企业研发行为的比较.财经问题研究，2011（10）

[17] 徐梓睿，鲁炜，汪喆.不同产权结构企业技术创新能力评价研究.中国高校科技，2013（11）

[18] 杨德伟.股权结构影响企业技术创新的实证研究——基于我国中小板上市公司的分析.财经研究，2011（8）

[19] 杨风，李卿云.股权结构与研发投资——基于创业板上市公司的经验证据[J].科学学与科学技术管理，2016（02）

[20] 周立群，邓路.企业所有权性质与研发效率——基于随机前沿函数的高技术产业实证研究.当代经济科学，2009（7）

第十三章

大国崛起与科技进步：中国高端制造业与制度技术创新

本章发表于《经济研究参考》2019年第14期，作者：王曙光。

中美贸易摩擦的实质和核心在于科技和高端制造业领域的大国博弈。作为一个经济大国、工业大国和制造业大国，中国在全世界工业制造版图中占据越来越突出的位置。正确判断中国在高端制造业中的位置对于战略制定极为重要，中国高端制造业已经由对西方的紧密追随（跟跑）、并行竞争（并跑），开始迈向超越领先（领跑）的阶段。中国在技术进步层面与发达国家相比还有相当一段距离，在关键的"卡脖子技术"领域要加强自主研发力度，同时要系统推进整个国家的科技体制创新、金融创新、经济运行机制创新和国家治理机制创新。

第十三章　大国崛起与科技进步：中国高端制造业与制度技术创新

一、大国崛起的最重要标志是科技进步

拨开笼罩在中美贸易摩擦上空的种种迷雾，我们就会发现，中美贸易摩擦的核心或曰实质，不是国际贸易，不在于国际贸易中的逆差或者顺差；贸易战的实质是科技之战，是两国在高新技术领域的较量，是一个行将崛起的大国与一个当前唯一的世界超级霸主之间在高新技术产业领域的博弈与较量，是中美在国家发展战略、科技进步体制和未来国际格局构建层面的一场系统性的竞争。

以科技为引领的高端制造业是中美贸易争端的命门。从美国进口的角度看，美国从不反对玩具领域和其他所有低端产业的贸易赤字；从美国出口的角度来看，美国也不反对中国大量购买他的电影、汽车和飞机。美国所警惕的，是高科技领域的贸易赤字，是中国的高端制造业对他的威胁，而不是中低端制造业对他的威胁。所有劳动密集型的中低端的中国出口产品，都不在美国的反

对之列；所有与核心技术无关的对华出口，同样都不在美国的反对之列，比如美国对中国施压的方式就是禁止向中国出口芯片，而并不在意损失每年2300亿美元的芯片出口收入，由此点足以看出美国所谓在意其巨额贸易赤字其实是托词，美国并不在意赤字，而在意打压中国高端制造业和高科技产业。从这个基本的立场，就可以看出美国发起与中国的贸易战的实质，就是明确地、毫无掩饰地抑制中国高科技企业和高端制造业对美国的出口，就是要永久性地使中国成为中低端制造业产品的供应者，就是使中国永久性地放弃高端制造业和高科技产业的发展权利。这一个明显的企图和战略目标，在美国赴中国贸易谈判代表团2018年5月要求中国放弃"《中国制造2025》计划"的声明中，已经极为明确地表现出来了。美国的这一明显带有霸凌主义色彩的举动，真实暴露了美国的战略意图，那就是抑制中国高新技术制造业的发展，同时也直接暴露了美国发动贸易战的真实目的。

大国崛起，在当今世界，不单是经济总量的赶超，也不是贸易额在全球贸易中的独占鳌头，而是科技力量的崛起。在中国提出的现代化战略中，科学技术的现代化，是最根本的现代化。而科学技术的现代化，是大国崛起的核心标志，也是美国这样的科技超级大国对中国最为忌惮的事情。毫无疑问，中国正处于一个迅猛崛起的时期，经济总量扩张很快，已经居于世界第二的位置，在世界经济版图中所占的比重也已经开始一步步逼近20%，但中国还要在发展的质量方面下更大的功夫，要在发展的科技含量上更进一步，才能真正成为一个被人尊重的经济强国，而不仅仅是一个经济大国。美国对中国发动贸易战的最大启示，或者说此次贸易战对中国最大的教益,就是让我们明白了未来发展的战略重点和制高点,那就是高科技和高端制造业。中国必须成为一个科技强国和高端制造大国,才能在未来的大国博弈中立于不败之地。这一年多来美国的一切举动,实际上是正式发出了大国科技战争的信号,必将深刻影响中国未来的产业政策和战略布局。

二、如何判断中国科技水平及高端制造业在全球的地位

如何判断中国和美国在高科技产业和高端制造业上的各自位置?尤其是,如何判断中国目前的科学技术水平以及高端制造业在全球的地位?这一判断,直接关系到中国所采取的战略选择。

毫无疑问,我国已经是一个经济大国、工业大国和制造业大国(这是三个内涵和外延都不同的术语)。"经济大国"一词不用赘述。"工业大国",不管是从工业产值还是从工业门类来说,中国都是一个超级工业大国,中国的工业门类完整齐全,从最低端的产业到最高端的产业,中国几乎占有着工业领域全产业链,这是很多国家难以比拟的,即使是一些发达国家,在工业门类体系的完整性方面,也很难与中国相比。从这个角度来说,从洋务运动开始到现在的150年,中国终于基本完成了中国版的工业革命,形成了全球最为完整齐全的工业体系,具备了工业大国的较强工业能力,奠定了中国综合国力的基础。工业产业链极为完整,

是中国的一个优势,也是中国作为拥有特殊地位的一个经济政治大国必须具备的工业能力。正是在这一体系完整、配套齐全、能力巨大的工业体系的基础之上,中国冲击高端制造业和高新技术产业的能力已经基本具备,从而在尖端技术自主开发方面拥有了巨大的潜力。

从制造业来说,无论从制造业的产值规模还是制造业的结构而言,中国都堪称世界为数不多的制造业大国。首先与发展中国家相比,中国人均制造业产值已经显著超过一些制造业方面比较领先的发展中国家,并呈现大幅领先的态势。和进入世界经济前20强的发展中国家相比(这20个国家的经济总和占中国的5%多一点),中国2015年人均制造业产值是墨西哥的1.46倍,是土耳其的1.3倍,是俄罗斯的2.01倍,是巴西的2.69倍,是印度的9.9倍,是印尼的3.4倍[1]。与发达国家相比,中国当然还比较落后,但人均制造业增加值已经达到了美日德这些发达国家的三分之一左右,别忘了中国有将近14亿的人口基数,这一人均制造业产值规模已经相当可观。2015年我国人均制造业增加值是美国人均的35.5%,是德国人均的27.8%,是日本人均的33.4%,当然我们还要考虑到2015年以来的三年中间中国制造业当有更大的进步。从以上的数据来看,我们可以粗略地得出这样的大判断:中国在制造业领域,已经远远超越了发展中国家的平均水平,将居于领先地位的若干发展中国家远远抛在后面;同时中国与代表性的工业制造强国的差距正在快速缩短,与美日德

---

[1] 数据来源:世界银行国民经济核算数据。

等国工业制造业总体水平相比，虽然仍旧相对落后，但是中国正在大踏步赶超并在一些领域获得了比较优势地位，而这种趋势在这几年中正在逐步增强。

中美贸易战开启之后，坊间关于中国制造业水平的争论很多，可以说诸说纷纭，莫衷一是。这是个大题目，每个人从不同的角度出发来作判断，犹如盲人摸象，每个人只是摸到了象的一个部分，而象的整体却很难把握。对于中国这样一个在全产业链上具备完整工业能力的国家来说，笼统地说中国制造业是落后还是先进，注定没有任何意义，也注定是具有误导性的错误判断。我们必须对中国制造业进行结构性的深入分析。在不同的产业领域，在同一产业领域的产业链条的不同部位，我们的制造业水平和科技水平到底如何，要进行具体的分析。

从科技水平来说，总体上中国已经进入到全球比较发达的国家行列，当然距离最发达的国家而言还有一段距离，这是一个总体的大判断。这个判断里面，不包括有些领域我们可能还处于相对比较落后的阶段，也不包括有些领域我们可能已经迈入最发达的国家行列。所以这个总体的判断里面，是排除了两个极端的情况。近年来随着我国综合国力的大幅迅猛提升，科技领域的投入是空前的，因此我国科技进步的幅度也是前所未有。根据科技部的数据，2017年，全社会研发经费支出预计达到1.76万亿元，比2012年增长70.9%。国际科技论文总量比2012年增长70%，居世界第二；国际科技论文被引用量首次超过德国、英国，跃居世界第二。发明专利申请量和授权量居世界前列，有效发明专利保有量居世界第三。科技领域的研发投入，是一个国家综合国力的表现,财力丰厚,自然投入就大,科技成果自然就多,这是一个自然的趋势和规律。我们近年来在基础科学领域的投入很大,从 2012 年的 499 亿元增长到 2016 年的 823 亿元,增幅达 65%;具有国际水平的科技人才队伍不断壮大,2016 年研发人员全时当量达 387.8 万人年,比 2012 年增长 19.4%,居世界第一。人和财的投入是科技进步的基础。当然研发投入、科技论文和专利规模这几个指标本身,与科技水平之间的关系是很复杂的,后文再深入讨论。可喜的是,我国近年来科技成果转化出现量和质齐升的局面,2017 年全国技术合同成交额达 1.3 万亿元,科技进步贡献率从 2012 年的 52.2% 升至 57.5%,国家创新能力排名从 2012 年的第 20 位升至第 17 位[1]。这些数据表明,我国的科技进步正在大踏步推进,随着综合国力的提升,科技投入会更大,科技创新体制机制的创新步伐也会自然跟上,科技创新的潜能将进一步发挥,中国的科技进步将进入加速度的状态,这是毋庸置疑的。

当前中国科技水平和总体制造业水平(尽管这两个概念是极为不同的概念,但又是相关度极高的概念,因此经常并称,从学术上而言这样并称是不严谨的,但在实践中这种并称往往并不妨碍大的判断)大概可以用紧密追随(跟跑)、并行竞争(并跑)、超越领先(领跑)这三个阶段来概括,不同产业和科技领域所处的阶段有所不同。在新一代移动通信技术和标准、集成电路制造工艺、数控机床、大飞机、核电技术和装备制造能力等方面,

---

[1] 数据来源:中华人民共和国科技部。

我国多年来投入大，已经具备很好的基础，近年来重大成果不断出现，这些领域，正在由紧密追随（跟跑）阶段，逐步地向并行竞争（并跑）阶段转变。科技部在一个新闻发布会上说，中国的科技水平进入"三跑并存"、领跑并跑日益增多的历史性新阶段，主要创新指标进入世界前列，已成为具有全球影响力的科技大国。尽管不同产业和科技领域中表现不一，但是以上这个基本的判断还是基本可信的。在人工智能、大数据、云计算等领域，我国基本处于并跑到领先的转变阶段，近年来科技创新领域涌现出的以蛟龙、天眼、悟空、墨子、慧眼、大飞机为代表的重大成果，已经显示出中国高端科技领域飞速追赶的势头，这与中国这些年在基础科学领域的巨大投入和进步是分不开的。一些基础科学领域，如量子调控、铁基超导、合成生物学等，中国目前的水平已经步入世界领先行列，深地探测、干细胞、基因编辑领域取得重要原创性突破[①]。这说明，经过多年来的持续性的投入和机制创新，我国科技实力正从量的积累向质的飞跃转变，量的优势正逐步转化为质的优势，这是我国的"大国科技"战略的重要比较优势的体现。同时，我国的科技进步也逐步从点的突破向系统能力提升转变，在若干重要领域开始成为全球创新地引领者，这一系统集成的综合科技创新能力，正是一个"大国"科技进步和制造业领先的重要基础。

---

① 2018年4月10日新华网：《〈2016-2017中国科协学科发展研究系列报告〉在京发布》。

三、核心问题是以全方位创新体制提升核心技术的自主供给能力

当前中国科技进步与高端制造业发展的一个关键问题是如何提高核心技术和核心零部件的自主研发和自主供给能力。我国科技和制造业最为当下人们诟病的是核心技术的自主研发能力较弱，核心零部件的自主供给能力较弱，因此即使在一些领域我国占有相当高的市场份额，但是却难以获得较高的市场收益，也难以获得市场竞争的主动权，往往被一些技术和制造能力较为发达的国家卡脖子，这是一个值得高度重视的问题。而这次的中美贸易争端和中兴、华为事件，使我们对这一弊端或者是弱项，看得更清楚了；对中国核心零部件和核心技术受制于人的严重后果，看得更清楚了。《中国制造2025》的核心使命，就是要提高中国在核心技术领域的自主创新能力，提高中国在核心零部件和核心基础原材料方面的自主供给能力，这是中国由一个制造业大国向制造业强国、由低端制造业大国向高端制造业大国、由科学技术大国向科学技术强国转变的重要标志。《中国制造2025》提出，到2020年，40%的核心基础零部件、关键基础材料实现自主保障，到2025年，70%的核心基础零部件、关键基础材料实现自主保障，部分达到国际领先水平。这一目标虽然看似宏大，但还是有非常大的把握的，从美国要求中国放弃这一计划的谈判条件来看，这一计划很显然已经切中中美贸易与科技之争的要害，所以才引发了美国官方对这一计划的高度警觉。我们要切实实施好这个计划，

老老实实、扎扎实实按这个计划指定的目标迈进，这是未来中国能够赢得中美综合国力竞争的基础保障。当然要实现这一目标，需要在整个国家的科技创新、金融创新、经济运行机制创新、国家民主法治制度建设等体制方面进行深刻的转型，需要从国家到企业进行综合性的全方位的创新与努力。

十八大以来，习近平多次强调科技创新和自主研发对于高端制造业发展以及国家安全的重要性，多次提到要掌握核心技术，指出要以关键共性技术、前沿引领技术、现代工程技术、颠覆性技术创新为突破口，敢于走前人没走过的路，努力实现关键核心技术自主可控，把创新主动权、发展主动权牢牢掌握在自己手中。2015年2月16日习近平在视察中科院西安光机所时说："我们的科技创新同国际先进水平还有差距，当年我们依靠自力更生取得巨大成就。现在国力增强了，我们仍要继续自力更生，核心技术靠化缘是要不来的"[1]。未来中国科技进步和高端制造业的发展，要从技术创新体制和制度创新两个方向同时发力，既强调技术创新，又要强调制度创新，要构建一整套有利于技术创新的新型举国体制[2]。大国崛起任重道远，我们不可过度自信，不可盲目自信，但也不可妄自菲薄，不可长他人威风灭自家志气，只有坚持不懈在制度和技术两个层面进行国家体制创新和科技创新，中国才能实现真正的复兴。

---

[1] 2015年2月16日新华网：《习近平：核心技术靠化缘是要不来的，只有自力更生》。
[2] 王曙光、王丹莉："科技进步的举国体制及其转型：新中国工业史的启示"，《经济研究参考》，2018年第26期，第3～13页。

第十四章
以竞争中性原则推动中国金融业深化改革开放

本章发表于《学术前沿》2019年第5期,原题为《论竞争中性原则与金融高质量发展》,作者:王曙光。

以竞争中性原则指导我国金融业改革开放、保障我国金融体系能够在自身深化制度创新的前提下加大对实体经济的支持，构成未来我国金融发展的基本路径。本文在理论上首次区分了所有制意义上的竞争中性、国民待遇意义上的竞争中性和区域发展意义上的竞争中性，并探讨了三种层面的竞争中性对我国金融业发展的意义。本文认为，要在竞争中性原则下深入推进金融发展和深化金融体制改革，需同时贯彻金融供给主体和金融需求主体意义上的竞争中性原则：在金融供给主体层面对中外资金融机构和国有民营金融机构以及各类规模的金融机构一视同仁，同时高度关注国家金融安全，高度重视对小微金融机构实施公平透明的扶持政策；在金融需求主体层面要高度重视对民营经济尤其是民营中小微企业的信贷支持，消除所有制歧视和规模歧视，同时要继续在市场化原则下加强对国有企业提质增效转型升级的金融支持。

一、引言：稳中求进战略下金融体系的发展与挑战

金融体系和实体经济存在着复杂的互动互制关系，熊彼特在其经济发展理论中强调了金融对经济发展和创新的引领作用，但很多学者认为实际上金融不可能自外于经济体系而只能是与经济体系之间形成相互影响的双向关系，金融体系在不同情形下对于经济发展而言极可能是一把双刃剑[①]。改革开放以来，在金融与经济的关系方面我们长期的提法是"金融是现代经济的核心"，2017年中央金融工作会议将这个具有历史意义的提法调整为更加科学严谨的"金融是国家的核心竞争力"，强调金融为实体经济服务，在此基础上强化金融风险防控和深化金融体制改革，在稳中求进的总基调下，遵循金融发展规律完善金融市场体系，加快转变金融发展方式，促进经济和金融良性循环健康发展，这一

---

① 关于经济思想史上不同学派对金融体系与经济发展之间关系的观点，请参见王曙光：《金融自由化与经济发展》，北京大学出版社2004年第二版，第82~86页。

思想成为新时期我国金融工作的指导思想。

中华人民共和国建立初期，我国金融体系成为一个大一统的、高度集中的、为工业化和赶超战略服务的体系，这个体系的最大目标不是银行本身的效率，而是国家的工业化和经济赶超。改革开放后，金融体系的市场化和商业化步伐加速，产权结构的多元化和市场竞争主体结构的多元化使得中国金融体系的面貌焕然一新。尤其是十八大以来，一个崭新的金融谱系已经建立起来。这个崭新的金融谱系中，既包含政策性和开发性的金融机构，也包含数家巨型的在全世界银行业独占鳌头的国有控股商业银行，还有几十家极有国际竞争力的全国性股份制商业银行，同时还有全国数千家城市商业银行、农村商业银行、村镇银行等中小型金融机构。新时期以来，我国金融业快速发展，占经济总量比例持续增高，金融深化有了突破性进展，金融产品日益丰富，金融创新日渐增强。但是我国金融体系也存在着一些值得警惕的问题和挑战，金融业的对内开放和对外开放有待进一步增强，金融体系的股权结构和法人治理结构有待进一步完善，金融机构资产质量和金融生态环境仍存在很多问题，金融体系脱实向虚现象比较严重，这些问题对于金融体系本身的发展稳定和我国实现高质量发展造成了一定的影响。2018年底的中央经济工作会议强调坚持稳中求进工作总基调，按照高质量发展要求，有效应对外部环境深刻变化，统筹推进稳增长、促改革、调结构、惠民生、防风险工作，保持经济运行在合理区间，进一步稳就业、稳金融、稳外贸、稳外资、稳投资、稳预期，保持经济持续健康发展和社会大局稳定，这一任务对我国未来金融体系改革发展提出了很高的要求。本文认为，应在中央金融工作会议和经济工作会议精神的指引下，按照稳中求进的基本方略，依据竞争中性原则推动我国金融体系深化体制机制改革，引导金融体系更好服务于实体经济尤其是推动民营经济发展，以竞争中性原则推动金融体系更好地实现对内和对外开放，加快构建普惠金融体系，以实现金融和经济协调共进。

二、竞争中性的三个层面及其对金融体系改革发展的深刻意义

2019年3月26日李克强总理在国务院常务会议上提出，要按照"竞争中性"原则，加快清理修改相关法规制度，对妨碍公平竞争、束缚民营企业发展、有违内外资一视同仁的政策措施应改尽改、应废尽废，年底前实现公平竞争审查制度在国家、省、市、县四级政府全覆盖。"竞争中性"原则的提出，对于我国经济金融体制改革和完善基本经济制度有着极为重要的指导意义。

竞争中性原则的核心是给予每一个市场竞争主体以平等公正的待遇，消除对市场竞争主体的歧视性和差异性政策，维护市场公平竞争，这是我国建立和完善社会主义市场经济体制的题中应有之义。改革开放以来，我国逐步确立了社会主义市场经济体制和多种所有制并存的基本经济制度，习近平同志在十九大报告中明确指出"必须坚持和完善我国社会主义基本经济制度和分配制

度，毫不动摇巩固和发展公有制经济，毫不动摇鼓励、支持、引导非公有制经济发展，使市场在资源配置中起决定性作用，更好发挥政府作用"[①]，这一重要表述以及新时期以来我国在构建社会主义市场经济体制方面的诸多政策措施，与竞争中性原则在基本精神上是高度一致的。竞争中性原则主要体现在三个层面：所有制意义上的竞争中性、国民待遇意义上的竞争中性和区域发展意义上的竞争中性。

1.所有制意义上的竞争中性原则

所有制意义上的竞争中性，其核心是消除基于所有制性质的歧视。我国的基本经济制度是以公有制为主体、多种所有制并存的经济制度，"两个毫不动摇"表明国有经济和民营经济都是我国基本经济制度的重要组成部分，应为国有经济和民营经济创造公平竞争的市场经济环境。

所有制意义上的竞争中性包含两个方面的要求：第一，不能对民营经济进行所有制歧视，要为民营经济的发展创造良好的条件，要在财税、金融、就业等各个领域实施公平公正的政策，防止对民营经济造成的不公平待遇；第二，不能从另外一个极端造成对国有企业的不公平待遇，要充分尊重国有企业作为独立的市场竞争主体的地位，尊重其自主决策、自我发展的市场主体功能，国家对国有企业的经营不应有不适当的干预和介入，不应对国有企业强加各种不适当的政策性负担和其他社会负担。

[①] 习近平：《决胜全面建成小康社会，夺取新时代中国特色社会主义伟大胜利——在中国共产党第十九次全国代表大会上的报告》，2017年10月18日。

现实当中，理论界政策制定者更多关注前一个层面的所有制意义上竞争中性，大家都在呼吁给民营企业更公平的待遇，在各种财政补贴、税收优惠、信贷政策等方面不要歧视民营企业，要创造公平的营商环境，这当然是非常重要的。事实上在实践中民营企业所受到的或明或暗的所有制歧视在很大程度上还是存在的，这也与我们的社会主义市场经济体制还在不断完善的历史进程有关，我们完善社会主义市场经济体制的过程也是国家治理模式和政治社会体制不断完善的过程，是政府和市场关系不断调整的过程，这一过程是长期的，任务十分艰巨。正如习近平在十八届三中全会第二次全体会议上的讲话中指出的："虽然我国社会主义市场经济体制已经初步建立，但市场体系还不健全，市场发育还不充分，特别是政府和市场关系还没有理顺，市场在资源配置中的作用有效发挥受到诸多制约，实现党的十八大提出的加快完善社会主义市场经济体制的战略任务还需要付出艰苦努力。"[①]因此，为民营企业创造公平的市场竞争环境，是涉及到我国社会主义市场经济体制建立和完善的大问题，必将引起我国国家治理的深刻变化。

但我们也不能忽视第二个层面的所有制意义的竞争中性原则。长期以来，我国国有企业尤其是央企和一些大中型国有企业，在其运行过程中受到国家更多的政策介入和其他干预，其承担的社会责任更大，国有企业的社会负担更重，从而在事实上损害了国有企业作为独立的市场竞争主体地位，妨碍了国有企业成为社

---

① 习近平：《切实把思想统一到党的十八届三中全会精神上来》，2013年11月12日，收于《习近平谈治国理政》，外文出版社2014年版，第95页。

会主义市场经济中独立自主、自负盈亏、自主决策、自我发展的微观主体和法人主体，使国有企业在其发展中担负了过多的国家成本和社会责任。这是另一种意义上的所有制歧视。这一点却往往被研究竞争中性原则的学术界人士和政策制定者所忽略。当前我国国有企业正在构建和完善现代企业制度，完善内部法人治理结构，这就要求理顺国有企业和国家的关系，国家要消除对于国有企业的过多干预，真正做到政企分开，使国有企业能够在消除不适当的社会负担和政府干预的条件下真正以独立市场主体地位进行与其他市场主体的公平竞争。这一观点，对于我国继续深化国有企业改革、推动国有企业加快建立现代企业制度完善公司治理、对于我国深化金融体制改革，都有深远的意义。本文在第三和第四部分将展开分析。

2.国民待遇意义上的竞争中性原则

给予外商投资以国民待遇，是各国对待外商投资的通行做法。2019年3月15日十三届全国人大二次会议表决通过的《中华人民共和国外商投资法》规定：国家实行高水平投资自由化便利化政策，建立和完善外商投资促进机制，营造稳定、透明、可预期和公平竞争的市场环境。国家对外商投资实行准入前国民待遇加负面清单管理制度。所谓准入前国民待遇，是指在投资准入阶段给予外国投资者及其投资不低于本国投资者及其投资的待遇；所称负面清单，是指国家规定在特定领域对外商投资实施的准入特别管理措施。国家对负面清单之外的外商投资，给予国民待遇。国民待遇意义上的竞争中性原则，一般被理解为要给予外商投资以公平公正的待遇,不要歧视外商投资,对外国投资和国内投资要一视同仁,这一精神是符合世界贸易组织原则的,为各国所公认。但是我们往往忽视了在扩大开放、引进外资、给外资国民待遇的同时,也要公平对待内资,要对内资实行国民待遇,也就是"给国民以国民待遇"。这对于我国扩大对外开放尤其是扩大金融业对外开放有重要意义。金融业扩大对外开放,要求我国金融业要放开对外资的各种约束(尤其是股权比例限制),使外资能够公平进入中国金融业;但是这一放开股权比例限制的国民待遇,也要公平地给予我国国内资本,允许民营资本进入金融业,降低金融业的准入门槛,使金融业的股权结构更加完善合理。这也是我国未来金融业改革的重要方向,这才真正符合竞争中性原则,即中外资一视同仁。

3.区域发展意义上的竞争中性原则

区域发展意义上的竞争中性原则,指在一个国家的各个地区,不应明显存在各类有违公平竞争的政策,要鼓励区域发展一体化和统一市场的形成,避免区域之间形成各种歧视性和差异性政策。现实中存在很多违背"区域发展意义上的竞争中性原则"的情形,大致可以分三种情况。

第一种情况是由于国家战略而形成的不同地区产生对企业的政策层面的差别待遇,从而导致对竞争中性原则的消极影响。我国在改革开放之后采取了梯度开放的战略,东中西部依次开放,中西部开放的时间比东部平均晚 10~20 年左右,从而导致东中西部在对待外资和内资的政策上出现明显的差异,这些差异实际上为不同地区的内外资提供了反差极大的不平等不公平的待遇，内地的企业难以获得相应的东部地区的政策优惠和补贴等。

第二种情况是由于地方竞争而带来的市场竞争主体待遇在区域间的不平等。改革开放以来，地方政府为了争取更多的外商投资、为了获得更多的有竞争力的国内优秀企业，而制定了具有竞争力的地区性的优惠政策，而这些优惠政策并不自动地适用于本地区的其他企业，从而形成了引进的外资、引进的国内优秀企业与区域内本来存在的其他企业之间在竞争中处于不平等的地位，不符合竞争中性原则。实际上我国改革开放以来所形成的开发区和产业园模式，均存在这种情况，这是地方政府竞争所导致的自然结果。

第三种情况是由于地方保护所带来的区域内外不同企业之间的不平等待遇。很多地方政府出于对自己区域内的产业和企业进行保护的动机，对其他地方的同类产品采取各种政策上的排斥，通过各种行政手段或其他手段鼓励本地区消费本地区的产品，从而构成了对其他地区同类产品的歧视性和差异性待遇，这导致市场割据，有害于区域一体化和统一市场的形成，有悖于竞争中性原则。

区域发展意义上的竞争中性原则，要在区域一体化发展和整个国家区域发展战略的调整过程中，逐步加以实践和贯彻。我国目前实施区域均衡发展战略，试图在克服原来的梯级区域发展战略所造成的地域不均衡方面有所突破，同时在构建社会主义市场经济体制的过程中，正在努力打破地方保护主义，着力构建统一的国内市场。这些举措，对于贯彻区域发展意义上的竞争中性原则，具有重要的意义。不同区域的金融机构的发展和金融资源的配置，也同样要体现区域发展意义上的竞争中性原则，要使金融资源在区域间得到均衡的配置，不要形成不同区域间金融机构的不平等待遇，尤其是加大对边疆地区、民族地区、贫困地区的金融支持力度。

三、金融需求主体意义上的竞争中性：引导金融体系更好支持实体经济发展

就金融体系而言，竞争中性原则主要体现在金融需求主体意义上的竞争中性和金融供给主体意义上的竞争中性，也就是要从供给侧和需求侧来探讨竞争中性的内涵和政策意义。本文第三部分主要探讨金融需求意义上的竞争中性，第四部分集中探讨金融供给意义上的竞争中性。

金融需求主体包括国有企业、民营企业，民营企业中还包括大中型民营企业和小微企业（本文暂不探讨我国境内的外资企业的融资问题）。金融需求主体意义上的竞争中性，就是要对所有金融需求主体一视同仁，在融资方面公平对待，既要消除所有制歧视，又要消除规模歧视。消除所有制歧视意味着要对国有企业和民营企业实施平等的融资政策，为国有企业和民营企业创造公平的融资环境，尤其要加强对民营企业的融资服务，为民营经济发展提供助力；消除规模歧视就要对大中型企业和小微企业同等

对待，实施公平的信贷政策，尤其要加强小微企业融资，为小微企业发展保驾护航。

第一，缓解民营经济融资约束。民营经济是我国以公有制为基础的多种所有制并存的基本经济制度的重要组成部分，是拉动我国经济增长的重要引擎和保障社会就业的主力军。近年来，为保障和鼓励民营经济健康发展，国家陆续出台了保护民营企业家产权、鼓励和激发民营企业家精神、为民营经济发展提供公平竞争环境的若干政策法规，在整个社会营造了支持鼓励民营经济发展的宏观氛围。面对民营经济这样一个强大的融资需求主体，金融机构应该摒除所有制歧视，为民营经济提供多元化的融资便利，降低民营企业的融资成本。监管部门对于金融机构因支持民营企业而造成的不良贷款和因支持国有企业而造成的不良贷款不应有差别性的待遇，金融机构在对民营经济进行信贷服务的过程中应采取与国有企业同等的信贷条件。国家和地方政府不应以各种或明或暗的补贴来引导金融机构更多地给国有企业贷款，而是应该对民营企业和国有企业采取一视同仁的政策，在鼓励金融机构提高民营经济信贷支持方面下大气力。当然，民营经济融资约束问题的成因极为复杂，既有供给侧的问题，也有需求侧的问题，即作为融资需求主体，民营经济在很多方面也存在着一些短板，对民营经济更好地获得信贷支持形成了阻碍[1]。因此，既要从供给侧角度鼓励金融机构加强对民营经济的信贷支持，同时通过加强股权融资、通过多层次资本市场的构建，来缓解民营经济的融资约束；同时又要从需求侧角度解决民营企业自

---

[1]　王曙光：《金融发展理论》，中国发展出版社2010年版，第274~275页。

身的问题,尤其是信用不足问题,通过征信体系的完善、通过民营企业信息网络的建立,为民营经济融资约束的缓解提供政策支持。

第二,解决好小微客户融资难融资贵问题,构建普惠金融体系。在传统的金融体系中,存在着对于小微客户(包括小微企业和农户等弱势群体)的信贷歧视,金融机构往往在信贷服务中追逐大客户,却在金融产品设计和金融机制设计中忽略了微型客户,对于小微企业和农户的强烈的金融需求响应不足。这种现象严重影响了我国城市小微企业的发展和乡村振兴战略的实施。小微企业融资难问题,表面上看金融机构嫌贫爱富歧视小微客户的问题,但从深层次来看,小微企业融资难的症结在于金融机构的金融产品创新和金融机制创新能力不足,因此难以解决因信息不对称而带来的风险和成本。近年来,各类金融机构在服务中小微客户方面创造了大量的经验,通过互联网金融、产业链金融、金融服务网点电子化等技术手段和金融创新手段,更好地服务于小微客户,同时通过大数据自动授信技术等降低服务小微客户的风险成本,取得了明显的成效。在宏观经济下行时期,服务分散化的小微客户实际上是金融机构保持盈利保持稳定的重要举措,而"垒大户"导致贷款集中度高累积更多风险,这一观点已经获得金融界的普遍认同,不仅一些农商行、城商行等把自己的主导客户群体定位为小微,而且很多国有商业银行和股份制商业银行也开始把信贷服务重点放在中小微客户,以提升整个银行的抗周期波动能力。近年来,银行业金融机构小微企业贷款余额持续增长,从2012年的14.77万亿元增长到2017年的30.74万亿元,年均复合增长率为15.79%，小微企业贷款占银行全部贷款比重持续上升，近年约占银行贷款四分之一。目前，小微企业融资的拓展空间还很大，从小微企业融资情况来看，目前只有10%左右小微企业能够获得贷款，还有90%尚未覆盖，融资缺口接近12万亿元[①]。

第三，以金融手段继续支持国有企业转型升级，深化国企改革，提升国企质量。在强调金融需求意义上的竞争中性原则、呼吁给民营企业尤其是中小微企业更多的信贷支持、消除所有制歧视和规模歧视的同时，我们也不要忘记以金融手段继续支持国有企业发展壮大。新时期以来，我国国有企业在混合所有制改革、国有资本管理体制改革等改革举措的推动之下，其所有权结构、公司治理结构等发生了深刻的变化，产权多元化和公司治理规范化成为国企的主流，同时国企在去产能、去杠杆、调结构的过程中进行了深刻的行业整合和产业升级，这些行动都极大地改变了国有企业的面貌，使得国有企业的运营机制和效率有了极大的改善。金融机构应该以公平、平等的态度对待国有企业，以竞争中性原则继续支持国有企业转型升级，支持国有企业的混合所有制改革和技术创新，而不应走另外一个极端，削弱对国有企业的支持，从而导致另一种所有制歧视。总之，要秉持竞争中性原则，摒弃各种形式的"唯所有制论"，既不能歧视民营企业，也不能反过来歧视国有企业。

[①] 中国建设银行、中国经济信息社主编：《中国普惠金融蓝皮书：中国实践与国际借鉴》，新华出版社2018年版，第36、43页。

四、金融供给主体意义上的竞争中性：推进金融业自身深化改革

金融供给主体包括外资金融机构、国内金融机构，国内金融机构又包括国有金融机构和民营金融机构，民营金融机构中又包括大中型民营金融机构和小微金融机构。金融供给主体意义上的竞争中性，就是从供给侧的角度，对中外资金融机构、对国有和民营金融、对大型和中小型金融机构一视同仁，实施公平平等的待遇，鼓励各类机构自由竞争、平等竞争；同时在特殊情形下，如果需要对某一类金融机构进行补贴，则补贴的条件和内容应该是透明的、公开的、公平的；在另外一些特殊情形下，按照国际通行的规则，如果要对某一类金融机构实施负面清单制度①，则负面清单的制定和实施也应该是透明的、公开的和公平的。

第一，给外资金融机构提供公平的市场竞争环境，实施国民待遇。我国在2019年3月通过了《外商投资法》，其中强调对外商投资（含外国在华金融机构）实施国民待遇，这是我国进一步扩大对外开放的重要举措和重要标志。我国的金融开放进程，是一个渐进的、有控制的、与中国经济发展和金融发展情况相适

---

① 按照《中共中央关于全面深化改革若干重大问题的决定》要求，国务院于2015年10月19日发布了《国务院关于实行市场准入负面清单制度的意见》，就实行市场准入《负面清单制度》提出了意见。所谓市场准入负面清单制度，是指国务院以清单方式明确列出在中华人民共和国境内禁止和限制投资经营的行业、领域、业务等，各级政府依法采取相应管理措施的一系列制度安排。市场准入负面清单以外的行业、领域、业务等，各类市场主体皆可依法平等进入。

应的金融开放过程，这个过程必须稳健、有序。外资金融机构进入中国，其业务范围、参与中国金融机构股权结构的比例等，都是一个根据现实情况不断调整的过程。同时，这种国民待遇原则也是对等的，我国金融机构在国外也要获得其他国家的国民待遇，要平等地进入其他国家的金融市场。

第二，在推动金融业对外开放的同时加强对国家金融安全的关切，保障国有金融资产不流失。我国在金融开放的过程中，既要遵循竞争中性原则，积极引进外国金融机构，给外国金融机构以平等待遇；同时，我们还应该时刻绷紧金融安全这根弦，保障我国金融体系的稳定。在我国金融机构尤其是银行业引进外资的过程中，我们既有很多正面的经验，也有比较惨痛的教训。外国银行和金融机构进入中国，既带来我国银行业股权结构多元化和内部治理结构完善化等作用，也会带来一些金融风险，要对外资金融机构给金融体系带来的不确定性进行监督和风险管理。我国国有商业银行在改制上市的过程中，引进了若干外国战略投资者，境外战略投资者在入股时获得低价资产而在解禁后抛售股份退出从而获得巨额收益，造成我国巨额国有资产的流失，历史教训值得汲取。要对外资金融机构进行审慎监管，对外资金融机构所造成的微观和宏观金融影响进行定期的评估和预判，从而在推动金融业对外开放的同时保障我国金融安全。

第三，深化国有金融机构产权结构和治理结构改革。竞争中性原则要对国有金融机构和民营金融机构一视同仁。事实上，国有银行以及国家或地方政府参与的股份制银行，长期以来承担了大量的国家使命和社会责任，国家在经济增长、宏观调控、产业结构调整、国有企业改制、地方经济发展中,给国有银行赋予了太多的责任和义务,国有银行在运营过程中由于国家使命而增加了大量的运营成本,这些问题导致国有银行实际上很难成为独立的市场主体,这是严重违背竞争中性原则的。因此,未来要按照竞争中性原则,剥离国有银行身上的政策性负担,剥离不适当的社会责任,对于其不得不承担的国家使命和社会责任给予透明的公平的补贴,消除国家和地方政府对国有银行和其他银行的行政性管制和介入,进一步推进国有金融机构的产权改革和治理结构变革。

第四,鼓励民营金融机构发展。我国民营银行近年来终于开启破冰之旅,民营金融机构的发展为我国金融体系股权多元化、市场竞争主体多元化、民营经济融资来源多元化等,做出了历史性的贡献。未来,在竞争中性原则指引下,我国应进一步降低金融业的准入门槛,允许更多的民营资本进入金融业,建立更多的民营银行,消除金融业的垄断局面;要对民营资本参与村镇银行、农商行和城商行等金融机构提供条件,鼓励民营资本参股银行业机构。

第五,鼓励小微金融机构的发展,尤其是鼓励和支持边疆民族地区和贫困地区小微金融机构发展。小微金融机构在我国商业银行谱系中扮演着特殊的角色,对县域经济发展和小微企业发展有着极为重要的意义,也是我国保持经济增长活力尤其是保持小微企业活力的重要保障。长期以来,我国大中型商业银行(包括国有商业银行、全国性股份制商业银行以及一些较大城市的城商行)发展较快,但对遍布城乡的中小微金融机构却重视不够,而这些中小微金融机构(包括农商行、村镇银行、较小城市的城商行、小额贷款机构等)却是保障我国基层"细胞"保持活跃的重要支撑力量,它们为各类小微客户提供了优质的服务,为我国构建普惠金融体系做出了重要贡献。在县域金融市场竞争中,要按照竞争中性原则,对大型商业银行和中小金融机构一视同仁,大型商业银行和中小金融机构同样要承担支持小微企业、支持县域经济、支持乡村振兴的使命;对于搞信贷歧视政策、在县域及乡村大量吸收存款但对县域及乡村贷款比例极低的金融机构(这些存款往往被吸走而在大城市中使用),要进行一定的限制和约束(美国的《社区再投资法》就是对这种信贷歧视行为的一种限制和约束,我国应出台相应法规遏制信贷歧视现象),而对于在县域与乡村进行大量信贷服务的中小金融机构,要进行相应的透明而公平的补贴与奖励。特别是在那些边疆民族地区和贫困地区,很少有大的金融机构在那里提供信贷服务,而主要是一些当地的小微金融机构以极大的经营成本提供各种金融服务,为边疆民族地区的稳定发展做出了贡献,为反贫困做出了贡献,对于这类服务边疆的小微金融机构也应按照竞争中性原则进行透明、公平的补贴。

五、结论

在新时期高质量发展、扩大金融开放和宏观经济稳中求进的大背景下,我国金融体系正处于一个艰苦的制度变迁和机制转型时期。要在竞争中性原则下深入推进金融发展和深化金融体制改革,我们必须同时贯彻金融供给主体意义上的竞争中性原则和金融需求主体意义上的竞争中性原则:在金融供给主体层面对中外资金融机构和国有民营金融机构以及各类规模的金融机构一视同仁,消除所有制歧视和规模歧视,同时高度关注国家金融安全,高度重视对小微金融机构尤其是边疆民族地区和贫困地区的小微金融机构的公平透明的扶持政策;在金融需求主体层面要高度重视对民营经济尤其是民营中小微企业的信贷支持,运用各种金融产品创新和金融机制创新手段加强对民营经济的金融服务,保障我国经济稳中求进高质量发展,同时要继续在市场化原则下加强对国有企业提质增效转型升级的金融支持,支持国有资本做强做大,两者不可偏废,不可在矫正一种所有制歧视时出现另一种所有制歧视。

第十五章
财政视域中的赶超型国家与技术进步（1949—2019）

本章发表于《经济研究参考》2019年第8期，作者：王丹莉。

在新中国七十年发展历程中,财政对科技进步的影响经历了一个"由内到外"的转变过程。从最初的以财政投入直接主导和影响企业的技术研发与改造,到逐渐退出包括技术研发在内的企业日常生产经营活动、以鼓励技术引进的方式推动企业的技术改造与升级,再到后来的通过专项资金、财政补贴、税收优惠、投资导向、政府采购等多种政策来引导和鼓励企业的自主研发和技术创新行为。这种转变与中国在工业化不同阶段面临的不同任务与发展瓶颈密切相关。科技进步与发展并不单纯是经济问题,需要国家做出长远的战略判断和准备。在构建新型举国体制的过程中,政府与企业都扮演着重要的角色,工业化加速期的技术进步需要宏观与微观的双重引擎。

一、引言

中美贸易摩擦引发了人们对于大国制造与技术进步的广泛关注和讨论。高端制造业的技术进步与产业升级是西方发达国家最为关注的命题之一,因为这不仅能够为国家经济发展提供强大的可持续的动力,还将最终决定一个国家在全球经济体系中的地位和影响力。在世界经济形势日趋复杂的今天,对于中国这样一个至今仍处于工业化加速进程中的大国而言,高端制造业核心技术的进步与创新的重要性不言而喻。

对于"技术进步"的评价应该兼具静态与动态两个方面,即既要从静态的角度看本国重要产业领域的技术水平和其他技术先进国家相比所达到的状态,也要从动态的角度看这些关键性的技术是否依然在不断的前进当中,以及高端技术转化为实际生产力的效果。因而,"技术进步"并不是单纯的技术问题,而与制度环境密切相关。在新中国七十年发展历程中,政府在不同时期采取过不同的方式来推动技术进步,其中财政干预方式及其所发挥作用的变化,是政府作用机制最直接和最典型的体现和反映。本章尝试以财政视域为切入点,梳理和审视新中国七十年来政府在中国工业技术进步中的角色与作用,探讨不同时期财政支持政策的得与失,这对于中国在高质量发展和技术进步中构建新型举国体制具有极为重要的借鉴意义。

二、工业化初期的"建设财政":产业与技术奠基的实现

新中国在1950年进行了集中财政收支与财政管理权的"统一财经"工作,这缓解了中央政府的财政压力,一个独立、自主、高度集中的财政体系的构建为大规模经济建设的推进创造了最重要的条件,"从供给财政转为建设财政"成为新中国财政工作的主要任务之一[①]。1953年,过渡时期总路线的确立正式拉开了国家主导的工业化进程的序幕,从这时起直到改革开放,财政在我国工业体系的构建及工业技术的升级中发挥了至关重要的作用。

这种作用直接体现在两个方面。

首先,政府财政主导了社会投资的方向。从1953年第一个五年计划启动到1978年改革开放的二十余年间,经济建设费占

[①] 中国社会科学院、中央档案馆编:《中华人民共和国经济档案资料选编·1953–1957·财政卷》,中国物价出版社1995年版,第3页。

国家财政支出的比重几乎一直保持在50%以上[1]，高的年份甚至超过70%[2]。由此足以看出财政与生产建设之间的密切联系。由于选择了优先发展重工业的发展战略，工业，尤其是重工业，是财政投资的绝对重点。"一五"计划时期苏联援建的工业项目主要集中在煤炭部（27项工程）、电力部（26项工程）、重工部（27项工程）、一机部（29项工程）、二机部（42项工程）五个部门[3]。以此为基础，这一时期在机械、黑色金属、电力、煤炭、石油、金属加工、化学、建材、轻工等诸多领域开展施工的工矿建设单位超过1万个，限额以上项目921个，到1957年底限额以上项目全部投产或部分投产的达537个[4]。

"一五"时期这些项目的投产直接促成了包括飞机制造业、汽车制造业、新式机床制造业、发电设备制造业、冶金和矿山设备制造业，以及高级合金钢、重要有色金属冶炼业等在内的新的工业部门的建立，这些领域的起步与发展为新中国完整的工业体系的构建奠定了坚实基础。在那些原本十分薄弱的工业领域，"一五"时期也取得了生产能力和技术水平的大幅改进。以钢铁为例，1952年中国可以生产180余种钢和400余种规格的钢材，而1957年中国已经可以生产370余种钢和4000余种规格的钢

---

[1] 低于50%的年份仅有两个：1953年39.8%、1968年46.1%。
[2] 财政部综合计划司编：《中国财政统计（1950-1985）》，中国财政经济出版社1987年版，第64~65页。
[3] 国家经济贸易委员会编：《中国工业五十年·1953-1957·下》，中国经济出版社2000年版，第1329页。
[4] 国家经济贸易委员会编：《中国工业五十年·1953-1957·上》，中国经济出版社2000年版，第99页。

材[1]。财政投资对于工业的高度倾斜持续了整个计划经济时期，在改革开放前完成的四个五年计划中，对于重工业的基本建设投资占国家基本建设投资比重最低的是"一五"时期，为36.2%；"二五""三五"时期该比重均超过50%；"四五"时期达49.6%。冶金、机械、电力、煤炭等工业在各个五年计划时期的基本建设新增固定资产总是遥遥领先于其他工业[2]。

其次是政府财政管理对于投资过程的干预和控制。社会主义改造的完成彻底地改变了新中国经济的所有制结构，市场调节机制逐渐式微，单一公有制的实现使政府的计划管理涵盖了所有经济领域。作为工业生产主体的国营企业，其产品种类、产量产值、技术经济定额、新产品试制、成本、员工数量及工资总额、利润等重要指标都要接受政府的计划管理，从原材料供应到生产再到之后的流通销售，国营企业生产经营的几乎所有环节，当然也包括其财务制度，都是庞大的计划体系的构成部分。

从财务的角度来看，有两类资金和国营企业的技术改造、革新关系较为密切，一个是包括新产品试制费、中间试验费和重要科学研究补助费在内的"科技三项费用"，另一个就是企业可以用于更新改造投资的折旧基金。以新产品试制费为例，除了"大跃进"前后的1958~1961年间企业可自行从利润留成中支出新产品试制费外，其余的多数年份中，国营企业的新产品试制费都是以国家财政预算拨款的方式来解决，这笔资金的分配一

---

[1] 国家经济贸易委员会编：《中国工业五十年.1953–1957·上》，中国经济出版社2000年版，第100页。

[2] 国家统计局编：《中国固定资产投资统计年鉴1950–1995》，中国统计出版社1997年版，第103、184~185页。

般由国家科学委员会、国家计委、国家经委共同掌握,其中的80%~90%会分配给中央各部,主要用于"保证全国性新产品和部门新产品试制项目",其余分配给各省。1972年以后,包括新产品试制费在内的科学技术三项费用,如果是全国性项目,所需资金仍由财政预算拨款解决;如果是地方性的项目,则由"国家分配给地方的资金和更新改造资金"来解决。而为了保证全国范围内固定资产重置的统筹安排,1952~1966年间国营企业不仅要依据国家的规定提取足够的折旧基金,还必须将其全部集中上交国家,后来为调动企业发展生产和更新改造的积极性,中央一度曾于1967~1975年实行将全部或大部分折旧基金留给企业作为"更新改造资金"的制度,这笔资金企业不能用于"非生产性建设"。这一办法实行后,由于一些地区和企业将不少更新改造资金用于计划外的基本建设,所以自1976年又开始执行折旧基金部分上交的做法[1]。

由于政府财政对于投资方向以及整个投资过程的主导,作为微观经营主体的国营企业,对于设备更新、技术改造资金的支配是缺乏自主决策权的,这些资金首先要用于保证最重要的工业项目及相关技术的研发。当然,计划经济时期对企业的技术创新行为不乏其他的激励方式,比如国家以群众运动的方式调动更广泛的生产者对于技术革新的热情,无数参与技术改造和革新的生产者、技术人员并不以获得足够的经济利益作为自己的首要目标,最大限度的、不计回报的全民参与极大地促进了各个领域的技术革新。

---

[1] 财政部工业交通财务司编:《中华人民共和国财政史料》(第五辑),中国财政经济出版社1985年版,第79~85、17~28页。

"一五"时期新中国的发展，是以模仿苏联、优先推进大工业项目为重点。然而，这一发展战略在"一五"计划末期已经出现了调整的迹象，由于中苏关系变化及多种因素的影响，中国实际上从"大跃进"时期开始走上了一条大工业与中小工业并举、中央工业与地方工业并举的发展道路。1958年前后，为了配合工业发展战略的细微调整，从财政管理的角度来看，中央开始大幅度向地方放权，财政放权极大地提升了地方财政收入在全国财政收入中的比重，也使地方政府很快取代中央政府成为新中国政府投资的主体，缓解了中央政府的投资支出压力和计划管理能力有限的困境。地方政府有发展工业的强烈意愿，原因有二：其一，在计划经济时期，不论是微观层面的企业还是宏观层面的政府部门，各个行为主体都有在资源配置中争取更多资源进而扩张自身发展的冲动和愿望；其二，和农业相比，发展工业不仅可以更好地满足当地的各种经济需求，更重要的是还可以为地方政府带来更多的财政收入。因此，伴随着对中小工业、地方工业的重视和财政权利的下放，各地的地方工业也迅速发展起来，从制糖造纸榨油到石油化工煤炭，乃至电力冶金等等工业部门都有所发展，从而形成对大工业项目的有效补充。地方积极性的调动也促成了计划经济体制下一个颇具中国特色的竞争格局的形成，地方政府的财政投入对于我国完整的工业体系的构建以及中小工业的技术改造发挥了重要作用。

从宏观和微观两个层面去评判计划经济的效率或许是一种更为公允的态度。就宏观层面而言，计划经济在加速后发国家的工业化进程、提升其整体工业技术水平方面所发挥的作用是不能否认的。新中国在工业体系极其幼稚而不完整的条件下，通过建立计划经济体制实现了对有限的资金资源的充分调动和运用，以强大的国家动员能力，在极短的时间内构建起基本完整的、独立的工业体系，这为改革开放后中国经济的迅速崛起奠定了重要基础。

以工业总产值指数为例，1953年我国工业总产值指数为130.2[①]，1978年增至1599.2。而一些资本密集、技术含量高的工业部门产值指数变化更大。如1953年机械工业指数为155.9，1978年增至4897.3；电力工业由1953年的118.6增至1978年的3493.3；化学工业由1953年的136.1增至1978年的7607.3；冶金工业由1953年的136.6增至1978年的2267.3[②]。如果不是政府财政大规模的投资，机械、电力、冶金、化工等完全不是中国"比较优势"所在的产业部门不可能在短期内完成资本与技术的快速积累，实现生产能力的质的改变。

"技术进步"的内涵有很多，但实现经济结构性的改变无疑是其中最重要的内容之一。根据国家统计局的统计，1952年我国第一产业所占比重为50.5%，第二产业占20.8%，而到了1978年，三次产业的比重变为27.7%、47.7%和24.6%。一些工业部门从无到有、从薄弱到壮大，主要工业品的产量实现了数十倍的增长，在很多领域都具备和掌握了自主的工业技术。但同时也必须看到，计划经济体制下存在微观层面的效率低下。作为政府计划严格执行者的国营企业，在生产经营中包括技术研发在内的各

---

① 以1952年为100。
② 国家统计局编：《建国三十年国民经济统计提要（1949-1978）》，国家统计局1979年印行，第93~94页。

种决策都受到政府计划的直接干预和控制,而在信息不完备、体制僵硬等因素的作用下,政府的计划未必总是合理及时有效,因此就有可能带来资源配置的低效甚至是资源的浪费。尽管企业不乏扩张的冲动和改进产品、革新技术的想法,但缺乏自主决策权、缺乏外部竞争环境、有效激励不足等等因素都会不同程度地影响和制约企业的创新行为。

三、转型中的工业化:投资主体与技术改造方式的多元化

着力改善微观经营主体效率低下的状况正是改革开放后经济体制调整最重要的目标之一。在凭借"建设财政"奠定了工业体系与工业技术的初步基础之后,计划经济体制也完成了其在工业化初期的历史使命。1978年的十一届三中全会启动了改革开放的进程,到20世纪80年代中期,经济体制改革的重点开始由农村转向城市,中央不断扩大国营企业的经营自主权。改革的加速以及社会主义市场经济体制目标的逐步确立使我国政府以及企业的行为模式都发生了显著的改变,中国的工业化进入了一个新的阶段。在社会主义计划经济向社会主义市场经济、工业化初期向工业化加速期的双重转型的过程中,政府财政对国营企业的干预越来越少,投资主体与技术改造方式日趋多元化。

1984年底,财政部、国家计委以及中国人民建设银行联合发布了文件,为了提高经济效益,文件规定自1985年起国家财政

预算安排的基本建设投资全部改为银行贷款，这意味着即使是国家安排的投资项目也不能再无偿使用财政资金。随后的几年中，中央逐步推进"政企分开"，实现国有企业所有权和经营权的分离，政府大幅度减少对国有企业生产经营过程的行政性干预。而所有制结构的调整，使私营、个体、外资等非公有制企业快速成长起来，公有制工业企业已经不再是工业技术的唯一载体。

20世纪80年代中期至新旧世纪之交，政府财政对于工业企业技术革新的直接投入和计划经济时期相比是明显下降的。从宏观层面来看，20世纪的50年代是中国国家工业化的起步阶段，抛开这一时期不论，从统计数据上看，自1960年至1984年间，我国财政科学技术支出占当年国家财政支出的比重基本上一直保持在4.5%[1]以上，有接近半数的年份超过了5%。而在20世纪80年代中期以后，我国财政科学技术支出占当年国家财政支出的比重呈现出不断下降的趋势，1998年该比重降至3.34%，这也是1960年以来最低的一年。这一时期科学研究支出占国内生产总值的比例也明显偏低，1998年该比重仅为0.55%，而20世纪70年代这一比重保持在1.24%～1.55%之间[2]。

经济体制改革日益深入，市场在资源配置中的作用受到越来越多的重视和强调，对于工业企业的财政投入必然随着政府对微观经济主体干预的减少而减少。相比于中小企业，大中型工业企业一般会得到政府更多的关注和投入，而1999年我国大中型工

---

[1] 只有1967（3.47%），1968（4.11%）和1973（4.27%）、1974（4.38%）四个年份该比重低于4.5%。

[2] 楼继伟主编：《新中国50年财政统计》，经济科学出版社2000年版，第145～146页。

业企业技术开发经费筹集总额为665.4亿元,其中"政府资金"仅为49.7亿元,占技术开发经费筹集总额的比重只有7.46%,其余均来自"企业资金"和"银行贷款"。当然,不同行业的大中型工业企业所获得的"政府资金"仍有差异,有些行业比如交通运输设备制造业(11.5亿元)、电力蒸汽热水的生产和供应业(7.01亿元)、石油和天然气开采业(5.4亿元)、电子及通信设备制造业(4.62亿元)等行业大中型工业企业的技术开发获得了比较多的"政府资金"支持。但即使在这些行业中,"政府资金"亦不是企业技术开发经费的主要来源,交通运输设备制造业"政府资金"占全行业大中型工业企业技术开发经费总额的比重为15.18%、电力蒸汽热水的生产和供应业为37.11%、石油和天然气开采业为21.47%、电子及通信设备制造业为4.63%[1]。

一方面是政府财政投资在国有经济的投资资金来源中所占比重的大幅下降,在20世纪90年代这一比重已经不足10个百分点;另一方面,即使是国有经济本身,其投资重点也发生了明显的转移,在改革开放前直至改革开放初期,第二产业一直是国有经济的投资重点,而在1990年到2000年这十年间,国有经济用于第二产业的固定资产投资占其固定资产投资总额的比重由1990的59.1%下降为2000年的29.2%,国有经济的投资开始更多地向第三产业倾斜[2]。因此,整体而言,从20世纪80年代中期直到世纪之交,政府财政对于工业企业的技术改造的投入和影响是有所缩减的。

---

[1] 国家统计局、科学技术部编:《中国科技统计年鉴2000》,中国统计出版社2000年版,第74~75页。

[2] 王曙光、王丹莉:《维新中国——中华人民共和国经济史论》,商务印书馆2019年版,第244~245页。

当然，为了推动国营企业的技术改造和进步，这一时期政府推出了其他政策，比如对技术引进的倡导和鼓励。1985年，《中共中央关于科技体制改革的决定》出台，科技体制的改革逐步启动。伴随对外开放，这一决定中明确地提出要实现技术开发工作的转变，"把引进技术放在发展生产技术、改造现有企业的重要位置上来"，并鼓励"技贸结合、工贸结合"的技术引进方式[①]。"以市场换技术"的指导思想也在此前后逐步形成并付诸实践，80年代中后期中央以及地方政府出台了一系列优惠政策推动外资和西方先进工业生产技术的引进。我国的技术引进规模在1985年有了极大幅度的增长，其中仍以"关键和成套设备"的引进为主体，但以"技术许可""顾问咨询和技术服务""合作生产"等方式完成的技术引进和以往相比也明显增长。此后的十余年间，中国的技术引进规模虽然时有调整，但基本一直居高不下。

从20世纪80年代中后期直到21世纪之初，不论是政府还是学界都不乏通过购买、引进技术设备来推动技术升级的声音，中国也的确在机电、石化、冶金等诸多领域大量引进国外设备和技术，这对于改进国内工业企业的生产设备、提高当时国内企业的技术水平、生产能力以及产品在国际市场上的竞争力发挥了重要作用。在改革开放的推动下，中国快速地融入了全球经济体系当中，凭借低廉的劳动力成本和大规模的要素投入，中国的很多制造业企业在世界市场上迅速占有一席之地。中国成为世人眼中名副其实的制造业大国，然而，制造业大国与制造业强国并不是

[①] 《中国高新技术产业开发区年鉴（2010）》，中国财政经济出版社2011年版，第6页。

一个等同的概念。

20世纪90年代克鲁格曼关于东亚经济增长由于缺乏技术进步支撑而不可持续的论断在经济学界引起了一场备受关注的争论。尽管学者们关于这一观点本身并没有形成共识，但克鲁格曼的研究引出的命题至关重要，即什么样的经济增长才可持续。当大规模的劳动力、资本等要素投入所能带来的增长不足以抵消技术进步缓慢的消极影响时，经济可能就会增长乏力。

客观而言，逐步成长为市场经济环境中的竞争主体的国有企业对于自主研发和技术创新越来越重视，相当一部分大中型机械工业企业都有自己的技术研究机构，R&D经费支出也不断增长。结合对国外技术的消化吸收，国内企业攻克了很多技术难题，也不乏具有自主知识产权的技术和产品。但企业的R&D经费支出规模远低于技术引进经费规模。由于对技术引进的高度重视与强调，这一时期的国内企业对国外技术的依赖程度较高，以自主研发为基础的技术创新能力相对较弱。以机械工业为例，国外技术是当时机械工业的主要技术来源，在21世纪初期，我国光纤制造装备的100%、可编程控制器（PLC）近100%、大中型分散型控制系统（DCS）的90%、集成电路芯片制造装备的85%、石油化工装备的80%、轿车工业装备、数控机床、纺织机械和胶印设备的70%均被国外进口产品占领，国内企业并没有掌握这些关键技术。在精密数控机床及核心配件的进口方面，发达国家对中国始终存在事实上的限制甚至是禁运措施[1]，而这种核心技术自主创新能力薄弱的现象在很多工业部门都存在。

---

[1] 中国社会科学院工业经济研究所编：《中国工业发展报告·2004》，经济管理出版社2004年版，第208、211~212页。

事实上，在经济体制与工业化阶段转型过程的初期，对于以自主研发为基础的技术创新在一定程度上存在投入不足的问题。在构建市场经济环境的过程中，政府作为原有的主导技术研发与创新的主体逐步退出，而作为新的技术研发与创新主体的企业尚在成长和适应市场经济的过程中。政府财政投入的缩减以及工业企业研发投入的不能及时跟进，带来的结果是这一时期的中国在科技创新方面并没有取得与高速增长的经济相匹配的成绩。在成长和发展的起步阶段，企业在技术进步路径选择中的短期主义行为难以避免。作为市场经济条件下的理性投资者，企业都会偏好能够尽快收回成本并为其带来收益的投资，不论是设备还是产品的研发均是如此。对原有技术的突破和创新可以给企业带来更多的收益，但如果技术创新的过程中存在过多的不确定性或过高的成本投入，不能在短期内给企业带来相应的市场回报，企业就缺乏足够的动力去进行自主研发和技术创新。1999年我国R&D经费支出总额为678.9亿元，占国内生产总值的比重[①]为0.83%[②]，远低于一些发达国家的水平。

技术引进为改革开放初期的中国企业节约了研发成本，但并没有让中国企业走向技术的最前沿。在2000年前后，我国制造业企业的技术水平并不乐观，很多国家重点企业亦缺乏长期的技术储备以及拥有自主知识产权的产品和技术。根据国家经贸委当年对钢铁、有色、石油化工、电力等15个行业的调查，在国内企业的工业装备中，技术经济性能比较先进的仅占1/3，超期率

[①] 在后来的统计公报中，这一指标被称为投入强度。
[②] 参见国家统计局网站公布《1999年全国科技经费投入统计公报》http://www.stats.gov.cn/tjsj/tjgb/rdpcgb/qgkjjftrtjgb/200204/t20020404_30473.html。

高达40%，机械行业能够达到国际水平的设备仅有12%。高附加值产品的生产能力不高，例如尽管中国已成为世界钢铁第一生产大国，但每年仅轿车用钢板、冷轧薄板等十余个品种就需进口700万~800万吨[1]。与此同时，我国当时的高技术企业主要是组装加工、贴牌生产，高技术产品的出口以中低技术产品为主，加工贸易是企业主要的经营方式，约占90%，核心部件、关键技术均依赖进口。由于不掌握关键技术，中国的高技术产业既不具备强大的技术创新能力，也无法在全球产业链中获得较高的收益和利润[2]。从长远来看，中国企业的技术进步仍有很长的路要走。

四、工业化加速期的技术进步需要宏观与微观的双重引擎

在资源环境压力不断增大、粗放型增长模式带来的问题日益显现的背景下，只有推动科学技术的创新才能使中国走上一条高质量、可持续、低能耗、少污染的发展道路，对于大多数工业企业而言，只有提升产品的技术含量，才可能在国际市场上获得真正的、持久的竞争力。不论是从宏观还是微观的层面来看，在经历了前一阶段的下降之后，21世纪以来整体上我国关于科学技术、自主研发的投入进入了一个不断增长的阶段。财政科学技术支出

---

[1] 中国社会科学院工业经济研究所：《中国工业发展报告（2000）》，经济管理出版社2000年版，第72页。

[2] 曾培炎主编：《中国高技术产业发展年鉴（2002）》，北京理工大学出版社2002年版，第33~34页。

的规模不断增加,财政科学技术支出占国家财政支出的比重也开始缓慢地回升,2006 年后基本上一直保持在 4% 以上[1],明显高于 20 世纪 90 年代的水平。2001～2017 年的近 20 年间,我国财政科学技术支出翻了几番,除了 2014、2015 和 2017 三年外,其余年份均保持着两位数的年增长率。

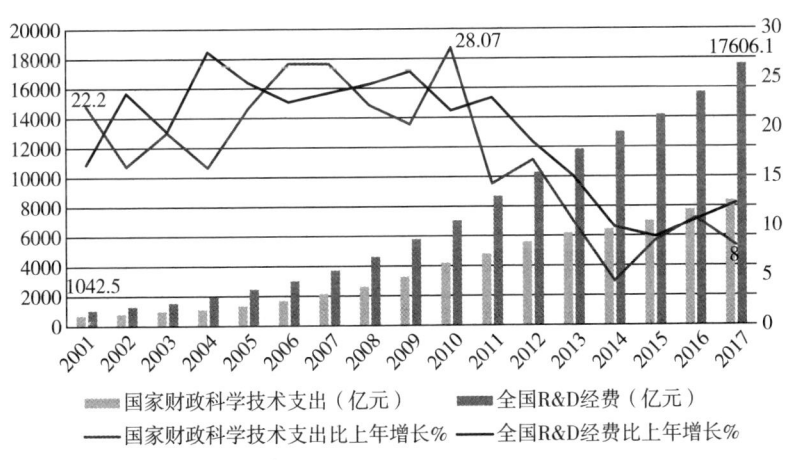

图 15.1 2001 年以来我国财政科学技术支出规模及全国 R&D 经费变化情况

数据来源:①主要引自国家统计局网站历年《全国科技经费投入统计公报》及第一次、第二次全国科学研究与试验发展(R&D)资源清查主要数据公报 http://www.stats.gov.cn/tjsj/tjgb/rdpcgb/qgkjjftrtjgh/index.html;②2012 年数据引自财政部网站公布的《2012 年全国科技经费投入统计公报》http://www.mof.gov.cn/zhengwuxinxi/caizhengshuju/201309/t20130926_993359.html;③2012 年财政部对科学技术支出统计口径做了调整,并修订了 2007～2011 年数据,本表中 2007～2011 年间的国家财政科学技术支出数据为调整后的数据。④各年度第一列柱状图反映的是当年国家财政科学技术支出的规模,各年度第二列柱状图反映的是当年全国 R&D 经费的规模;首尾即最高点有数据标签的折线代表国家财政科学技术支出规模的年增长率,没有数据标签的折线代表全国 R&D 经费的年增长率。

---

[1] 参见历年《全国科技经费投入统计公报》。

政府对于科技发展的关注不只表现为财政投入的增长，还表现为促进科技研发的各种配套政策的出台。为了落实《国家中长期科学和技术发展规划纲要（2006～2020年）》，财政部2007年曾制定《自主创新产品政府采购预算管理办法》，尝试建立财政性资金采购自主创新产品制度，希望通过在国家重大工程及政府采购中优先购买自主创新产品来鼓励企业的技术创新行为，同时，以所得税前抵扣、税收优惠等方式鼓励企业的研发投入和自主创新。在提出实施创新驱动发展战略之后，一个综合性的政策支持体系也在逐步形成中，财政体系依然是其中重要的一环。继国家科技成果转化引导基金之后，2015年国务院决定设立国家新兴产业创业投资引导基金，整合政府财政资金并吸引社会资本参与，以市场化的运营方式投资支持初创期的新兴产业、高技术产业和创新型企业的发展，新一代信息技术、高端装备、新能源、新材料、生物、节能环保等新兴产业都将是基金投资的重点领域。此后不久，以帮助中小企业发展、提升其创新发展能力为目标的国家中小企业发展基金也成立并投入运营。专项资金、财政补贴、税收政策调整及优惠、投资导向、支持创新产品的政府采购政策等诸多财政手段都成为政府推动企业特别是一些新兴及战略性产业领域的企业自主创新、技术研发以及科技成果转化的重要途径。

除此而外，还有一个值得关注的现象是，中央与地方财政科学技术支出在全国财政科学技术支出比重的显著变化，在2000年前后，中央财政科学技术支出占全国财政科学技术支出的比重一般在60%以上，地方财政所占的比重35%左右，而2000年以后，地方财政科学技术支出占全国财政科学技术支出的比重经历了一个不断上升的过程，2017年这一比重为59.2%，中央只占四成左右。财政投入的多少代表着政府对于科技研发的重视程度，这在一定意义上也说明近年来对于科技研发的投入已经成为从中央到地方各级政府的一个共识。为了加快经济的发展和不断提升竞争力，地方政府同样有动力推动所辖区域内的技术进步。在中央奠定的政策基调下，近年来很多地方政府都不断出台利于推进科技进步和企业自主创新的政策以及扶持规划，这带动了全社会研发投入的增长。2017年北京、上海两地的R&D经费投入强度已经分别达到5.64%和3.93%，包括北京上海在内，全国已经有9个省份2017年的R&D经费投入强度在2%以上[1]。

从微观层面而言，我国工业企业的研发经费大幅增长。以大中型工业企业为例，2017年我国大中型工业企业研究与试验发展经费支出已经高达8976.19亿元，在2000年这一支出总额仅为353.39亿元。而世纪之交，我国企业技术引进的方式亦发生了较为明显的改变。从改革开放初期到20世纪90年代末，"关键和成套设备"引进几乎一直在我国技术引进中占据绝对主体的位置，有的年份设备引进合同金额占全部技术引进合同金额的比重在70%以上。2001年，"关键和成套设备"引进在我国技术引进中所占的比重已经不足40%，和20世纪90年代相比大幅度下降，而以"专利技术、专有技术的许可或转让""技术咨询、技术服务"等方式完成的技术引进所占的比重则快速上升，在新

---

[1] 参见2018年10月国家统计局、科学技术部、财政部：《2017年全国科技经费投入统计公报》，引自国家统计局网站http://www.stats.gov.cn/tjsj/tjgb/rdpcgb/qgkjjftrtjgb/201810/t20181012_1627451.html。

世纪的最初十年中，这两者合占的比重高的年份可以达到80%以上。这也从一个侧面反映出中国企业的技术需求发生了变化。

改革开放以来中国在工业生产以及科学技术的诸多领域所取得的成就是举世瞩目的，可以佐证的资料与数据不胜枚举。但是，在看到成绩的同时我们也必须看到问题和差距。和以往相比，中国研究与试验发展（R&D）经费投入规模以及投入强度均在不断的提升当中。2011年，中国规模以上工业企业R&D经费投入强度为0.71%，而同期美国、日本的制造业R&D经费投入强度为3.4%，是中国的4倍多[1]。2017年我国规模以上工业企业的R&D经费投入强度全国平均为1.06，分行业来看仅有"铁路、船舶、航空航天和其他运输设备制造业"和"仪器仪表制造业"的R&D经费投入强度超过了2%，分别为2.53%和2.11%，除了"医药制造业"（1.97%）、"计算机、通信和其他电子设备制造业"（1.88%）、"专用设备制造业"（1.78%）和"电气机械和器材制造业"（1.73%）等几个行业的R&D经费投入强度接近2%之外，其余绝大部分行业规模以上工业企业的R&D经费投入强度多在1%以下[2]。相比于其他领域，高技术制造业的R&D经费投入强度更高，但2017年我国高技术制造业的R&D经费投入强度为2%。我国工业企业的R&D经费投入强度仍有很大的提升空间。

同时，还有一些领域的核心技术不得不依赖国外。2015年，我国企业从国外引进技术的合同总额比2014年有所下降，但是

---

[1] 中国社会科学院工业经济研究所编：《中国工业发展报告2013》，经济管理出版社2013年版，第48页。

[2] 国家统计局、科学技术部、财政部：《2017年全国科技经费投入统计公报》。

专有技术和专利技术的许可及转让金额不仅没有下降，反而分别比上年增长了9.5%和19.5%[1]，从国外购买依然是我国企业获得先进技术的一个重要方式。截至2017年，我国高端芯片和通用芯片的对外依存度超过95%，95%的高档数控机床，几乎全部的高档液压件、密封件和发动机等等都要依赖进口[2]。提升核心技术的研发能力依然是中国企业亟待解决的命题。

在技术进步的过程中，有两个问题是值得深思的。

其一，自主创新还是依靠引进，这是一个问题，自新中国工业化进程开始至今一直面临这样的抉择，在不同的时期我们尝试过不同的方案。新中国成立之初，由于西方的物资与技术封锁和政治上的"一边倒"，中国在苏联帮助下启动了大规模经济建设，在工业化的奠基时期，苏联的技术支持发挥了非常重要的作用，苏联以及东欧社会主义国家也是中国最主要的技术引进来源。然而，从20世纪50年代末期开始，中苏之间的关系就已经发生了微妙的变化，分歧矛盾越来越多，这也使中国的工业化建设更加彻底地走上了一条独立自主、自力更生的道路。因为独立的探索，中国付出了高昂的成本，但一个基本完整的工业技术体系的形成为日后的经济发展奠定了极其重要的技术基础。

改革开放后的一个时期内，我们开始更多地从国外引进技术，节约了成本，为经济注入新的活力。然而，国外技术引进并不能让企业完成所有的技术升级。如果对自主研发不给予足够的关注，

---

[1] 中国社会科学院工业经济研究所编：《中国工业发展报告（2017）》，经济管理出版社2017年版，第569页。

[2] 中国信息通信研究院主编：《中国工业发展报告2017》，人民邮电出版社2017年版，第195页。

我们既有可能缺乏对引进技术进行消化吸收的能力,更为严重的是,还有可能由于没有必要的、长期的技术积累,而导致在那些不能依靠引进获取先进技术的领域丧失竞争力,中国半导体技术所面临的困境就是一个例证。在制造业、国防科技的重要领域掌握关键性的核心技术需要以长期自主的研发和技术积累为基本前提,因为不是所有技术的升级都可以通过贸易的方式来解决。

其二,技术的研发和升级是一个需要积累的过程,如果缺乏不断的积累和投入,就很难在关键领域实现质的突破和飞跃,因此这一定不是一个短期行为。如何审视和评判后发国家政府在技术进步特别是技术赶超过程中的作用,直到今天都备受关注。政府究竟在哪些领域可以发挥作用以及发挥作用的方式和机制仍有待探索和讨论,但政府的作用不可替代。根本的原因在于,作为市场经济中的微观经营主体,不论企业对于自主研发多么重视、企业的研发投入规模多么大,企业科技研发投入决策所依据的原则并没有根本性的变化。企业的目标函数与国家不同,企业更偏好成本收益可预期、在一定时期内可能获得市场回报的研发投入和技术改进。在短期内不能获得明显市场回报的基础研究领域,抑或是对国计民生、国家安全乃至国家长远战略发展有重要影响但投资风险较大且成本高昂的科技研发领域,如果没有足够的商业利益或政策扶持,企业既缺乏投入的动力亦缺乏投入的实力,这是市场经济条件下理性选择的必然结果。据统计,我国目前在基础研究领域的投入不仅和美国等西方发达国家相比有很大差距,即使和韩国、日本等亚洲国家相比也存在明显差距[1],而这

---

[1] 姜桂兴、程如烟:"我国与主要创新型国家基础研究投入比较研究",《世界科技研究与发展》,2018年第6期。

一差距的改善和缩小不是单纯依靠企业就可以完成的。

2018年，美国发布了《关于先进制造业的国家战略规划2018》（National Strategic Pan on Advanced Manufacturing 2018），特朗普签署了《国家量子倡议法案》（National Quantum Initiative Act），2019年德国也发布了《德国工业战略2030》，分别对本国未来的产业发展进行规划和布局。和这些已经进入后工业化时期的发达国家不同的是，中国至今为止仍然是一个工业化进程尚未完成的国家。在技术进步的过程中，既需要政府加大对于科技研发的投入力度，通过有效的支持鼓励和推动企业的自主创新行为，还需要政府为企业的创新与竞争创造一个合理的外部制度环境，工业化加速期的技术进步需要宏观与微观的双重引擎。

五、结论：有效运用财政手段，创建新型举国体制，推动自主创新

在新中国七十年来的发展历程中，财政对企业技术研发与创新的影响经历了一个"由内到外"的转变过程。从最初的以财政投入直接主导和影响企业的技术研发与改造，到慢慢退出包括技术研发在内的企业日常生产经营活动、以鼓励技术引进的方式推动企业的技术改造与升级，再到后来的通过专项资金、财政补贴、税收优惠、投资导向、政府采购等多种政策来引导和鼓励企业的自主研发和技术创新行为。这种转变与中国在工业化不同阶段面临的不同任务与发展瓶颈息息相关。

科学技术的进步与发展可以为经济增长提供新的动力，但不论对于已经完成工业化的国家还是对于仍处于工业化进程中的国家而言，技术进步本身都不单纯是经济问题，需要国家做出长远的战略判断和准备。我们应当历史地看待政府在技术进步中发挥的作用。中国的工业化目标尚未完成，中国依然是一个处在技术赶超状态当中的后发国家，在这个意义上而言，中国政府对于技术进步的引导方式，与那些已经进入后工业化时期的发达国家的政府对于技术进步的干预方式并不具可比性，因为两者所处的发展阶段不同。19 世纪后半期的美国也曾通过严格的关税保护来培育和推动本国并不具有比较优势的工业部门的发展，但 20 世纪后半期的美国却是自由贸易最主要的倡导者。当下的中国在一些尖端技术领域与真正的发达国家相比仍有不容忽视的差距，我们要继续深入地推进改革，使企业真正成为市场经济环境中充满活力的竞争主体，成为自主创新的最主要的动力源泉。我们必须创造一种新型的举国体制[1]，这是一种建立在市场化资源分配机制基础之上并能充分发挥国家引领前瞻作用的举国体制，政府在科技和产业发展的顶层设计、全社会创新资源的整合、基础研究的投入等方面依然负有重要的责任，它需要更加有效地运用财政资金和手段，带动形成一个多元化的投资机制，为企业的技术研发与创新创造更加有利的外部环境，只有如此才能形成技术创新的合力。

---

[1] 王曙光、王丹莉："科技进步的举国体制及其转型：新中国工业史的启示"，《经济研究参考》，2018年第8期。

后记
Postscript

　　本书是北京大学中国发展战略和国有企业改革研究团队的第二批研究成果，也是我们这个研究团队继《产权、治理与国有企业改革》之后公开出版的第二本论著。本书收录了研究团队在各学术期刊上公开发表的十五篇学术论文。几年以来，研究团队采取定期小组研讨和实地调研相结合的研究方式，有计划地针对中国发展战略和国有企业改革问题进行系统的研究，取得了比较丰硕的成果。本卷研究成果包含了本人及中国社会科学院当代中国研究所王丹莉副研究员，中国船舶工业总公司徐余江，北京大学经济学院杨敏、冯璐、呼倩、王琼慧、张逸昕，北京大学燕京学堂王子宇等研究团队成员公开发表的学术文章，其他团队成员高连水、颜敏、王东宾、杨北京、李冰冰、孔新雅、王天雨、郭凯、王彬、康恒溢、张慧琳、宋曼嘉、高尚、梁月、陈帆等在小组讨论中亦对研究的推进贡献了宝贵的意见。

　　2018年以来，随着中美贸易争端的逐步激化以及国内学术界相关讨论的进一步深化，北京大学中国发展战略和国有企业改革研究团队除继续对国有企业混合所有制改革和公司治理变革给予高度关注之外，开始集中对中国科技进步战略、科技创新的新型举国体制、高新技术产业发展、工业化与产业政策等问题进行比较系统的研究。我们的研究团队关于科技进步的新型举国体制的研究，得到了中国科学院相关智库的高度关注和认可，被业界广泛引用，获国内权威文摘转载推介。本书部分研究成果在2018年底获得中国企业改革研究会优秀成果一等奖，我们对中企研副会长许金华先生、李华先生、张静老师等多年来对本研究团队的大力支持和鼓励表示深深的谢意。

我们还要感谢发表我们的学术成果的学术期刊以及一直支持我们的编辑朋友。2019年我受《经济研究参考》杂志社社长兼总编齐伟娜老师之邀，主持该杂志"中国发展战略专栏"，这个专栏以技术进步、工业化、产业政策、国有企业改革等重大战略问题作为核心议题，推出了诸多学界大家的作品。在齐伟娜老师的大力支持下，北京大学中国发展战略和国有企业改革研究团队一批成果开始陆续在该杂志推出，产生了很好的学术反响，谨此向齐老师致以敬意和感谢。在本书即将出版之际，我们还要特别感谢《新视野》杂志社马相东老师、《金融与经济》杂志社彭岚老师、《改革》杂志社罗重谱老师、《中国特色社会主义研究》杂志社赵英臣老师、《学术前沿》杂志社刁娜老师、《经济体制改革》杂志社蓝定香老师等多年来对我以及我的研究团队的支持和帮助。

谨以这本小书献给共和国七十华诞。

王曙光

2019年7月27日晚写于江西井冈山调研途中